貸金業務

改訂第9版

取扱主任者
田村 誠 — 著

合格教本

試験問題が
解ける
ようになる！

- 問題が解けることを徹底的に
  意識したテキスト
- 見やすい！わかりやすい！
  短時間で効率的にらくらく学習！
- ○×問題＋実際の過去問題で
  理解度アップ！
- スマホ・パソコンで過去問題が
  解けるアプリ付き

技術評論社

はじめに

安心して試験に臨み、効率的な学習で合格できるテキストを！

これが本書のコンセプトです。貸金業務取扱主任者資格試験に効率的に合格するためには、合格に必要な知識を必要な限度で身につけなければなりません。ただ、知識があるはずなのに解けない、解答するときに迷う、という声をよく聞きます。そこで、本書では、試験本番で迷うことなく解答できるテキストを目指しました。

理解が難しい問題や間違えやすい問題については、図表・イラストを活用し、間違えやすいポイントを指摘することで対応しました。事例問題は、単なる知識だけでは解くことができませんが、そのような問題にも対処できるように工夫を重ねました。

さらに、試験での用語の使われ方や言い回しにも注意を払うとともに、問題を解く際にポイントとなる専門用語については身近な事例に置き換えて説明しています。

本書は、問題を解くことを徹底的に意識したテキストです。本書を利用することで、**問題が解ける**という実感を味わっていただけると思います。

また、試験の実施要領や過去問題のほか、指定試験機関（日本貸金業協会）から公表された情報を徹底的に分析し、合格に必要な内容を項目ごとにコンパクトにまとめましたので、**効率的な学習が可能です。**

本書を十分に活用され、皆さんが試験に合格されることを、心よりお祈りしております。

改訂 第9版に際して

今回の改訂では、最新の法改正等（消費者契約法改正など）に対応させるとともに、最新の過去問題を掲載しました。また、試験で問われるポイントの洗い出しを再度行い、それを反映させましたので、より一層効率的に学習できるテキストになったと思います。

令和6年4月　田村　誠

目　次

第1章　貸金業法および関係法令 …… 17

■ 目 次

貸金業務取扱主任者資格試験とは

1 貸金業務取扱主任者制度とは

「貸金業の規制等に関する法律等の一部を改正する法律案」が平成18年の第165回臨時国会において、可決・成立し、公布されました。

法律案には、貸金業の適正化、過剰貸付けの抑制、金利体系の適正化、ヤミ金融対策の強化などが盛り込まれ、貸金業の適正化ということで新たに貸金業務取扱主任者資格試験を実施することとなりました。貸金業務取扱主任者とは、貸金業の業務が法令を遵守して適正に行われるように貸金業者の従業員に対して助言、指導を行う者です。

この改正により、貸金業務取扱主任者資格試験が国家試験として創設され、第1回の試験が平成21年8月30日に実施されました。

完全施行（平成22年6月18日）以降、貸金業者は貸金業務取扱主任者資格試験に合格し、登録を完了した貸金業務取扱主任者を法令で定める人数分、営業所や事務所ごとに置かなければならなくなりました。

貸金業務取扱主任者資格試験は、内閣総理大臣から指定試験機関として指定を受けた日本貸金業協会が実施しています。

● 日本貸金業協会
〒108-0074
東京都港区高輪三丁目19番15号　二葉高輪ビル2F・3F
ホームページ　https://www.j-fsa.or.jp/
● 資格試験に関するお問合せ窓口
TEL：03-5739-3867（土日祝日を除く9：30 〜 12：00、13：00 〜 17：30）

以下の情報は、日本貸金業協会が公表している情報をもとにまとめています（令和6年4月1日現在）。情報は変更されることもありますので、必ず日本貸金業協会のホームページ（https://www.j-fsa.or.jp/）等をご覧ください。

2 貸金業務取扱主任者資格試験の実施方法

貸金業務取扱主任者資格試験の実施方法を以下に示します。

▼試験の実施方法

試験方法	筆記試験
試験問題数	50問
出題形式	4肢択一方式
試験時間	2時間 (13時00分〜15時00分)
試験日	休日
解答方式	マークシート方式
試験地	札幌、仙台、千葉、東京、埼玉、神奈川、高崎、名古屋、金沢、大阪、京都、神戸、広島、高松、福岡、熊本、沖縄、全国17地域
受験料	8,500円
試験の申し込み方法	インターネットによる申し込み、郵送による申し込み
受験料の決済方法	指定口座振り込み、クレジットカード決済、コンビニエンスストア決済
合格発表	指定の合格発表日 (合否通知を発送、日本貸金業協会ホームページ上と支部に掲示)
問題と解答の公表	試験問題は試験後に、解答は合格発表日に、日本貸金業協会のホームページに掲示

※ 受験申込者は希望試験地を選択することができます。
※ 試験会場は試験機関で決定し、通知いたします。試験問題は持ち帰りが可能です。
※ 日本貸金業協会に来社しても試験の申し込みはできません。
※ 試験日、試験地、申し込み方法、その他詳細などについては、日本貸金業協会のホームページ (https://www.j-fsa.or.jp/) でご確認ください。

3 受験者データ

受験者のデータを以下に示します。

▼試験の推移

受験申込者	11,460人	11,885人	11,926人	11,536人	10,963人
受験者	10,003人	10,533人	10,491人	9,950人	9,448人
合格者	3,001人	3,567人	3,373人	2,644人	2,928人
合格率	30.0%	33.9%	32.2%	26.6%	31.0%
合格基準点 (50問中)	29問	33問	31問	28問	31問
実施日	令和元年11月17日	令和2年11月15日	令和3年11月21日	令和4年11月20日	令和5年11月19日

科目別出題数

試験科目と出題数の目安を以下に示します。

▼試験科目別出題数

試験科目	出題数の目安
1. 法及び関係法令に関すること	22 〜 28問
2. 貸付け及び貸付けに付随する取引に関する法令及び実務に関すること	14 〜 18問
3. 資金需要者等の保護に関すること	4 〜 6問
4. 財務及び会計に関すること	2 〜 4問
試験科目全体	50問

※ 上記の科目別出題数は目安であり、実際の試験問題数とは異なることがあります。

5 科目別出題範囲

科目別出題範囲を以下に示します。出題範囲として以下に記載されている関係法令は、当該法律の施行令、施行規則を含むものとします。

▼1. 法及び関係法令に関すること

関係法令	分野・内容
(1) 貸金業法	全般とする
(2) 貸金業法施行令	
(3) 貸金業法施行規則	
(4) 出資の受入れ、預り金及び金利等の取締りに関する法律	
(5) 利息制限法	
(6) 貸金業者向けの総合的な監督指針（金融庁）	
(7) 事務ガイドライン（第3分冊:金融会社関係13指定信用情報機関関係）（金融庁）	
(8) 貸金業の業務運営に関する自主規制基本規則（日本貸金業協会）	
(9) 紛争解決等業務に関する規則（日本貸金業協会）	
(10) 紛争解決等業務に関する細則（日本貸金業協会）	
(11) 貸付自粛対応に関する規則（日本貸金業協会）	

※ 貸金業法、同施行令および同施行規則、利息制限法並びに貸金業者向けの総合的な監督指針（金融庁）等の上記関係法令に関連して「債権管理回収業に関する特別措置法」（サービサー法）、「弁護士法」および「民間事業者等が行う書面の保存等における情報通信の技術の利用に関する法律」（e-文書法）を、貸金業の業務に必要な範囲に限定し出題することがあります。

▼2.貸付け及び貸付けに付随する取引に関する法令及び実務に関すること

法分野	関係法令	分野・内容
民事法(民法・商法を中心とするその他の関連法令)	(1) 民法	第1編総則〜第3編を中心に第4、5編も含む
	(2) 商法	第1編総則、第2編第1章総則とする
	(3) 会社法	組織形態、代表権、法人格に関する事項とする
	(4) 保険法	貸金業の業務に必要なもの全般とする
	(5) 手形法・小切手法	
	(6) 電子記録債権法	
	(7) 動産及び債権の譲渡の対抗要件に関する民法の特例等に関する法律	
	(8) 電子消費者契約に関する民法の特例に関する法律	
	(9) 不正競争防止法	
民事手続法(民事訴訟法、民事執行法および民事保全法を中心とするその他の関連法令)	(1) 民事訴訟法	貸金業の業務に必要なもの全般とする
	(2) 民事執行法	
	(3) 民事保全法	
	(4) 裁判外紛争解決手続の利用の促進に関する法律	
	(5) 民事調停法	
倒産法(破産法、民事再生法を中心とするその他の関連法令)	(1) 破産法	
	(2) 民事再生法	
	(3) 会社更生法	
	(4) 特定債務等の調整の促進のための特定調停に関する法律	
	(5) 会社法	第2編株式会社第9章清算とする
刑事法(暴力団員による不当な行為の防止等に関する法律、および犯罪による収益の移転防止に関する法律を中心とするその他の関連法令)	(1) 暴力団員による不当な行為の防止等に関する法律	第1章総則、第2章暴力的要求行為の規制等とする
	(2) 犯罪による収益の移転防止に関する法律	貸金業の業務に必要なもの全般とする
	(3) 刑法	第1編第7章犯罪の不成立及び刑の減免、同第8章未遂罪、同第11章共犯、第2編第17章文書偽造の罪、同第18章の2支払用カード電磁的記録に関する罪、同第20章偽証の罪、同第35章信用及び業務に対する罪、同第37章詐欺及び恐喝の罪、同第38章横領の罪とする
	(4) 不正アクセス行為の禁止等に関する法律	貸金業の業務に必要なもの全般とする

● 前ページ表の「関係法令」の分類

「中心法令」（網掛けでないもの[　　　]）
　貸金業に関係する法令のうち、貸金業務取扱主任者がその業務を行う際に必要となる規制等を含む法令であり、出題の中心となるもの。

「関連法令」（網掛けのもの[　　　]）
　貸金業の業務に必要な範囲に限定し、中心法令に関連して出題する。

▼3. 資金需要者等の保護に関すること

法分野	関係法令	分野・内容
個人情報保護法（個人情報の保護に関する法律を中心とするその他の関連法令等）	(1) 個人情報の保護に関する法律	貸金業の業務に必要なもの全般とする
	(2) 金融分野における個人情報保護に関するガイドライン（金融庁）	
	(3) 個人情報の保護に関する法律についてのガイドライン（通則編、第三者提供時の確認・記録義務編）（個人情報保護委員会）	
消費者保護法	(1) 消費者契約法	
経済法（不当景品類及び不当表示防止法を中心とするその他の関連法令等）	(1) 不当景品類及び不当表示防止法	
	(2)「消費者信用の融資費用に関する不当な表示」の運用基準（消費者庁）	
貸金業法その他関係法令	(1) 貸金業法、同施行令、同施行規則	全般とする
	(2) 貸金業者向けの総合的な監督指針（金融庁）	
	(3) 事務ガイドライン（第3分冊：金融会社関係13指定信用情報機関関係）（金融庁）	
	(4) 貸金業の業務運営に関する自主規制基本規則、紛争解決等業務に関する規則、同細則、貸付自粛対応に関する規則（日本貸金業協会）	
	のうち、資金需要者等の利益の保護に関する部分	

▼4. 財務及び会計に関すること

	分野・内容
家計診断	(1) 家計収支の考え方（収支項目・可処分所得・貯蓄と負債）
	(2) 個人の所得と関係書類（申告所得・源泉徴収票等の関係書類）
財務会計	(3) 企業会計の考え方（企業会計原則）
	(4) 財務諸表（損益計算書・貸借対照表・キャッシュフロー計算書・その他）

（注）家計診断および財務会計には、当分野に関する法令（税法、年金関係法その他）が含まれますが、出題は貸金業の業務に必要な範囲とします。

本書の使い方

本書は、貸金業務取扱主任者資格試験の各節の学習項目（テキスト）と演習問題で構成されています。

1 学習項目（テキスト）

本書は、日本貸金業協会が公表している貸金業務取扱主任者資格試験の試験範囲をもとに構成しています。「法律や貸金業について学習するのははじめて」という方にも理解できるように、やさしく、わかりやすく各項目を解説しています。また、学習をする際に重要なのは時間です。本書では各項目を2ページから8ページの見開きで構成し、コンパクトにまとめています。通勤／通学時間、お昼休みの空いた時間、仕事の移動時間など短い時間でも効率的に学習可能です。

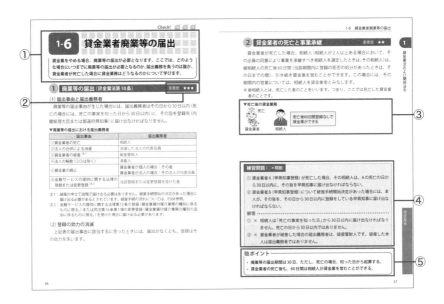

① **節のテーマ**：節のテーマとこの節で何を学習するかを示しています。
② **重要度**：各項の重要度を示しています。各節の中でも項目によって重要度は違います。★★★は重要度が高いことを示し、逆に★は重要度が低いことを示しています。この重要度を参考に覚えましょう。
③ **図表**：法律には登場人物の利害関係や日数の表記など、文字だけではわか

りづらい点が多々あります。本書ではそのようなわかりづらい点をわかりやすく、明確に図示しています。

④ **練習問題**：この節で学んだことを復習する○×問題です。○×問題はどこが正しいか、どこが間違っているかの理解度チェックに役立ちます。

⑤ **ポイント**：各節のポイントをまとめてあります。

　はじめて読むときは、各節をはじめから終りまで読みましょう。復習するときは、終わりの「ポイント」を読んでから「○×問題」を解いてみましょう。もし、問題が解けない場合は本文をもう一度読みましょう。かなり学習時間が節約できるはずです。

2 演習問題

　本書には演習問題が挟み込んであります。いままで学習した内容を確認しましょう。この演習問題は実際に出題された試験問題を使用しています。テキストでは○×問題でしたが、本番の試験は4肢択一方式です。こちらの出題形式に慣れ、過去問題に触れましょう。

3 問題集について

　本テキストは、小社刊の問題集「らくらく突破　第7版 貸金業務取扱主任者○×問題＋過去問題集」とまったく同じ構成になっています。本テキストの節番号（1-11、3-3など）をもとに、問題集の同じ番号を見れば、さらに同じジャンルの問題を解けるようになっています。テキストを読み、○×問題を解いてみて、さらに問題を解きたい場合や、もっと深く理解したい場合など、あわせて問題集を使用すると学習の効率が上がります。

4 付録アプリについて

　本書の特典として、スマートフォンやパソコンからアクセスできる、問題演習用のWebアプリ「DEKIDAS-WEB」を使用できます。DEKIDAS-WEBには、令和2年度から令和5年度までの貸金業務取扱主任者試験の本試験問題を4回分収録しています。くわしい使用方法については、P342「DEKIDAS-WEBについて」をご覧ください。

学習の進め方

① 合格するためには

　試験に合格するためには問題を解くことができなければなりません。そして、問題を解くためには、まず本書を読んで理解すると同時に記憶することが重要です。どうしても理解できない部分は丸暗記することも必要であり、そのほうが効率的な場合もあります。

　ある程度記憶した後は、問題を解きます。間違った問題だけではなく、正解した問題の解説もしっかり読み、問題集の解説で理解できない部分があれば本書に戻って確認しましょう。これによって記憶が定着します。さらに、本書で確認した部分については本書にチェックマークやラインマークをつけておけば、後日見たときに記憶を喚起することができます。

　資格試験一般に慣れていない人は、実際の試験と同じ50問の模擬問題を2時間以内で解き、「試験時間内に解く」ことに慣れておきましょう。

　以下、貸金業務取扱主任者資格試験での各試験科目別の学習の進め方について紹介します。

(1) 法 (貸金業法) 及び関係法令に関すること

　貸金業法、および、出資法・利息制限法などの関係法令を学びます。全体の約6割もの問題がこの分野から出題されていますので、この分野の問題が解ければ合格できるといっても過言ではありません。重点的に繰り返し学習しなければならない分野です。

　貸金業法等では、長い文章で書かれた問題も多いのですが、そのような問題はポイントで解くことができます。長い問題文であってもその大部分は正しい記述であり、問題文のうち一か所でも誤りを指摘できればそれは「適切ではない」文章であると判断できます。

　誤ったものに置き換えられる可能性のある部分 (ポイント) は決まっていますので、ポイントに注意を払いながら本書を読み進めることが重要です。ポイントとなる部分を、本書では色文字にしています。

　貸金業法は、「貸金業を営む者の業務の適正な運営の確保および資金需要者等の利益の保護を図る」ための法律であり、その関係法令もこれらの目的を果た

すために規定されているといえます。これらの目的を果たすための手段を学ぶ、そのような意識で学習を進めると、理解がしやすく、記憶が定着することでしょう。

(2) 貸付け及び貸付けに付随する取引に関する法令及び実務に関すること

民法、商法、民事訴訟法などから出題され、取引（契約）や取引上問題が起きた場合の手続きを中心に学びます。この分野では事例問題が多いため、学習の際にも具体例をイメージすることが必要です。売買契約や貸付契約、裁判の手続きなどをイメージして学習を進めましょう。

民法（P156〜227）や商法などは、難しいと感じるかもしれませんが、キーワードで解くことのできる問題がほとんどです。例えば、意思能力を有しない者がした法律行為は「無効」（←これがキーワード）であるとされていますから、問題文が「〜意思能力を有しない〜取り消すことができる」と記述されていた場合、それは誤りの文章であるとすぐに判断できます。

したがって、キーワードを意識して本書を読み進めることが重要です。本書ではキーワードとなる部分を色文字にしています。

(3) 資金需要者等の保護に関すること

個人情報保護法（ガイドラインを含む）や消費者契約法などを学びます。この分野で学ぶことは限られているため、学習しやすい分野といえます。

個人情報保護法の問題は、ほとんど常識で解けます。個人情報の保護につながる問題文ならばそれは正しい、他方、個人情報の保護から遠ざかる問題文ならばそれは誤り、と判断できます。ただ、常識だけでは解けない部分もありますので、その部分を重点的に学習しましょう。

消費者契約法は、消費者保護のため、民法の基本的な考え方に少し修正を加えた法律です。そのため、民法のときと同じようにキーワードに注意を払いながら学習を進めましょう。

(4) 財務及び会計に関すること

個人の所得や関係書類、企業会計原則・財務諸表など、返済能力の調査のために必要な事項を学びます。この分野からの出題は少なく、基本的事項を理解していれば解ける問題ばかりです。返済能力の調査をするつもりで学習しましょう。

第 **1** 章

貸金業法および関係法令

1-1 貸金業法の目的・定義

ここでは、貸金業法の目的のほか、定義について学びます。定義は貸金業法を理解するために非常に重要で、定義を正確に押さえておかなければ問題を解くことはできないといっても過言ではありません。

1 貸金業法の目的　　　　　　　　　　　　重要度 ★★

　貸金業法は、「貸金業を営む者の業務の適正な運営の確保および資金需要者等の利益の保護を図るとともに、国民経済の適切な運営に資すること」を目的としています。

　この目的を達成するために、貸金業法では、貸金業の登録制度や貸金業協会制度、指定信用情報機関制度が設けられており、また貸金業に対する規制が行われているのです。

　あくまで、資金需要者等の利益の保護を図ることを目的としているのであって、貸金業を営む者の利益の保護を図ることは目的ではありません。

2 貸金業法の定義　　　　　　　　　　　　重要度 ★★★

(1) 貸付け・貸金業

「貸付け」とは、次の①〜④のものをいいます。

> ● 貸付け
> ① 金銭の貸付け
> ② 金銭の貸借の媒介
> ③ 手形の割引、売渡担保その他これらに類する方法によってする金銭の交付
> ④ ③の方法によってする金銭の授受の媒介

「貸金業」とは、貸付けを業として行うものをいいます。反復継続して貸付けを行う意思で取引を行った場合、営利目的の有無にかかわらず貸金業に該当します。

▼貸金業とは

「貸付け」を業として行う ＝ 貸金業

　　　　　　　　　　↓
　　　貸金業法による規制

　貸金業に該当すれば、貸金業の登録が必要となったり、貸金業法上の規制を受けたりします。逆に、貸金業に該当しないならば、貸金業の登録は必要ないわけです。

　なお、国・地方公共団体や金融機関（銀行等）が行う貸付けや事業者が従業員に対して行う貸付けなどは、貸金業ではないとされています。

● 「貸金業」から除かれるもの

① 国または地方公共団体が行うもの

② 貸付けを業として行うにつき他の法律に特別の規定のある者（銀行等）が行うもの

③ 物品の売買、運送、保管または売買の媒介を業とする者がその取引に付随して行うもの

④ 事業者がその従業者に対して行うもの

⑤ 国家公務員・地方公務員の職員団体が構成員に対して行うもの^(注1)

⑥ 労働組合が構成員（組合員）に対して行うもの^(注1)

⑦ 公益社団法人、公益財団法人、私立学校法その他の特別の法律に基づき設立された法人が行うもの^(注2)

⑧ 主としてコール資金の貸付けまたはその貸借の媒介を業として行う者で金融庁長官の指定するもの

注1：職員団体や労働組合が行うものでも、構成員でない者に対して行うものは、貸金業から除かれません。

注2：公益社団法人等が行うものでも、収益を目的とする事業として行うものは貸金業から除かれません。

---

(2) 貸金業者・貸金業を営む者

　「貸金業者」とは、貸金業の登録を受けた者をいいます。したがって、登録を受けていない者は貸金業者ではありません。

▼貸金業者

貸金業者　　　　　　貸金業者ではない

　「貸金業を営む者」と表現される場合には、登録を受けた者（貸金業者）のほか、登録を受けていない者（無登録業者）も含みます。

▼貸金業を営む者

貸金業を営む者	貸金業者（登録を受けた者）
	無登録業者

(3) 貸付けの契約

　「貸付けの契約」とは、貸付けに係る契約または当該契約に係る保証契約をいいます。したがって、「貸付けの契約」には保証契約が含まれますが、「貸付けに係る契約」に保証契約は含まれません。

▼貸付けの契約

貸付けの契約	貸付けに係る契約
	上記契約に係る保証契約

(4) 極度方式基本契約・極度方式貸付け

　「極度方式基本契約」とは、貸付けに係る契約のうち、資金需要者である顧客によりあらかじめ定められた条件に従った返済が行われることを条件として、当該顧客の請求に応じ、極度額の限度内において貸付けを行うことを約するものをいいます。つまり、極度額の限度内で、貸付けと返済が繰り返されることを予定した契約です。典型例として、リボルビング方式（いわゆる「リボ払い」）があります。

　「極度方式貸付け」とは、極度方式基本契約に基づく貸付けをいいます。つまり、極度額の限度内において行われる個々の貸付けのことです。

　「極度方式保証契約」とは、極度方式基本契約に基づく不特定の債務を主たる債務とする保証契約をいいます。

(5) 資金需要者等

　「資金需要者等」とは、顧客等または債務者等をいいます。

　「顧客等」とは、資金需要者である顧客または保証人となろうとする者をいい、「債務者等」とは、債務者または保証人をいいます。債務者とは、債務（返済義務など）を負う者をいうので、実際に貸付けを受けた者が債務者であるとイメージしておけばよいでしょう。お金を必要とする者が資金需要者として貸金業者の事務所へ行き、実際に貸付けを受けて債務者になるというイメージです。

▼債務者になる

10,000円
貸付け

貸金業者　　　　債務者

▼資金需要者等

資金需要者等	顧客等（資金需要者である顧客または保証人となろうとする者）
	債務者等（債務者または保証人）

(6) 電磁的記録・電磁的方法

「電磁的記録」とは、電子的方式、磁気的方式その他人の知覚によっては認識することができない方式で作られる記録であって、電子計算機による情報処理の用に供されるものとして内閣府令で定めるものをいいます。

※電子計算機とは、一般にいうコンピューターのことなので、電磁的記録とは、コンピューターで処理される記録をイメージすればよいでしょう。

「電磁的方法」とは、電子情報処理組織を使用する方法その他の情報通信の技術を利用する方法であって内閣府令で定めるものをいいます。

※メールやWeb閲覧など、ネットワークを利用する方法のことです。

(7) 信用情報・個人信用情報

「信用情報」とは、資金需要者である顧客または債務者の借入金の返済能力に関する情報をいいます。

「個人信用情報」とは、個人を相手方とする貸付けに係る契約（極度方式基本契約その他の内閣府令で定めるものを除く。）に係る貸金業法第41条の35第1項各号に掲げる事項をいいます。

※信用情報と個人信用情報（→P110）とは別ものなので、注意しましょう。

(8) 営業所または事務所

「営業所または事務所」とは、貸金業者またはその代理人が一定の場所で貸付けに関する業務（貸付けの契約の締結または貸付けの契約に基づく金銭の交付および債権の回収をいう）の全部または一部を継続して営む施設または設備をいいます。「営業所または事務所」には、自動契約受付機、現金自動設備（現金自動支払機や現金自動受払機）のほか、代理店も含まれます。

ただし、営業所または事務所の同一敷地内（隣接地を含む）に設置された現金自動設備は、「営業所または事務所」に含まれないとされています。

これに対し自動契約受付機の場合は、既存の営業所等の同一敷地内に新たに設置するときであっても、営業所等に該当します。

※現金自動設備の場合と自動契約受付機の場合との違いに注意しましょう。

▼自動契約受付機および現金自動設備

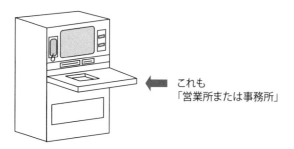

これも
「営業所または事務所」

(9) 代理店

「代理店」とは、貸金業者の委任を受けて、当該貸金業者のために貸付けに関する業務の全部または一部を代理した者が、当該業務を営む施設または設備をいいます。もっとも、銀行等の現金自動設備は、代理店から除かれます。

(10) 特定非営利金融法人

「特定非営利金融法人」とは、非営利特例対象法人である貸金業者の貸金業の業務が貸金一定の要件に該当して行われている場合で、当該貸金業者が特定貸付契約の締結を業として行う旨の決定をしたことを、その貸金業の登録をした内閣総理大臣または都道府県知事に届け出た貸金業者をいいます。

試験対策としては、非営利で低金利の融資を行っている金融法人というイメージをもっていれば十分です。特定非営利金融法人は、貸付けに関し、年7.5%を超える割合による利息の契約を締結し、または受領し、もしくはその支払いを要求することはできないとされています。

(11) 住宅資金貸付契約

「住宅資金貸付契約」とは、住宅の建設もしくは購入に必要な資金 (住宅の用に供する土地または借地権の取得に必要な資金を含む。) または住宅の改良に必要な資金の貸付けに係る契約をいいます。

※ いわゆる住宅ローンのことで、住宅資金貸付契約は「総量規制の除外」(→P61)や「生命保険契約の締結に係る制限 (例外)」(→P84) の対象になっています。
※ 住宅の改良とは、いわゆるリフォームのことです。

(12) 紛争解決等業務

貸金業法での、紛争解決等業務（→P124）に関する用語の定義を次表に示します。

▼紛争解決等業務

苦情処理手続	貸金業務関連苦情（貸金業務に関する苦情をいう）を処理する手続き
紛争解決手続	貸金業務関連紛争（貸金業務に関する紛争で当事者が和解をすることができるものをいう）について、訴訟手続によらずに解決を図る手続き
紛争解決等業務	苦情処理手続および紛争解決手続に係る業務、ならびにこれに付随する業務
手続実施基本契約	紛争解決等業務の実施に関し、指定紛争解決機関と貸金業者との間で締結される契約

練習問題（○×問題）

① 貸金業法は、貸金業を営む者の業務の適正な運営の確保およびその者の利益の保護を図るとともに、国民経済の適切な運営に資することを目的としている。

② 手形の割引を業として営むためには、貸金業の登録を受けなければならない。

③ 貸金業を営む者は、登録を受けていない場合であっても、貸金業法上の「貸金業者」である。

解答

① × 貸金業を営む者の利益保護は貸金業法の目的ではありません。

② ○ 貸金業法上、手形の割引は貸付けであり、それを業として行うものは、貸金業です。そのため、登録が必要となります。

③ × 登録を受けていない者は貸金業者ではありません。

■ポイント

- 貸金業法の目的は、①貸金業を営む者の業務の適正な運営の確保、②資金需要者等の利益の保護、③国民経済の適切な運営に資することである。
- 各定義は、その範囲に注意して正確に押さえる。その範囲は貸金業法上の規制の範囲といえる。

1-2 貸金業者の登録申請手続

貸金業を営むためには、貸金業の登録をしなければなりません。ここでは無登録営業等や名義貸しの禁止に違反するとどうなるのか、どこに登録申請をすればよいのか、登録申請書には何を記載すべきかについて学びます。

1 貸金業の登録　　　　　　　　　　　　　重要度 ★★★

(1) 登録の意味（無登録営業等や名義貸しの禁止）

　貸金業を営むには、内閣総理大臣または都道府県知事の登録が必要です。

　登録をせずに貸金業を営むことが禁止されているだけではなく、登録をせずに貸金業を営む旨の表示や広告をすることや、貸金業を営む目的をもって貸付けの勧誘を行うことも禁止されています。また、貸金業者登録を受けた者が、自己の名義をもって、他人に貸金業を営ませることも禁止されています。これらに違反した場合には刑事罰を科されることがあります（→P120）。

(2) 登録先

　2つ以上の都道府県の区域内に営業所または事務所（以下「営業所等」という）を設置してその事業を営もうとする場合には、内閣総理大臣の登録が必要です（図の①）。

　これに対して、1つの都道府県の区域内にのみ営業所等を設置してその事業を営もうとする場合には、都道府県知事の登録が必要です（図の②）。

※ 内閣総理大臣の登録をする場合、実際には主たる営業所等の所在地を管轄する財務（支）局長が登録先となります。主たる営業所等は本店を、従たる営業所等は支店をイメージすればよいでしょう。

▼貸金業の登録先

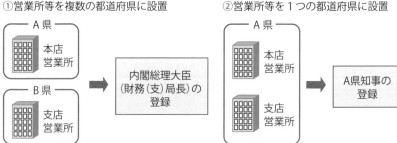

2 登録の申請 重要度 ★★★

　貸金業の登録を受けようとする者は、内閣総理大臣または都道府県知事に対して、次の事項を記載した登録申請書および添付書類（本人確認のための書類の写し、登録拒否事由に該当しないことを誓約する書面など）を提出しなければなりません。

> ● **登録申請書の記載事項**
> ① 商号、名称または氏名および住所
> ② 法人の場合、その役員の氏名、商号または名称および政令で定める使用人があるときは、その者の氏名
> ③ 個人の場合、政令で定める使用人があるときは、その者の氏名
> ④ 未成年者である場合は、その法定代理人の氏名、商号または名称
> ⑤ 営業所等の名称・所在地
> ⑥ 営業所等ごとに置かれる貸金業務取扱主任者の氏名・登録番号
> ⑦ 広告または勧誘をする際に表示等をする営業所等の電話番号その他の連絡先（ホームページアドレス、電子メールアドレス）
> ⑧ 業務の種類および方法
> ⑨ 他に事業を行っているときは、その事業の種類
>
> ※ 法人の場合でも、個人の場合でも、政令で定める使用人の氏名は登録申請書の記載事項です。
> ※ 貸金業者になろうとする者の住所は登録申請書の記載事項ですが、役員や政令で定める使用人、貸金業務取扱主任者の住所は記載事項ではありません。
> ※ 電話番号は、場所を特定するものならびに当該場所を特定するものに係る着信課金サービスおよび統一番号サービスに係るものに限られます。固定電話に限られるため、携帯電話の番号を記載することはできません。

3 役員・政令で定める使用人 重要度 ★★★

(1) 役員の範囲

　「役員」とは、業務を執行する社員、取締役、執行役、代表者、管理人またはこれらに準ずる者をいい、いかなる名称（肩書き）を持つ者であるかを問いません。役員の中には、次の者も含まれます。

● **役員に含まれる範囲**

① 当該法人の総株主等の議決権の100分の25を超える議決権に係る株式または出資を、自己または他人の名義をもって所有している個人

② 当該法人の親会社の総株主等の議決権の100分の50を超える議決権に係る株式または出資を、自己または他人の名義をもって所有している個人

③ 当該法人の業務を執行する社員またはこれらに準ずる者が法人である場合におけるその職務を行うべき者

④ 業務を執行する社員等（役員等に準ずる者を含む）や①〜③の者が未成年者である場合におけるその法定代理人

(2) 政令で定める使用人の範囲

政令で定める使用人とは、営業所等の業務を統括する者またはこれに準ずる者をいいます。政令で定める使用人の具体的な範囲は次のとおりです。

● **政令で定める使用人の範囲**

① 営業所等の業務を統括する者（支配人、本店長、支店長、営業所長、事務所長など。いかなる名称を持つ者であるかを問わない）

② 主たる営業所等においては、貸付け、債権の回収および管理その他資金需要者等の利益に重大な影響を及ぼす業務について、一切の裁判外の行為をなす権限を有する者（部長、次長、課長など。いかなる名称を持つ者であるかを問わない）

③ 貸付けに関する業務に従事する使用人の数が50以上の従たる営業所等においては、その営業所等の業務を統括する者の権限を代行し得る地位にある者（支店次長、副支店長、副所長など。いかなる名称を持つ者であるかを問わない）

※ 営業所等の業務を統括する者は、当然に政令で定める使用人となるのであって、そこが主たる営業所等なのか、それとも従たる営業所等なのかは問いません。

この範囲に含まれない者、例えば、金銭の出納業務など会計事務だけを行う者や、政令で定める使用人の指示に従って契約書面等を作成する者は、政令で定める使用人ではありません。

1

▼100分の25を超える議決権を持つ株主

取締役の肩書きは
ありませんが私も
役員です!

株主

練習問題（○×問題）

① 貸金業を営もうとする者は、2つ以上の都道府県の区域内に営業所または事務所を設置してその事業を営もうとする場合には、都道府県知事の登録を受けなければならない。

② 登録申請書には、貸金業務取扱主任者の氏名、住所および登録番号を記載しなければならない。

解答

① × 2つ以上の都道府県の区域内に営業所等を設置する場合には、内閣総理大臣の登録が必要です。

② × 貸金業務取扱主任者の住所の記載は不要です。

■ポイント

- 貸金業を営むには内閣総理大臣または都道府県知事の登録が必要である。
- 無登録営業等や名義貸しの禁止に違反した場合には刑事罰を科される。
- 登録申請書の各記載事項の違いに注意しよう。

1-3 貸金業者登録の拒否

一定の場合には貸金業の登録が拒否されます。ここでは、どのような場合に登録が拒否されるのかについて、書類の不備と登録拒否事由（欠格事由）に分けて学びます。

1 書類の不備　　　　　　　　　　　　　　　　　　重要度 ★★

登録の申請がなされると、まず登録申請書等の記載事項が適切に記入されているかチェックされ、登録申請書やその添付書類のうちに重要な事項について虚偽の記載がある場合や重要な事実の記載がない場合には、登録が拒否されます。

2 登録拒否事由（欠格事由）　　　　　　　　　　　重要度 ★★★

次のいずれかに該当する場合にも、登録が拒否されます。

① 心身の故障により貸金業を適正に行うことができない者

具体的には、精神の機能の障害により貸金業を適正に行うに当たって必要な認知、判断および意思疎通を適切に行うことができない者をいいます。

② 破産手続開始の決定を受けて復権を得ない者

破産者であっても復権を得れば、直ちに登録をすることができますので、復権を得てから5年を待つ必要はありません。

③ 登録を取り消され（→P114）、その取消しの日から5年を経過しない者

▼登録取消しの場合

④ 法人が登録を取り消された場合において、その取消しの日前30日以内に当該法人の役員であった者でその取消しの日から5年を経過しない者

役員とは、登録申請書に記載される役員（→P25）のことです。法人が取消処分を受けた場合、その原因は処分直前の役員にあるといえるため、取消し前30日以内の役員も登録を受けられません。

▼法人の登録取消しの場合

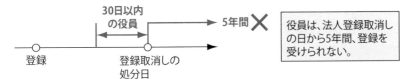

役員は、法人登録取消しの日から5年間、登録を受けられない。

⑤ 登録取消処分の聴聞の通知があった日から処分にかかわる決定をするまでの間に、相当な理由なく、**自ら解散または廃業の届出**をし、その届出の日から**5年**を経過しない者

　登録取消処分の規制を免れるために自ら解散や廃業の届出（→P36）をした者も、登録を受けられません。

⑥ ⑤の期間内に合併・解散や廃業の届出をした法人の聴聞の通知前30日以内に役員であった者で、届出の日から**5年**を経過しない者

⑦ 解任を命ぜられた（→P115）役員で処分を受けた日から**5年**を経過しない者

⑧ 役員の解任を命ずる処分に係る聴聞の通知があった日から当該処分をする日または処分をしないことの決定をする日までの間に、相当の理由なく**退任**し、その命令により解任されるべきとされた者で、当該退任の日から**5年**を経過しない者

　解任命令の規制を免れるために自ら退任した者も、登録を受けられません。

⑨ 禁錮（きんこ）以上の刑に処せられ、その刑の執行を終わり、または刑の執行を受けることがなくなった日から**5年**を経過しない者

　「禁錮以上の刑」とは、死刑、禁錮または懲役の刑をいいます。つまり刑務所に入らなければならない刑です。⑩とは異なり、どの法律に違反しても禁錮以上の刑であれば⑨が問題となります。

⑩-1　次のいずれかの罪を犯して**罰金の刑**に処せられ、その刑の執行を終わり、または刑の執行を受けることがなくなった日から**5年**を経過しない者

・貸金業法の罪
・出資法の罪
・旧貸金業者の自主規制の助長に関する法律の罪
・暴力団員による不当な行為の防止等に関する法律の罪

⑩-2　貸付けの契約の締結や債権の取立てに当たり、次のいずれかの罪を犯して罰金の刑に処せられ、その刑の執行を終わり、または刑の執行を受けることがなくなった日から5年を経過しない者

・物価統制令第12条に違反した罪

・刑法の罪

・暴力行為等処罰に関する法律の罪

▼登録拒否事由⑨、⑩の場合

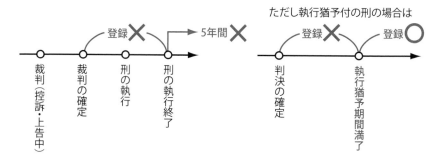

⑪ 暴力団員または暴力団員でなくなった日から5年を経過しない者(以下、「暴力団員等」という)

⑫ 営業に関し成年者と同一の行為能力を有しない未成年者でその法定代理人(法定代理人が法人である場合は、その役員を含む。)が①〜⑪のいずれかに該当するもの

　言い換えれば、営業に関し成年者と同一の行為能力を有する未成年者は、その法定代理人が登録拒否事由①〜⑪に該当しても、自らが①〜⑪に該当しない限り、登録を受けられることになります。

⑬ 法人で、その役員または政令で定める使用人(→P25)のうちに、①〜⑪までのいずれかに該当する者のあるもの

　例えば、法人の役員の中に暴力団員がいる場合のように、役員に登録拒否事由に該当する者がいるときには、その法人は登録を受けられません。

⑭ 個人で、政令で定める使用人のうちに、①〜⑪までのいずれかに該当する者のあるもの

⑮ 暴力団員等がその事業活動を支配する者

⑯ 暴力団員等をその業務に従事させ、またはその業務の補助者として使用するおそれのある者

⑰ 営業所等について貸金業務取扱主任者の設置義務の要件（営業所等ごとに従業員50人に1人以上→P42）を欠く者

⑱ 純資産額が5,000万円（非営利特例対象法人の場合は500万円）に満たない者

⑲ 貸金業を的確に遂行するための必要な体制が整備されていない者

● 必要な体制が整備されているかどうかの審査基準
・定款または寄附行為の内容が法令に適合していること
・常務に従事する役員のうちに「貸付けの業務」に3年以上従事した経験を有する者があること（申請者が個人である場合には、申請者が貸付けの業務に3年以上従事した経験を有する者であること）
・営業所等（自動契約受付機または現金自動設備のみにより貸付けに関する業務を行うものを除く）ごとに「貸付けの業務」に1年以上従事した者が常勤の役員または使用人として1人以上在籍していること
・資金需要者等の利益の保護を図り、貸金業の適正な運営に資するため十分な社内規則（貸金業の業務に関する責任体制を明確化する規定を含む）を定めていること

⑳ 他に営む業務が公益に反すると認められる者

練習問題（○×問題）

① 暴力団員または暴力団員でなくなった日から5年を経過しない者が事業活動を支配する者は、貸金業の登録を受けることができない。
② 純資産額が6,000万円に満たない場合は、貸金業の登録が認められない。

解答
① ○ 暴力団員等がその事業活動を支配する者は、登録を受けられません。
② × 純資産額が5,000万円に満たない場合に登録を受けることができないとされています。

■ポイント

・重要な事項に虚偽記載があるなどの場合には、登録が拒否される。
・登録拒否事由のある者（①〜⑳）は、登録を受けられない。

1-4 貸金業者登録簿と登録換え

登録の申請があった場合には、一定の事項が貸金業者登録簿に記載されます。ここでは登録申請書の記載事項に変更があった場合や、登録先を変更する場合にはどうすればいいのかについて学びます。

① 貸金業者登録簿 　　　　　　　　　　　　　　　重要度 ★★★

内閣総理大臣または都道府県知事は、次の事項を記載した貸金業者登録簿を備え、一般の閲覧に供しなければなりません。

①登録申請書の記載事項（P25の①〜⑨）

②登録年月日および登録番号

② 変更の届出 　　　　　　　　　　　　　　　　　重要度 ★★★

貸金業者は、登録申請書の記載事項に変更があった場合には、一定の時期に登録先（内閣総理大臣または都道府県知事）に対して変更の届出をしなければなりません。変更の届出があると、貸金業者登録簿の記載が変更されます。

▼記載事項と届出時期（番号はP25の①〜⑨）

変更する記載事項	届出時期
⑤営業所等の名称・所在地 ⑦広告または勧誘をする際に表示等をする営業所等の電話番号その他の連絡先（ホームページアドレス、電子メールアドレス）	あらかじめ（変更する前に）
その他の記載事項（①〜④、⑥、⑧、⑨）	変更の日から2週間以内

③ 登録換え 　　　　　　　　　　　　　　　　　　重要度 ★★

（1）登録換えの種類

例えば、東京都知事に登録している貸金業者が、東京の事務所を廃止して大阪に事務所を移転して貸金業を行おうとする場合には、（東京都知事を経由して）大阪府知事への登録が必要となります。このように、登録先を変更する手続きを登録換えといいます。登録換えが必要となる場合として、次の3種類あります。

①内閣総理大臣の登録を受けた者が他の事務所を廃止し、1つの都道府県の区域内にのみ営業所等を有することとなったとき　⇨当該都道府県知事の登録

②都道府県知事の登録を受けた者が当該都道府県の区域内における営業所等を
　廃止して、他の1つの都道府県の区域内に営業所等を設置することとなった
　とき　　　　　　　　　　　　　　　　　　⇨当該他の都道府県知事の登録
③都道府県知事の登録を受けた者が2つ以上の都道府県の区域内に営業所等を
　有することとなったとき　　　　　　　　　　　　⇨内閣総理大臣の登録

▼登録換え

①の場合：　(前)内閣総理大臣の登録　　　(後)A県知事の登録

廃止

②の場合：　(前)A県知事の登録　　　　　(後)B県知事の登録

新設

③の場合：　(前)A県知事の登録　　　　　(後)内閣総理大臣の登録

新設

(2) 従前の登録の効力

　登録換えを行うと、前の登録は不要なので、前の登録は効力を失います。

練習問題（○×問題）

① 貸金業者は、営業所または事務所の名称および所在地を変更した場合には、
　その変更の日から2週間以内に届け出なければならない。
② 内閣総理大臣の登録を受けていた者が、甲県のみに営業所または事務所を有
　することとなった場合において、甲県知事への登録換えを行ったときは、内
　閣総理大臣の登録はその効力を失う。

解答

① × 営業所等の名称・所在地の変更の場合は、変更前にあらかじめ届け出な
　　ければなりません。
② ○ 登録換えが行われると、前の登録は効力を失います。

■ポイント

・営業所等の名称・住所、連絡先を変更する場合、変更前に届出が必要である。
・変更の届出の時期には、変更前と変更後2週間以内がある。
・登録換えは前の登録先を経由して行い、前の登録は効力を失う。

貸金業者登録の効力、開始等の届出

登録を受ければ全国で貸金業を行うことができますが、一生有効というわけではなく、更新が必要となります。ここでは登録の有効期間・更新手続、登録の失効のほか、開始等の届出についても学びます。

1 登録の効果 重要度 ★★★

(1) 知事登録で業務ができる範囲

都道府県知事の登録であっても、全国どこの都道府県においても貸金業を行うことができます。ただし、前述した通り、複数の都道府県に営業所等（自動契約受付機などを含む）を置く場合には、内閣総理大臣の登録が必要になります。

(2) 登録の有効期間と更新

登録の有効期間は3年です。3年経過後も貸金業を続けたいのであれば、現在受けている登録の有効期間満了の日の2か月前までにその登録の更新を申請する必要があります。

2 登録の失効 重要度 ★★

(1) 登録の失効事由

登録は、次の場合にその効力を失います。

> ● **登録の失効事由**
> ① 死亡したとき
> ② 法人が合併により消滅したとき
> ③ 破産手続開始の決定があったとき
> ④ 法人が解散したとき（②③の場合を除く）
> ⑤ 貸金業を廃止したとき
> ⑥ 登録の更新を受けなかったとき
> ⑦ 新たな登録を受けたとき
> ※ ①〜⑤は、廃業等の届出事由でもあります（→P36）。

(2) 登録の失効と取引の結了

登録が効力を失ったとき、または、一定の事由により登録が取り消されたときには、貸金業者であった者またはその一般承継人（相続人等のこと）は、その貸金業者が締結した貸付けの契約に基づく取引を結了する目的の範囲内で、なお貸金業者とみなされます。

3 開始等の届出（貸金業法第24条の6の2）　　重要度 ★★★

　貸金業者は、次のいずれかに該当するときは、2週間以内にその旨をその登録をした内閣総理大臣または都道府県知事に届け出なければなりません。

● 開始等の届出事由

① 貸金業（広告・勧誘または債権の取立ての業務を含む）を開始し、休止し、または再開したとき
② 指定信用情報機関と信用情報提供契約を締結したとき、または終了したとき
③ 登録拒否事由（→P28〜31）に該当することになったとき
④ 貸付けに係る契約に基づく債権を他人に譲渡したとき
⑤ 役員・使用人に貸金業の業務に関し法令に違反する行為または貸金業の業務の適正な運営に支障を来す行為があったことを知ったとき
⑥ 特定の保証業者との保証契約の締結を、貸付けに係る契約の締結の通常の条件とすることとなったとき
⑦ 第三者に業務を委託したとき、または委託を行わなくなったとき
⑧ 貸金業協会に加入したとき、または脱退したとき

練習問題（○×問題）

① 貸金業の登録は、5年ごとにその更新を受けなければ、その期間の経過によって、その効力を失う。
② 貸金業者が死亡した場合、貸金業の登録を受けた地位はその相続人に承継され、その相続人は貸金業を営むことができる。

解答

① × 登録は3年ごとの更新が必要です。
② × 登録を受けた地位は相続されません。相続人は、取引を結了させる範囲で貸金業者とみなされたり、または死亡後の一定期間貸金業者とみなされたりする（→P37）だけです。

■ポイント

・登録の有効期間は3年であり、期間満了日の2か月前に更新手続を行う。
・登録失効後も、取引を結了させる範囲内で貸金業者とみなされる。

1-6 貸金業者廃業等の届出

貸金業をやめる場合、廃業等の届出が必要となります。ここでは、どのような場合にいつまでに廃業等の届出が必要となるのか、届出義務を負うのは誰か、貸金業者が死亡した場合に貸金業務はどうなるのかについて学びます。

① 廃業等の届出（貸金業法第10条）　　　　重要度 ★★★

(1) 届出事由と届出義務者

　廃業等の届出事由が生じた場合には、届出義務者はその日から30日以内（死亡の場合には、死亡の事実を知った日から30日以内）に、その旨を登録先（内閣総理大臣または都道府県知事）に届け出なければなりません。

▼廃業等の届出における届出義務者

届出事由	届出義務者
①貸金業者の死亡	相続人
②法人の合併による消滅	消滅した法人の代表役員
③貸金業者の破産（注1）	破産管財人
④法人の解散（②③は除く）	清算人
⑤貸金業の廃止	貸金業者が個人の場合：その者 貸金業者が法人の場合：その法人の代表役員
⑥金融サービスの提供に関する法律の登録または変更登録（注2）	当該登録または変更登録を受けた者

注1： 破産の申立て段階で届け出る必要はありません。破産手続開始の決定があった場合に届け出る必要があるとされています。破産手続の流れについては、P268参照。

注2： 金融サービスの提供に関する法律第12条の登録（貸金業貸付媒介業務の種別に係るものに限る。）または同法第16条第1項の変更登録（貸金業貸付媒介業務の種別の追加に係るものに限る。）を受けた場合に届け出る必要があります。

(2) 登録の効力の消滅

　上記表の届出事由に該当するに至ったときには、届出がなくとも、登録はその効力を失います。

② 貸金業者の死亡と事業承継　　　重要度 ★★

　貸金業者が死亡した場合、相続人（相続人が2人以上ある場合において、その全員の同意により事業を承継すべき相続人を選定したときは、その相続人）は、被相続人の死亡後60日間（当該期間内に登録の拒否の処分があったときは、その日までの間）、引き続き貸金業を営むことができます。この場合には、その期間内の営業については、相続人を貸金業者とみなします。

※ 被相続人とは、死亡した者のことをいいます。つまり、ここでは死亡した貸金業者のことです。

▼死亡後の貸金業務

死亡
貸金業者

相続人

死亡後60日間登録なしで
貸金業ができる

練習問題（○×問題）

① 貸金業者A（甲県知事登録）が死亡した場合、その相続人は、Aの死亡の日から30日以内に、その旨を甲県知事に届け出なければならない。

② 貸金業者B（甲県知事登録）について破産手続開始決定があった場合には、本人が、その旨を、その日から30日以内に登録をしている甲県知事に届け出なければならない。

解答

① × 相続人は「死亡の事実を知った日」から30日以内に届け出なければなりません。死亡の日から30日以内ではありません。

② × 貸金業者が破産した場合の届出義務者は、破産管財人です。破産した本人は届出義務者ではありません。

■ポイント

・ 廃業等の届出期間は30日。ただし、死亡の場合、知った日から起算する。

・ 貸金業者の死亡後も、60日間は相続人が貸金業を営むことができる。

1-7 証明書・従業者名簿・帳簿

貸金業者には、従業者や業務に関する事項を記録しておくことが義務づけられています。ここでは、従業者名簿、業務に関する帳簿のほか、従業者証明書についても学びます。

1 証明書の携帯等 　　重要度 ★★★

(1) 従業者証明書の携帯・提示

　貸金業者は、従業者に、従業者証明書（その従業者であることを証する証明書）を携帯させなければ、その者をその業務に従事させることはできません。そして、従業者は、業務に従事する際に、相手方からの請求があったときには、相手方に対して従業者証明書を提示しなければなりません。

(2) 従業者名簿

　貸金業者は、営業所等ごとに従業者名簿を備えなければなりません。この従業者名簿は、最終の記載をした日から10年間保存する必要があります。

2 帳簿の備付け等 　　重要度 ★★★

(1) 帳簿の備付け

　貸金業者は、営業所等ごとに、その業務に関する帳簿を備えなければなりません。この帳簿は、貸付けの契約ごとに、その契約に定められた最終の返済期日（債権が弁済等により消滅した場合は，債権消滅の日）から少なくとも10年間保存する必要があります。ただし、営業所等が現金自動設備であるときは、その営業所等に帳簿を備え付ける必要はありません。

　帳簿には、債務者ごとに貸付けの契約について、次の事項（例示）を記載します。
① 契約年月日
② 貸付けの金額
③ 受領金額
④ 貸付けの契約に基づく保証契約を締結したときは、それに関する事項
⑤ 貸付けの契約に基づく債権を譲渡したときは、それに関する事項
⑥ 債務者や保証人などとの交渉の経過の記録

※「交渉の経過の記録」とは、債権の回収に関する記録、貸付けの契約（保証契約を含む。）の条件の変更（当該条件の変更に至らなかったものを除く。）に関する記録等、貸付けの契約の締結以降における貸付けの契約に基づく債権に関する交渉の経過の記録であるとされています。

（2）帳簿の閲覧

債務者等または債務者等であった者（これらの者の相続人や代理人、代わりに弁済した者も含む）は、貸金業者の営業時間内に、貸金業者に対して前述の帳簿（利害関係がある部分に限る）の閲覧または謄写を請求することができます。この場合、貸金業者は、その請求を拒むことはできません。ただし、その請求がその請求者の権利行使に関する調査でないことが明らかなときは拒むことができます。

▼従業者名簿と帳簿の備付け場所、保存期間

	備付け場所	保存期間
従業者名簿	営業所等ごと	10年（最終の記載日から）
帳簿	営業所等ごと	10年（最終の返済期日から）

※営業所等ごとに備えなければならず、主たる営業所等（本店）だけに一括して備え付けることはできません。

練習問題（○×問題）

① 貸金業者は、営業所または事務所ごとに従業者名簿を備え、最終の記載をした日から5年間保存しなければならない。
② 現金自動設備は営業所または事務所に含まれるので、現金自動設備にも帳簿を備えなければならない。

解答
① × 従業者名簿は、10年間保存しなければなりません。
② × 現金自動設備には、帳簿を備える必要はありません。

■ポイント

・従業者証明書は請求があったときに提示すればよい。
・従業者名簿も帳簿も営業所等ごとに備え、従業者名簿は最終の記載日から10年、帳簿は少なくとも最終の返済期日から10年間保存する必要がある。
・帳簿は、現金自動設備に備える必要はない。

1-8 標識・貸付条件等の掲示

貸金業者や貸付け条件等に関する情報は、資金需要者等が一番知りたい情報であり、知るべき情報です。ここでは標識や貸付条件等について、具体的にどのような事項が営業所等に掲示される必要があるのかを学びます。

1 標識の掲示　　　　　　　　　　　　　　　　　　　　　　重要度 ★★★

　貸金業者は、営業所等ごとに、公衆の見やすい場所に、標識を掲示しなければなりません。標識を掲示して貸金業者の営業所等であることを示すとともに、無登録業者を排除するためです。

　自動契約受付機や現金自動設備なども営業所等（→P21）なので、これらの場所にも標識を掲示する必要があります。ただし、営業所等の同一敷地内に設置された現金自動設備は、営業所等ではないため、標識を設置する必要はありません。

▼標識

```
               貸 金 業 者 登 録 票

     登 録 番 号     財務（支）局長（　）第　号
                       （都道府県知事）
     登録有効期間          年　月　日～　年　月　日

           （貸金業者の商号、名称または氏名）
```

2 貸付条件等の掲示　　　　　　　　　　　　　　　　　　　　重要度 ★★★

（1）貸付条件等

　貸金業者は、営業所等ごとに、顧客の見やすい場所に、次の事項を掲示しなければなりません。また、この掲示は、貸付けの種類ごとに、見やすい方法で行う必要があります。

● 貸付条件等として掲示すべき事項
① 貸付けの利率（%）
② 返済の方式

③ 返済期間および返済回数

④ 営業所等に置かれる貸金業務取扱主任者の氏名

⑤ 賠償額の予定（違約金を含む→P208）を定める場合には、その賠償金の元本に対する割合（％）

⑥ 担保が必要な場合には、その担保に関する事項

⑦ 主な返済の例

　※ 貸付けの利率や賠償額の元本に対する割合は、百分率で少なくとも小数点以下1位まで表示する必要があります。例えば、「14.8％」と表示します。「14％」と表示することはできません。

　※ 上記は金銭の貸付けにおいて掲示すべき事項です。金銭の貸借の媒介の場合には、①〜④のほか、媒介手数料の計算方法を掲示する必要があります。

(2) 包括契約に基づく金銭の交付・回収のみを行う営業所等

　その営業所等が現金自動設備であって、その現金自動設備があらかじめ定める条件により継続して貸付けを行う契約（包括契約）に基づく金銭の交付・回収のみを行うものであるときは、掲示することは必要ないとされています。これは、包括契約の締結時の営業所等で貸付条件等の掲示が行われているので、その後の金銭の交付・回収の時に掲示を行う必要性が低いためです。

練習問題（○×問題）

① 貸金業者は、主たる営業所または事務所において、公衆の見やすい場所に、標識を掲示すればよい。

② 金銭の貸借の媒介の場合には、貸付条件等として、貸付けの利率、返済の方式、返済期間および返済回数、貸金業務取扱主任者の氏名のほか、媒介手数料の計算方法を掲示しなければならない。

解答

① ✕　標識は営業所等ごとに掲示する必要があるので、主たる営業所等（本店）のみならず、従たる営業所等（支店）にも掲示しなければなりません。

② ○　設問の通りです。

■ポイント

・標識は、営業所等ごとに、公衆の見やすい場所に掲示する。

・貸付条件等は、営業所等ごとに、顧客の見やすい場所に掲示する。

貸金業務取扱主任者の意義・設置

貸金業務取扱主任者は、貸金業務のプロフェッショナルです。ここでは貸金業務取扱主任者にはどのような役割があり、その役割を果たすためにどのような措置がとられているのかについて学びます。

1 貸金業務取扱主任者の意義　　　重要度 ★★

(1) 貸金業務取扱主任者とは

　貸金業務取扱主任者とは、貸金業務取扱主任者資格試験に合格し、かつ、内閣総理大臣の登録を受けた者をいいます。そのため、単に試験に合格しただけの者は、貸金業法上、貸金業務取扱主任者ではないということになります。

(2) 貸金業務取扱主任者の役割

　貸金業務取扱主任者は、貸金業の業務が法令（条例も含む）に遵守して適正に行われるよう貸金業者の従業者に対して助言・指導を行います。

(3) 職務遂行への配慮義務等

　貸金業者には、貸金業務取扱主任者が助言・指導の職務を遂行できるよう必要な配慮を行うことが義務づけられています。従業者には、貸金業務取扱主任者の助言を尊重し、指導にしたがうことが義務づけられています。

2 貸金業務取扱主任者の設置　　　重要度 ★★★

(1) 貸金業者による設置義務

　貸金業者は、営業所等ごとに、貸金業の業務に従事する者50人に対して1人以上の貸金業務取扱主任者を置かなければなりません。営業所等ごとですから、例えば営業所等が3か所にあれば、全体で最低3人の貸金業務取扱主任者を置く必要があります。

　この貸金業務取扱主任者は、その営業所等において常時勤務する者でなければならず、他の営業所等において貸金業務取扱主任者として貸金業者登録簿に登録されている者であってはならないとされています。言い換えれば、非常勤の者であってはならず、1つの営業所等の専任でなければならないということです。もっとも、営業所等に常時駐在させる必要はありません。

　ただし、例外として、自動契約受付機または現金自動設備のみにより貸付けに関する業務を行う営業所等の場合には、兼任することができます。

▼貸金業務取扱主任者の兼任

(2) 貸金業務取扱主任者数が不足になった場合

　貸金業者は、予見しがたい事由により、営業所等における貸金業務取扱主任者の数が、従事者50人につき1人を下回ることになった場合には、2週間以内に必要な措置をとらなければなりません。例えば、新たな貸金業務取扱主任者を補充したり、従業員の数を減らしたりすることになります。

(3) 貸金業務取扱主任者の氏名の明示

　貸金業者は、貸金業の業務を行うに当たり資金需要者等からの請求があったときは、その業務を行う営業所等の貸金業務取扱主任者の氏名を明らかにしなければなりません。

練習問題（○×問題）

① 営業所（A支店）に従事する者の数が51人である場合、貸金業者は当該営業所に2人の貸金業務取扱主任者を置かなければならない。

② 貸金業者は、貸金業の業務を行う場合には、資金需要者等からの請求がなくても、その業務を行う営業所等の貸金業務取扱主任者の氏名を明らかにしなければならない。

解答

① ○　従事者50人に対して1人以上の貸金業務取扱主任者を置かなければならないので、50人であれば貸金業務取扱主任者は1人でよいが、51人であれば2人の貸金業務取扱主任者を置かなければなりません。

② ×　請求がなければ貸金業務取扱主任者の氏名を表示する必要はありません。

■ポイント

・営業所等ごとに従事者50人に1人以上の貸金業務取扱主任者を置く。

・貸金業務取扱主任者は常勤・専任である。ただし、兼任できる場合もある。

1-10 貸金業務取扱主任者登録の申請・更新

貸金業務取扱主任者になるためには、貸金業務取扱主任者の登録（以下「主任者登録」という）をしなければなりません。ここでは、主任者登録の申請手続、更新手続について学びます。

1 主任者登録の申請　　　　重要度 ★★

貸金業務取扱主任者資格試験に合格した者は、内閣総理大臣に対し、主任者登録を申請することができます。

▼主任者登録

　主任者登録申請書等　

合格者　　　　内閣総理大臣

この主任者登録を受けようとするときは、原則として、登録講習機関が行う講習で、主任者登録の申請の日前6か月以内に行われる講習を受講しなければなりません。

ただし、資格試験に合格した日から1年以内に主任者登録を受けようとするときには、受講する必要はありません。

※「合格した日から1年以内に登録申請をしようとするとき」ではないので、注意が必要です。受講免除を受けるためには、合格日から1年以内に登録が完了していなければなりません。現実として申請から登録完了まで約2か月の期間が必要となることから、実際の登録実務では、主任者登録の申請日が合格日から10か月を超える場合には登録講習機関が行う講習を受講する必要があるとしています。

▼受講の要否

原則	申請前に講習の受講が必要
例外	合格日から1年以内の主任者登録の場合には、受講は不要

2 主任者登録の更新　　　　　　　　　重要度 ★★★

　主任者登録の有効期間は3年であり、3年ごとにその更新を受けなければなりません。更新せずに有効期間が経過すれば、主任者登録はその効力を失います。

　更新は申請によって行われるので、更新をしたいのであれば申請をする必要があります。そして、この更新の際も、その申請の日前6か月以内に行われる講習を受講しなければなりません。

　受講が要求されているのは、時の経過によって貸金業に関する法令や判例などが変わることから、受講によって新たな知識を身につける必要があるためです。

▼試験合格後から登録までの流れ

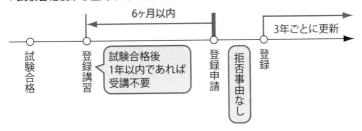

練習問題（○×問題）

① 貸金業務取扱主任者資格試験に合格した者は、その居住する住所地の都道府県知事に主任者登録を申請することができる。

② 主任者登録の更新を受けようとするときは、登録講習機関が行う講習で主任者登録の申請の日前6か月以内に行われるものを受けなければならない。

解答

① × 主任者登録は内閣総理大臣が行います。合格者が登録の申請を都道府県知事に対して行うことはありません。

② ○ 更新の場合も、申請前の受講が必要です。

ポイント

・主任者登録の申請は内閣総理大臣に対して行う。

・主任者登録を受けるときは、原則として登録講習を受けなければならない。

・主任者登録の更新をするときは、登録講習を受けなければならない。

1-11 貸金業務取扱主任者登録の拒否

一定の場合には主任者登録が拒否されます。ここでは、どのような場合に登録が拒否されるのかについて、書類の不備と登録拒否事由（欠格事由）に分けて学びます。

1 書類の不備　　　　　　　　　　　重要度 ★★

登録の申請がなされると、まず登録申請書等の記載事項が適切に記入されているかチェックされ、登録申請書やその添付書類のうちに虚偽の記載がある場合や重要な事実の記載がない場合には、登録が拒否されます。

2 登録拒否事由（欠格事由）　　　　重要度 ★★★

以下のいずれかに該当する場合にも、登録が拒否されます。

① 精神の機能の障害のため貸金業務取扱主任者の職務を適正に執行するに当たって必要な認知、判断および意思疎通を適切に行うことができない者

② 破産手続開始の決定を受けて復権を得ない者

③ 貸金業の登録を取り消され、その取消しの日から5年を経過しない者

④ 法人が貸金業の登録を取り消された場合において、当該取消しに係る聴聞の期日および場所の公示の日前60日以内にその法人の役員であった者で当該取消しの日から5年を経過しない者

⑤ 禁錮以上の刑に処せられ、その刑の執行を終わり、または刑の執行を受けることがなくなった日から5年を経過しない者

⑥-1　次のいずれかの罪を犯して罰金の刑に処せられ、その刑の執行を終わり、または刑の執行を受けることがなくなった日から5年を経過しない者
・貸金業法の罪
・出資法の罪
・旧貸金業者の自主規制の助長に関する法律の罪
・暴力団員による不当な行為の防止等に関する法律の罪

⑥-2　貸付けの契約の締結や債権の取立てに当たり、次のいずれかの罪を犯して罰金の刑に処せられ、その刑の執行を終わり、または刑の執行を受けることがなくなった日から5年を経過しない者

　　　・物価統制令第12条に違反した罪

　　　・刑法の罪

　　　・暴力行為等処罰に関する法律の罪

⑦ 暴力団員等

⑧ 主任者登録の取消しの処分を受け、その処分の日から5年を経過しない者

⑨ 貸金業について登録取消処分の聴聞の通知があった日から処分にかかわる
　 決定前に、相当な理由なく、自ら解散または貸金業の廃止の届出をし、そ
　 の届出の日から5年を経過しない者

⑩ 貸金業について登録取消処分の聴聞の通知があった日から処分にかかわる
　 決定があるまでの間に合併・解散や廃業の届出をした法人の聴聞の通知前
　 30日以内に役員であった者で、届出の日から5年を経過しない者

⑪ 解任を命ぜられた役員で処分を受けた日から5年を経過しない者

⑫ 役員の解任を命ずる処分に係る聴聞の通知があった日から当該処分をする
　 日または処分をしないことの決定をする日までの間に、相当の理由なく、
　 退任した当該命令により解任されるべきとされた者で、当該退任の日から5
　 年を経過しない者

※ 貸金業務取扱主任者の登録拒否事由は、貸金業者の登録拒否事由（→P28）と似て
　 いますが、上記④と⑧の記載に注意しましょう。

練習問題（○×問題）

① 貸金業者の業務に従事する者でなければ、貸金業務取扱主任者の登録を受け
　 ることはできない。

② 暴力団員でなくなった日から5年を経過しない者は、貸金業務取扱主任者の
　 登録を受けることはできない。

解答

① × 貸金業の従業者でなくとも登録は受けられます。

② ○ 暴力団員等は登録を受けられません。暴力団員等には、暴力団員でなく
　　　なった日から5年を経過しない者も含まれます。

■ポイント

・虚偽の記載をした場合や重要事項の記載がない場合には、登録を拒否される。

・主任者登録の拒否事由は、貸金業者登録の拒否事由と似ている。

1-12 貸金業務取扱主任者登録簿、死亡等の届出

主任者登録簿に記載されると登録完了です。ここでは、主任者登録簿の記載事項は何か、変更の登録はどのような場合に必要になるのか、貸金業務取扱主任者が死亡するなどした場合にどうするのかについて学びます。

1 主任者登録簿　　　　　　　　　　　　　　　重要度 ★★★

内閣総理大臣は、次の事項を記載した主任者登録簿を備えます。

● **主任者登録簿の記載事項**

① 貸金業務取扱主任者の氏名、生年月日、住所、本籍および性別

② 資格試験の合格年月日および合格証書番号

③ 登録番号および登録年月日

④ 貸金業者の業務に従事する者は、その貸金業者の商号、名称、または氏名および登録番号

※貸金業者の従業者でなくとも主任者登録が受けられますので、従業者でない者については、①②③だけが登録簿に記載されます。

2 登録の変更　　　　　　　　　　　　　　　　　重要度 ★

貸金業務取扱主任者は、主任者登録簿の記載事項に変更があったときには、遅滞なく主任者登録の変更を申請しなければなりません。

例えば、貸金業務取扱主任者が転居した場合には、住所（上記①）が変更するので登録の変更が必要になります。

貸金業務取扱主任者が転職をして、従事する貸金業者が変更した場合には、勤務先の貸金業者の商号等や登録番号（上記④）が変更しますので、登録の変更が必要です。また、新たに貸金業者の業務に従事する場合にも、上記④の記載が必要になりますので、登録の変更が必要です。

▼貸金業者に就職・転職した場合

　他方、勤務地がA支店からB支店に変わった場合であっても、勤務する営業所等の住所は主任者登録簿の記載事項ではないため、登録の変更は必要ありません。

3　死亡等の届出　　　　　　　　　　重要度　★★★

　貸金業務取扱主任者に死亡等の届出事由が生じた場合には、届出義務者はその日から30日以内（死亡の場合には、死亡の事実を知った日から30日以内）に、その旨を内閣総理大臣に届け出なければなりません。

▼死亡等の届出における届出義務者

届出事由	届出義務者
死亡したとき	相続人
心身の故障により貸金業を適正に行うことができない者になったとき	本人、法定代理人、同居の親族
登録拒否事由②〜⑧（→P46）に該当するに至ったとき（例：破産、貸金業者登録の取消しの処分、禁錮以上の刑、一定の犯罪により罰金の刑、暴力団員等）	本人

※貸金業者の破産の場合は破産管財人が届出義務者です（→P36）が、貸金業務取扱主任者の破産の場合は本人が届出義務者となることに注意しましょう。

練習問題（○×問題）

① 貸金業務取扱主任者登録簿には、氏名、生年月日、本籍、性別等が記載される。
② 貸金業務取扱主任者が転居したときには、その日から2週間以内に主任者登録の変更を申請しなければならない。

解答

① ○　設問の通りです。
② ×　登録の変更は、遅滞なく申請をする必要があります。2週間以内の申請ではありません。

■ポイント

・主任者登録簿の記載事項を変更した場合には、登録の変更が必要である。
・死亡等の届出期間は30日。ただし、死亡の場合、知った日から起算する。

1-13 業務運営措置・禁止行為

貸金業法では、資金需要者等の保護を図るために、さまざまな行為を規制しています。ここでは、業務の適切な運営を確保するための措置、一般的な禁止行為について学びます。

1 業務運営に関する措置 　　　重要度 ★★★

(1) 業務運営に関する措置

貸金業者は、その貸金業の業務に関して取得した資金需要者等に関する情報の適正な取扱い、その貸金業の業務を第三者に委託する場合における当該業務の的確な遂行その他の貸金業の業務の適切な運営を確保するための措置を講じなければなりません。

(2) 個人の資金需要者等に関する情報の安全管理措置等

貸金業者は、その取り扱う個人である資金需要者等に関する情報の安全管理、従業者の監督および当該情報の取扱いを委託する場合には、その委託先の監督について、当該情報の漏えい、滅失またはき損の防止を図るために必要かつ適切な措置を講じなければなりません。

(3) 返済能力情報の取扱い

貸金業者は、信用情報に関する機関から提供を受けた情報であって個人である資金需要者等の借入金返済能力に関するものを、資金需要者等の返済能力の調査以外の目的のために利用しないことを確保するための措置を講じなければなりません。

(4) 特別の非公開情報の取扱い

貸金業者は、その取り扱う個人である資金需要者等に関する人種、信条、門地、本籍地、保健医療または犯罪経歴についての情報、その他の特別の非公開情報（その業務上知り得た公表されていない情報をいう）を、適切な業務の運営の確保、その他必要と認められる目的以外の目的のために利用しないことを確保するための措置を講じなければなりません。

(5) 委託業務の的確な遂行を確保するための措置

　貸金業者は、貸金業の業務を第三者に委託する場合には、その業務の内容に応じ、次に掲げる措置を講じなければなりません (貸金業法施行規則第10条の5)。

① その業務を的確、公正かつ効率的に遂行することができる能力を有する者に委託するための措置

② その業務の委託を受けた者 (以下、「受託者」という。) におけるその業務の実施状況を、定期的にまたは必要に応じて確認すること等により、受託者がその業務を的確に遂行しているかを検証し、必要に応じ改善させる等、受託者に対する必要かつ適切な監督等を行うための措置

③ 受託者が行うその業務に係る資金需要者等からの苦情を適切かつ迅速に処理するために必要な措置

④ 受託者がその業務を適切に行うことができない事態が生じた場合には、他の適切な第三者に当該業務を速やかに委託する等、当該業務に係る資金需要者等の保護に支障が生じること等を防止するための措置

⑤ 貸金業者の業務の健全かつ適切な運営を確保し、その業務に係る資金需要者等の保護を図るため必要がある場合には、その業務の委託に係る契約の変更または解除をする等の必要な措置を講ずるための措置

● **外部委託（貸金業の業務の第三者への委託）についての監督指針（一部抜粋）**
　監督に当たっては、次の点に留意するものとされています。

・ 委託先における目的外使用の禁止も含めて顧客等に関する情報管理が整備されており、委託先に守秘義務が課せられているか

・ 二段階以上の委託が行われた場合には、外部委託先が再委託先等の事業者に対して十分な監督を行っているかについて確認しているか、また、必要に応じ、再委託先等の事業者に対して貸金業者自身による直接の監督を行っているか

・委託業務に関する苦情等について、資金需要者等から委託元である貸金業者への直接の連絡体制を設けるなど適切な苦情相談態勢が整備されているか

　※ 外部委託には、形式上、外部委託契約が結ばれていなくともその実態において外部委託と同視しうる場合や当該外部委託された業務等が海外で行われる場合も含まれます。

(6) 社内規則等

　貸金業者は、その営む業務の内容および方法に応じ、資金需要者等の知識、経験および財産の状況を踏まえた重要な事項の資金需要者等に対する説明、その他の健全かつ適切な業務の運営を確保するための措置（書面の交付、その他の適切な方法による商品または取引の内容の説明並びに犯罪を防止するための措置を含む）に関する社内規則、その他これに準ずるものを定めるとともに、従業者に対する研修、その他の当該社内規則等に基づいて業務が運営されるための十分な体制を整備しなければなりません。

2　暴力団員等の使用の禁止　　　　　重要度 ★★★

　貸金業者は、暴力団員等（→P30）をその業務に従事させ、またはその業務の補助者として使用してはなりません。

3　禁止行為（貸金業法第12条の6）　　　重要度 ★★★

(1) 禁止行為

　貸金業者は、その貸金業の業務に関し、次に掲げる行為をしてはなりません。

> ● **禁止事項**
> ① 資金需要者等に対し、虚偽のことを告げ、または貸付けの契約の内容のうち重要な事項を告げない行為
> ② 資金需要者等に対し、不確実な事項について断定的判断を提供し、または確実であると誤認させるおそれのあることを告げる行為
> ③ 保証人となろうとする者に対し、主たる債務者が弁済することが確実であると誤解させるおそれのあることを告げる行為
> ④ 偽りその他不正または著しく不当な行為
> 　※「不正な」行為とは違法な行為、「不当な」行為とは客観的に見て、実質的に妥当性を欠くまたは適当でない行為で、不正（違法）な程度にまで達していない行為をいいます。
> 　※刑事罰を科せられるのは、①の前半部分に違反した場合（虚偽のことを告げた場合）のみです。そのため、①の後半部分（重要な事項を告げない行為）や②〜④に該当する行為を行っても刑事罰を科せられることはありません。

　なお、「告げる」または「告げない」行為とは必ずしも口頭によるものに限られません。

(2) 禁止事項①の具体例（第1号）

　監督指針において、次のような行為は、禁止事項①「貸付けの契約の内容のうち重要な事項を告げない行為」に該当するおそれが大きいとされています。

- ・ 資金需要者等から契約の内容について問合せがあったにもかかわらず、当該内容について回答せず、資金需要者等に不利益を与えること
- ・ 資金需要者等が契約の内容について誤解していることまたはその蓋然性が高いことを認識しつつ、正確な内容を告げず、資金需要者等の適正な判断を妨げること

※ 自主規制基本規則によれば、協会員は、貸付けの契約の内容のうち、「重要な事項」（資金需要者等の利害に関する事項であって、当該貸付けの契約の締結および変更に当たり、その意思決定に影響を及ぼす事項をいう。）については、資金需要者等の利益に配慮した取扱いを行うものとし、特に、貸付けの利率の引上げ、返済の方式の変更、賠償額の予定額の引上げ等の事由については、その取扱いに留意するものとされています。

(3) 禁止事項④の具体例（第4号）

　監督指針において、禁止事項④「偽りその他不正または著しく不当な行為」に該当するかどうかは、個々の事実関係に則して判断する必要がありますが、例えば次のような行為は、該当するおそれが大きいとされています。

- ・ 契約の締結または変更に際して、白紙委任状およびこれに類する書面を徴求すること
- ・ 契約の締結または変更に際して、白地手形および白地小切手を徴求すること
- ・ 契約の締結または変更に際して、印鑑、預貯金通帳・証書、キャッシュカード、運転免許証、健康保険証、年金受給証等の債務者の社会生活上必要な証明書等を徴求すること

　なお、監督指針では、これらの写し（コピー）を徴求することは、禁止していません。印鑑や運転免許証などが債務者の手元にないと社会生活上困りますが、例えば、本人確認のために運転免許証の写しを貸金業者に渡しても、債務者が社会生活上困ることはないといえるからです。

- 契約の締結または変更に際して、貸付け金額に比し、合理的理由がないのに、過大な担保または保証人を徴求すること
- 契約の締結または変更に際して、クレジットカードを担保として徴求すること
- 契約の締結または変更に際して、資金需要者等に対し、借入申込書等に年収、資金使途、家計状況等の重要な事項について虚偽の内容を記入するなど虚偽申告を勧めること
- 人の金融機関等の口座に無断で金銭を振り込み、当該金銭の返済に加えて、当該金銭に係る利息その他の一切の金銭の支払を要求すること
  なお、一切の金銭の支払とは、礼金、割引料、手数料、調査料その他何らの名義をもってするものを問いません。
- 顧客の債務整理に際して、帳簿に記載されている内容と異なった貸付けの金額や貸付日などを基に残存債務の額を水増しし、和解契約を締結すること
- 貸金業者が、架空名義もしくは借名で金融機関等に口座を開設し、または金融機関等の口座を譲り受け、債務の弁済に際して当該口座に振込みを行うよう要求すること
- 資金需要者等が身体的・精神的な障害等により契約の内容が理解困難なことを認識しながら、契約を締結すること
- 資金需要者等が障害者である場合であって、その家族や介助者等のコミュニケーションを支援する者が存在する場合に、当該支援者を通じて資金需要者等に契約内容を理解してもらう等の努力をすることなく、単に障害があることを理由として契約締結を拒否すること
- 資金逼迫（ひっぱく）状況にある資金需要者等の弱みにつけ込み、次に掲げる行為を行うこと
  a. 資金需要者等に一方的に不利となる契約の締結を強要すること
  b. 今後の貸付けに関して不利な取扱いをする旨を示唆すること等により、株式、出資または社債の引受けを強要すること
  c. 貸付けの契約の締結と併せて自己または関連会社等の商品またはサービスの購入を強制すること
- 確定判決において消費者契約法第8条から第10条までの規定（→P302）に該当し無効であると評価され、その判決確定の事実が消費者庁、国民生活センターまたは適格消費者団体によって公表されている条項と、内

容が同一である条項を含む貸付けに係る契約（消費者契約に限る。）を締結すること

※上記はあくまで具体例であって、上記以外の行為であっても禁止事項①～④に該当する行為は禁止されます。

● **禁止事項④の具体例（自主規制基本規則）**

　自主規制基本規則では、監督指針に書かれている行為のほか、次のような行為も、「不正または著しく不当な行為」に該当するおそれがあるとしています。

・取立てに当たり、債務者等以外の者に保証人となるよう強要すること
・資金需要者等からの貸付の契約申し込みに当たり、例えば「信用をつけるため」等の虚偽の事実を伝え、手数料を要求すること
・生命保険、損害保険等の保険金により貸付金の弁済を要求すること

練習問題（○×問題）

① 保証人となろうとする者に対し、主たる債務者が弁済することが確実であると誤解させるおそれのあることを告げる行為は禁止されている。

② 資金需要者等に対し、借入申込書等に年収、家計状況等の重要な事項について虚偽の内容を記入するなど虚偽申告を勧めることをしてはならない。

解答

① ○ 設問の通りです。
② ○ 設問の行為も禁止事項④に該当するおそれが大きいとされています。

■ **ポイント**

・暴力団員等の使用は禁止されている。
・虚偽告知・重要な事項の不告知、断定的判断の提供、保証人を誤解させる行為などは禁止されている。

1-14 貸付条件の広告等

広告は、資金需要者等が貸付条件などを知ることのできる初期の段階です。
資金需要者等を保護するため、広告等に関するいくつかの規制があります。
ここでは、貸付条件の広告等に記載すべき事項を学びます。

1 貸付条件の広告等 重要度 ★★★

(1) 貸付条件の広告

　貸金業者は、貸付けの条件について広告をするときは、次の事項を表示し、
または説明しなければなりません。例えば、貸付けの利率を表示し、または説
明するときは、他のすべての事項を表示し、または説明しなければなりません（⑤
〜⑦は一定の場合に限る）。この規制は、貸付けの条件についての広告を対象
とする規制ですので、企業名（①の事項）だけの広告は規制の対象となりません。

> ● **貸付条件の広告等に記載すべき事項**
> ① 貸金業者の商号・名称・氏名、登録番号
> ② 貸付けの利率 (%)
> ③ 返済の方式
> ④ 返済期間および返済回数
> ⑤ 賠償額の予定（違約金を含む）を定める場合には、その賠償金の元本に対
> 　する割合 (%)
> ⑥ 担保が必要な場合には、その担保に関する事項
> ⑦ ホームページアドレスまたは電子メールアドレスを表示し、または説明
> 　する場合には、貸金業者登録簿に登録された電話番号
> 　※ 上記は金銭の貸付けにおいて掲示すべき事項です。金銭の貸借の媒介の場
> 　　合には、①②のほか、媒介手数料の計算方法を掲示する必要があります。
> 　※ 返済の方式には、元金均等返済方式、元利均等返済方式、リボルビング方
> 　　式などがあります。

　これらの事項は、資金需要者等が知るべき最低限の事項といえます。その他
の書面（→P88、P90）に記載すべき事項の基礎となりますので、正確に押さえ
ておきましょう。

（2）貸付けの勧誘

　貸付けの契約の締結について勧誘をする場合で、貸付けの条件を表示し、説明するときにも、前記の事項を表示・説明する必要があります。

（3）電話番号等の表示

　貸付けの条件について広告をし、または書面（これに代わる電磁的記録も含む）を送付して勧誘（広告に準ずるものに限る。ダイレクトメールや電子メールなど）をする場合で、電話番号・ホームページアドレス・電子メールアドレスを表示するときには、貸金業者登録簿に登録されたものを表示しなければなりません。

広告
・年率　○○.○%
・□□□□
・□□□□
・電話番号
・ホームページアドレス
・電子メールアドレス

貸金業者登録簿に登録されたものを！

2　過剰貸付けの防止に配慮した広告・勧誘　重要度　★

　貸金業者は、その貸金業の業務に関して広告や勧誘をするときは、資金需要者等の返済能力を超える貸付けの防止に配慮するとともに、その広告や勧誘が過度にわたることがないように努めなければなりません。

練習問題（○×問題）

① 貸付条件の広告等において、ホームページアドレスまたは電子メールアドレスを表示した上で、電話番号を表示しないこともできる。

② 広告や勧誘をするときは、資金需要者等の返済能力を超える貸付けの防止に配慮しなければならず、これに違反した場合には刑事罰を科される。

解答 ……………………………………………………………………

① × ホームページアドレスまたは電子メールアドレスを表示する場合には、必ずあわせて電話番号を表示しなければならないとされています。

② × 努力義務ですので、刑事罰を科されることはありません。

■ポイント

・貸付条件の広告等を行う場合は、一定の事項を記載しなければならない。

・過剰貸付けの防止に配慮した広告や勧誘を行う努力義務が課せられている。

誇大広告等の禁止

誇大広告等は、資金需要者等の判断を誤らせるため、禁止されています。ここでは、どのような表示・説明が誇大広告等として禁止されるのかを中心に学びます。

1 誇大広告等の禁止　　　　　　　　重要度 ★★★

貸金業者は、その貸金業の業務に関して広告や勧誘をするときは、貸付けの条件について、著しく事実に相違する表示・説明をし、または実際のものよりも著しく有利であると人を誤認させるような表示・説明をしてはなりません。これに違反した場合には、刑事罰を科せられることがあります。

▼広告・勧誘の際の禁止事項

- 広告 -
- 他社をご利用の方、大歓迎!
- 破産者でもOK!
- 無審査でスピード融資!
- 年金受給者限定、年利引き下げ!
- 職を失った方にも高額融資!

また、貸金業の業務に関して広告や勧誘をするときに、次のような表示・説明をすることも禁止されています。この禁止事項①〜⑤に違反しても、刑事罰を科せられることはありません。

●広告・勧誘の際の禁止事項

① 資金需要者等を誘引することを目的とした特定の商品を当該貸金業者の中心的な商品であると誤解させるような表示・説明

② 他の貸金業者の利用者または返済能力がない者を対象として勧誘する旨の表示・説明

③ 借入れが容易であることを過度に強調することにより、資金需要者等の借入意欲をそそるような表示・説明

④ 公的な年金、手当等の受給者の借入意欲をそそるような表示または説明

⑤ 貸付けの利率以外の利率を貸付けの利率と誤解させるような表示・説明

※ 監督指針では，③に該当するおそれが大きい例として、「貸付審査を全く行わずに貸付けが実行されるかのような表現」「債務整理を行った者や破産免責を受けた者にも容易に貸付けを行う旨の表現」「他社借入件数、借入金額について考慮しない貸付けを行う旨の表現」をあげています。

② 適合性の原則　　　重要度 ★★

　貸金業者は、資金需要者等の知識、経験、財産の状況および貸付けの契約の締結の目的に照らして不適当と認められる勧誘を行って資金需要者等の利益の保護に欠け、または欠けることとなるおそれがないように、貸金業の業務を行わなければなりません。

③ 再勧誘の禁止　　　重要度 ★★★

　貸金業者は、勧誘をした場合において、その勧誘を受けた資金需要者等から貸付けの契約を締結しない旨の意思（勧誘を引き続き受けることを希望しない旨の意思を含む）が表示されたときは、勧誘を引き続き行ってはなりません。

> ● 再勧誘に関する自主規制基本規則の定め
> ① 勧誘を一切拒否する旨の強い意思表示があった場合
> 　→最低1年間は一切の勧誘を見合わせ、この期間経過後も一定の制限ある。
> ② 勧誘を引き続き受けることを希望しない明確な意思の表示があった場合
> 　→最低6か月間は勧誘を見合わせる。
> ③ 契約を締結しない旨の意思の表示があった場合
> 　→最低3か月間は勧誘を見合わせる。

練習問題（○×問題）

① 貸金業の業務に関して広告や勧誘をする場合、貸付けの条件について、著しく事実に相違する表示または説明をしてはならない。
② 貸金業の業務に関して広告や勧誘をする場合、貸付けの利率以外の利率を貸付けの利率と誤解させるような表示または説明をしてはならない。
解答
① ○ 設問の通りです。　　② ○ 設問の通りです。

■ポイント
・資金需要者等の適正な判断を誤らせるような広告や勧誘をしてはらない。
・勧誘を拒絶する意思が表示されたときは、勧誘を継続してはならない。

1-16 過剰貸付け等の禁止、総量規制

多重債務の防止のため、過剰貸付け等は禁止されています。ここでは、過剰貸付け等禁止のほか、総量規制についても学びます。総量規制では、まず規制の基本となる考えを押さえ、それから規制の除外と例外をみていきます。

1 過剰貸付け等の禁止　　　　　重要度 ★★★

貸金業者は、貸付けの契約を締結しようとする場合において、返済能力の調査（→P64）により、その貸付けの契約が顧客等の返済能力を超える貸付けの契約と認められるときは、その貸付けの契約を締結してはなりません。

個人向けの貸付け（保証も含む）のみならず、法人向けの貸付け（保証も含む）も、返済能力の調査が必要であり、過剰貸付け等は禁止されています。

▼返済能力の調査義務および過剰貸付け等の禁止の対象

2 総量規制（個人過剰貸付契約）　　重要度 ★★★

個人顧客に対する貸付けに係る契約で、貸金業者からの総借入残高がその年収の3分の1を超えることになる貸付けは、原則として禁止されています。

▼個人過剰貸付契約

※「個人顧客合算額」とは、個人顧客の総借入残高のことで、今これから契約しようとしている貸付けの金額のみならず、これまでの貸付けの残高や、他の貸金業者が行った貸付けの残高も含まれます。他の貸金業者からの借入残高については、指定信用情報機関を利用して情報の提供を受けることになります。

※ 年収には、給与・賞与のほか、年金、恩給、定期的に受領する不動産の収入、年間の事業所得（過去の事業所得の状況に照らして安定的と認められるものに限る）も含まれます。

※「貸付けに係る契約」に保証契約は含まれない（→P20）ため、総量規制（個人顧客に対する貸付けに係る契約を対象とする）は、法人向けの貸付け、法人向けの保証、個人向けの保証を対象としません。

3　総量規制の除外　　　　重要度 ★★★

　住宅資金貸付契約等（下記①〜⑨のいずれかに該当する契約）は、個人過剰貸付契約から除外され、総量規制の対象とはなりません（除外）。そのため、住宅資金貸付契約等による貸付けの金額が年収の3分の1を超えることも可能です。

　また、住宅資金貸付契約等は総量規制とは無関係ですから、住宅資金貸付契約等に係る貸付けの残高は「個人顧客合算額」には算入されません。

　住宅資金貸付契約等とは、次のものをいいます。住宅ローンや自動車ローンなどをイメージすればよいでしょう。

● **住宅資金貸付契約等**（個人過剰貸付契約から除かれる契約）

① 不動産の建設、購入、または改良に必要な資金の貸付けに係る契約

② ①の貸付けが行われるまでのつなぎとして行う貸付けに係る契約

③ 自動車の購入に必要な資金の貸付けに係る契約

④ 個人顧客またはその親族で生計を1つにする者の高額療養費を支払うために必要な資金の貸付けに係る契約

⑤ 手形（融通手形を除く）の割引を内容とする契約

⑥ 貸金業者を債権者とする金銭の貸借の媒介に係る契約

⑦ 金融商品取引法の規定する有価証券を担保とする貸付けに係る契約

⑧ 不動産を担保とする貸付けに係る契約（個人顧客や担保提供者の居宅、生計維持に不可欠なものを除く）

⑨ 売却予定の不動産の売却代金により弁済される貸付けに係る契約

⑩ 金融商品取引業者が行う500万円を超える一定の有価証券担保ローン

⑪ 金融商品取引業者が行う500万円を超える一定の投資信託受益証券担保ローン

　※ ①には、借地権の取得に必要な資金の貸付けも含まれます。

　※ ③は、その自動車の所有権を貸金業者が取得し、またはその自動車が担保の目的となっているものでなければなりません。

> ※ ⑧と⑨は、当該個人顧客の返済能力を超えないと認められるものでなければなりません。
> ※ ⑧と⑨の契約は、貸付けの金額が当該貸付けに係る契約の締結時における当該不動産の価格の範囲内であるものでなければ除外されません。また、⑨の契約は、当該不動産を売却することにより当該個人顧客の生活に支障を来すと認められる場合は除外されません。
> ※ ⑦と⑩は、貸付け金額が貸付け時における当該有価証券の時価の範囲内でなければなりません。

❹ 総量規制の例外　　　　　　　　重要度 ★★★

「個人顧客の利益の保護に支障を生ずることがない契約」（次の①〜⑧のいずれかに該当する契約）については、総量規制の例外とされています。

その契約の貸付けの残高は「個人顧客合算額」に算入されますが、その個人顧客合算額が年収の3分の1を超える場合であっても、その契約自体は例外的に許されることになっているのです。

例えば、年収600万円の人がすでに200万円を借りており、その返済を一切していない状態の場合において、新たな貸付けを受けることは、年収の3分の1を超えてしまうのでできないはずですが、「個人顧客の利益の保護に支障を生ずることがない契約」に該当する場合には、例外的にその貸付けを受けることができます。

ただ、その契約の貸付けの残高は個人顧客合算額に算入されるので、その後さらに他の貸付けが行われる場合には、その残高も考慮して個人過剰貸付契約に該当するか否かを判断することになります。

● 個人顧客の利益の保護に支障を生ずることがない契約

① 個人顧客に一方的に有利となる借換えの契約（毎回の返済額や総返済額が減少し、追加の担保や保証がないなど）

② 貸付けの残高を段階的に減少させる借換え契約

③ 個人顧客またはその親族で生計を1つにする者の緊急に必要な医療費を支払うために必要な資金の貸付けに係る契約（高額療養費を除く）

④ 個人顧客が特定費用（外国において緊急に必要となった費用のほか、社会通念上緊急に必要と認められる費用）を支払うために必要な資金の貸付けに係る契約（顧客の返済能力を超えない場合に限る）

⑤ 配偶者とあわせた年収の3分の1以下の貸付けに係る契約（配偶者の同意がある場合に限る）

⑥ 個人事業主に対する貸付けに係る契約（事業の実態が確認され、かつ、事業主の返済能力を超えない場合に限る）

⑦ 新たな事業を行うために必要な資金の貸付けに係る契約（事業用の資金の貸付けであることが認められ、かつ、事業主の返済能力を超えない場合に限る）

⑧ 金融機関からの貸付けが行われるまでのつなぎとして行う貸付けに係る契約（極度方式基本契約を除く）

　※④は、金額が10万円を超えず、返済期間が3か月を超えないことが必要です。

　※⑧は、正規貸付けが行われることが確実であると認められ、返済期間が1か月を超えないことが必要です。

▼過剰貸付け等の禁止および総量規制の対象

	貸付けに係る契約	保証契約
過剰貸付け等の禁止	○	○
総量規制	○注1	×

○：規制あり　×：規制なし　注1：個人との契約に限る。

練習問題（○×問題）

① 法人と貸付けの契約を締結しようとする場合、その法人の返済能力を調査しなければならないが、その法人の返済能力を超える貸付けが禁止されているわけではない。

② 自動車の購入に必要な資金の貸付けに係る契約は総量規制の対象とはならない。

解答 ‥‥‥‥‥‥‥‥‥‥‥‥‥‥‥‥‥‥‥‥‥‥‥‥‥‥‥‥‥‥‥‥‥‥‥

① × 法人向けの貸付けも、返済能力の調査が必要であり、過剰貸付け等は禁止されています。

② ○ 設問の通りです。

■ポイント

- 過剰貸付け等の禁止は、法人向けの貸付けも対象としている。
- 年収の3分の1を超える個人向け貸付けは原則として禁止されている。

1-17 返済能力の調査

過剰貸付け等に該当するかどうかは、返済能力を調査してみなければわかりません。ここでは、返済能力の調査義務および調査方法、調査記録の作成・保存について学びます。

1 返済能力の調査義務　　　　　重要度 ★★★

貸金業者は、貸付けの契約を締結しようとする場合には、顧客等の収入または収益その他の資力、信用、借入れの状況、返済計画その他の返済能力に関する事項を調査しなければなりません。

個人顧客に対する貸付けのみならず、法人に対する貸付けの場合にも返済能力の調査が必要です。また、貸付けの契約には保証契約も含まれる（→P20）ので、保証契約を締結しようとする場合にも調査が必要です。

2 指定信用情報機関の利用　　　　重要度 ★★★

貸金業者は、個人である顧客等と貸付けの契約を締結しようとする場合には、返済能力の調査を行うに際し、原則として、指定信用情報機関（→P110）が保有する信用情報を使用しなければなりません。例えば、個人である保証人となろうとする者との間で、貸付けに係る契約について保証契約を締結しようとする場合、その者の返済能力の調査を行うに際し、指定信用情報機関が保有する信用情報を使用しなければなりません。

次の契約を締結する場合には、指定信用情報機関が保有する信用情報を使用する必要がありません。

> ● 指定信用情報機関を利用する必要がない場合（例）
> ・ 法人に対する貸付けの契約
> ・ 極度方式貸付けによる契約
> ・ 手形（融通手形を除く。）の割引を内容とする契約
> ・ 貸金業者を債権者とする金銭の貸借の媒介に係る契約
> ・ 特定非営利金融法人が行う特定貸付契約および当該特定貸付契約に係る保証契約

③ 資力を明らかにする書面等の徴収　重要度 ★★★

　貸金業者は、個人である顧客と貸付けに係る契約を締結しようとする場合で、当該貸金業者合算額が50万円を超えるとき、または個人顧客合算額が100万円を超えるときには、返済能力の調査を行うに際し、資金需要者である個人顧客から顧客の資力（収入・収益等）を明らかにする事項を記載した書面等（源泉徴収票や確定申告書など→P322）の提出・提供を受けなければなりません。

　保証契約を締結しようとする場合に、保証人になろうとする者から資力を明らかにする書面等の提出・提供を受ける必要はありません。

　また、すでに資力を明らかにする書面等の提出・提供を受けているときは、改めて提出・提供を受ける必要はありません。ただし、再度返済能力の調査をする時点においても、直近の期間に係るものなどでなければなりません。

▼当該貸金業者合算額と個人顧客合算額

```
┌─当該貸金業者合算額─┐          ┌─個人顧客合算額────┐
│   当該貸付けの金額   │          │   当該貸金業者合算額 │
│        ＋          │  または   │        ＋          │
│   別の貸付けの残高   │          │ 他の貸金業者の貸付けの残高│
│※極度方式基本契約の場合には、│    └──────────┘
│「極度額」を合算する。│
└──────────┘
        ⬇ 50万円超                      ⬇ 100万円超
```

> 資力を明らかにする書面等の徴収が必要

④ 調査に関する記録の作成・保存　重要度 ★★

　貸金業者は、顧客等と貸付けの契約を締結した場合には、返済能力の調査に関する記録を作成し、これを一定期間保存しなければなりません。

▼記録を保存すべき期間

貸付けに係る契約	貸付けに係る契約に定められた最終の返済期日（債権が弁済等により消滅した場合は、債権消滅の日）まで ※極度方式基本契約の場合には、その契約の解除の日またはその契約に基づくすべての極度方式貸付けに係る契約に定められた最終の返済期日のうち最後のもの（これらの契約に基づく債権のすべてが弁済その他の事由により消滅したときにあっては、その消滅した日）のうちいずれか遅い日まで
貸付けに係る契約の保証契約	貸付けに係る契約に定められた最終の返済期日（債権が弁済等により消滅した場合は、債権消滅の日）または、保証契約に基づく債務が消滅した日のうちいずれか早い日まで

▼返済能力の調査等の要否

	貸付けの契約 （極度方式 基本契約を含む）	極度方式 貸付け
返済能力の調査、および、 その調査記録の作成・保存	○	○
指定信用情報機関の利用	○注1	×
資力を明らかにする 書面等の徴収	○注1	×

○：必要　×：不要　注1：個人との契約に限る。

5　極度方式基本契約の極度額を増額する場合 重要度 ★★★

（1）原則

　極度方式基本契約の極度額を増額する場合にも、原則として、返済能力の調査が必要であり、その調査の記録を作成・保存しなければならないとされています。個人顧客等を相手にする契約のときは、指定信用情報機関の利用も必要です。

　返済能力を超える極度額の増額はできません（過剰貸付け等の禁止）。

（2）例外

　相手方と連絡することができないことにより、極度額を一時的に減額していた場合（その相手方の返済能力の低下による場合を除く）で、その後、その相手方と連絡することができたことにより極度額をその減額の前の額まで増額するときは、返済能力の調査は必要ありません。

　例えば、極度額を30万円とする極度方式基本契約を締結した場合において、顧客に返済能力の低下は認められないが、連絡を取ることができないことを理由に極度額を一時的に10万円に減額した後、連絡を取ることができたことにより極度額を当初の30万円に戻そうとする場合には、返済能力の調査を行う必要はありません。

　他方、顧客に返済能力の低下が認められたことを理由に極度額を一時的に10万円に減額した後、極度額を当初の30万円に戻そうとする場合には、返済能力の調査を行う必要があります。

※極度額のほかに貸付限度額（極度方式基本契約に基づく極度方式貸付けの元本の残高の上限）として、極度額を下回る額を掲示することがありますが、この貸付限度額を増額する場合も極度額の増額と同じように考えます。例えば、貸付限度額を増額する場合には、原則として、返済能力の調査およびその記録の作成・保存が必要であり、返済能力を超える貸付限度額の増額はできません。

練習問題（○×問題）

① 個人である顧客等と極度方式貸付けに係る契約を締結しようとする場合には、指定信用情報機関を利用しなければならない。

② 他の貸金業者からの借入れの残高が20万円である個人顧客と、40万円の貸付けを行う契約を締結しようとする場合には、個人顧客から顧客の資力を明らかにする事項を記載した書面等の提出を受けなければならない。

解答

① × 極度方式貸付けの場合、指定信用情報機関を利用する必要はありません。

② × 当該貸金業者合算額が40万円であり、また個人顧客合算額が60万円であるため、資力を明らかにする書面等の提出を受ける必要はありません。

■ポイント

・個人向け貸付け・保証の場合、指定信用情報機関を利用しなければならない。

・当該貸金業者合算額が50万円超または個人顧客合算額が100万円超の場合には、資力を明らかにする書面等の提出を受けなければならない。

1-18 「基準額超過極度方式基本契約」該当性の調査

極度方式貸付けでは、契約締結ごとに指定信用情報機関を利用した返済能力の調査を行うことは要求されていません。その代わりに定期的な審査が要求されています。ここでは、その審査の方法を中心に学びます。

1 「基準額超過極度方式基本契約」該当性の調査　重要度 ★★★

(1) 一定の要件に該当した場合の調査

貸金業者は、個人顧客と極度方式基本契約を締結している場合、次のいずれかに該当するときは、指定信用情報機関を利用して、その極度方式基本契約が「基準額超過極度方式基本契約」に該当するかどうかを調査しなければなりません。

① 当該極度方式基本契約の締結日から1か月以内の任意の期日までの期間およびその期日から1か月ごとに区分した上で、それぞれの期間において、その期間内に行った極度方式貸付けの「金額」の合計額が5万円を超え、かつ、その期間の末日における極度方式貸付けの「残高」の合計額が10万円を超えるとき

② 当該極度方式基本契約に基づく新たな極度方式貸付けの停止を解除しようとするとき

(2) 3か月ごとの定期的な調査

上記(1)の①②に該当しないときであっても、3か月ごとに、指定信用情報機関を利用して、その極度方式基本契約が「基準額超過極度方式基本契約」に該当するかどうかを調査しなければなりません。

ただし、極度方式貸付けの「残高」の合計額が10万円以下の場合や、新たな極度方式貸付けを停止する措置が講じられている場合、総量規制の除外(→P61)の⑥～⑨のいずれかに該当する場合は、この調査義務は免除されます。

2 基準額超過極度方式基本契約　重要度 ★★★

(1) 基準額超過極度方式基本契約とは

基準額超過極度方式基本契約とは、「極度方式個人顧客合算額」が基準額(=年収の3分の1)を超えることになる契約をいいます。

▼基準額超過極度方式基本契約

```
┌─ 極度方式個人顧客合算額 ─────────────────────┐        ┌─ 基準額 ─┐
┌────────┐   ┌──────────────────┐   ┌──────────────┐        ┌──────────┐
│ 今回の  │ + │ 別の極度方式基本契約に基づく │ + │ 他の貸金業者の │   >    │ 年収×  1  │
│ 極度額  │   │ 貸付けの残高（極度額）    │   │ 貸付けの残高  │        │       3  │
└────────┘   └──────────────────┘   └──────────────┘        └──────────┘
```

※ 極度方式個人顧客合算額とは、「当該極度方式基本契約の極度額」と「自己による別の極度方式基本契約に基づく貸付けの残高（極度方式基本契約であれば極度額）の合計額」と「他の貸金業者による貸付けの残高の合計額」を合算した額をいいます。

(2) 資力を明らかにする書面等の徴収

極度方式個人顧客合算額が100万円を超えるときは、上記調査を行うに際し、個人顧客から顧客の資力を明らかにする事項を記載した書面等（→P322）の提出・提供を受けなければなりません。

(3) 調査に関する記録の作成・保存

上記調査をした場合、その調査に関する記録を作成し、その記録をその作成後3年間保存しなければなりません。

3 基準額超過極度方式基本契約に該当する場合 重要度 ★★★

調査により、基準額超過極度方式基本契約に該当するときは、極度額の減額や新たな極度方式貸付けの停止の措置をとらなければなりません。

練習問題（○×問題）

① 個人顧客と極度方式基本契約を締結している場合で、極度方式貸付けの残高の合計額が10万円以下のときは、調査を行う必要はない。

② 基準額超過極度方式基本契約に該当するときは、その契約は無効となる。

解答

① ○ 残高の合計額が10万円以下のときは、調査は不要であるといえます。

② × 極度額の減額などの措置をとる必要があるが、契約は有効のままです。

■ポイント

・1か月の借入れの合計額が5万円を超えかつ、借入れの残高が10万円を超える場合は毎月、それ以外の場合には3か月ごと（借入れの残高が10万円を超えるとき）に調査を行う。

演習問題 1-1

問　題

■問1 （令和5年問題1）

　貸金業法上の用語の定義等に関する次のa～dの記述のうち、その内容が適切なものの個数を①～④の中から1つだけ選び、解答欄にその番号をマークしなさい。

a 貸金業者とは、貸金業法第3条第1項の登録を受けて貸金業を営む者をいい、これには貸付けに係る契約について業として保証を行う者も含まれる。

b 資金需要者等とは、資金需要者である顧客、債務者又は債務者であった者をいう。

c 住宅資金貸付契約とは、住宅の建設もしくは購入に必要な資金（住宅の用に供する土地又は借地権の取得に必要な資金を含む。）又は住宅の改良に必要な資金の貸付けに係る契約をいう。

d 手続実施基本契約とは、紛争解決等業務の実施に関し指定紛争解決機関と貸金業者との間で締結される契約をいう。

①1個　②2個　③3個　④4個

■問2 （令和5年問題2）

　次のa～dの記述のうち、貸金業法第6条第1項各号のいずれかに該当する者として貸金業の登録を拒否されるものの組み合わせを①～④の中から1つだけ選び、解答欄にその番号をマークしなさい。

a 破産手続開始の決定を受けて復権を得た日から5年を経過しない者

b 出資法（注）の規定に違反し、罰金の刑に処せられ、その刑の執行を終わり、又は刑の執行を受けることがなくなった日から5年を経過しない者

c 貸金業法第24条の6の4（監督上の処分）第1項の規定により貸金業の登録を取り消された株式会社の取締役を当該取消しの日の30日前に退任した者であって、当該取消しの日から5年を経過しないもの

d 株式会社であって、その常務に従事する取締役がすべて、貸金業者以外の金融機関での貸付けの業務に3年以上従事した経験を有するが、貸金業者での貸付けの業務に従事した経験を有しないもの

（注）出資法とは、出資の受入れ、預り金及び金利等の取締りに関する法律をいう。

① ab ② ad ③ bc ④ cd

■問3

（令和5年問題17）　

　貸金業法第8条（変更の届出）に関する次の①〜④の記述のうち、その内容が適切でないものを1つだけ選び、解答欄にその番号をマークしなさい。

① 貸金業者は、営業所又は事務所ごとに置かれる貸金業務取扱主任者の氏名及び登録番号に変更があったときは、その日から2週間以内に、その旨をその登録をした内閣総理大臣又は都道府県知事（以下、本問において「登録行政庁」という。）に届け出なければならない。

② 株式会社である貸金業者は、その取締役に変更があったときは、その日から2週間以内に、その旨を登録行政庁に届け出なければならない。

③ 貸金業者は、その業務に関して広告又は勧誘をする際に表示等をする営業所又は事務所のホームページアドレスを変更しようとするときは、あらかじめ、その旨を登録行政庁に届け出なければならない。

④ 貸金業者は、その業務の種類及び方法を変更しようとするときは、あらかじめ、その旨を登録行政庁に届け出なければならない。

■ **問4** 　　　　　　　　　（令和3年問題24）　☑☑☑

　貸金業法第24条の6の2（開始等の届出）に関する次の①〜④の記述のうち、その内容が<u>適切でない</u>ものを1つだけ選び、解答欄にその番号をマークしなさい。

① 貸金業者は、貸金業協会に加入又は脱退した場合、その日から2週間以内に、その旨をその登録をした内閣総理大臣又は都道府県知事（以下、本問において「登録行政庁」という。）に届け出なければならない。

② 貸金業者は、特定の保証業者との保証契約の締結を貸付けに係る契約の締結の通常の条件とすることとなった場合、その口から2週間以内に、その旨を登録行政庁に届け出なければならない。

③ 貸金業者は、第三者に貸金業の業務の委託を行った場合又は当該業務の委託を行わなくなった場合、その日から2週間以内に、その旨を登録行政庁に届け出なければならない。

④ 貸金業者は、貸付けに係る契約に基づく債権を他人から譲り受けた場合、その日から2週間以内に、その旨を登録行政庁に届け出なければならない。

■ **問5** 　　　　　　　　　（令和5年問題18）　☑☑☑

　貸金業法第10条（廃業等の届出）に関する次の①〜④の記述のうち、その内容が<u>適切でない</u>ものを1つだけ選び、解答欄にその番号をマークしなさい。

① 貸金業者であるA株式会社が破産手続開始の申立てを行った場合、A社は、当該申立てを行った日から30日以内に、その旨を貸金業の登録をした内閣総理大臣又は都道府県知事（以下、本問において「登録行政庁」という。）に届け出なければならない。

② 個人である貸金業者Bが死亡した場合、その相続人Cは、Bが死亡したことを知った日から30日以内に、その旨を登録行政庁に届け出なければならない。

③ 貸金業者であるD株式会社がE株式会社との合併により消滅した場合、D社の代表取締役であったFは、当該合併によりD社が消滅した日から30日以内に、その旨を登録行政庁に届け出なければならない。

④ 貸金業者であるG株式会社が金融サービスの提供に関する法律第12条の登録（貸金業貸付媒介業務の種別に係るものに限る。）を受けた場合、G社は、当該登録を受けた日から30日以内に、その旨を登録行政庁に届け出なければならない。

■問6　　　　　　　　　　　　　（令和5年問題12）　

　貸金業者が貸金業法に基づき保存すべきものに関する次の①～④の記述のうち、その内容が適切なものを1つだけ選び、解答欄にその番号をマークしなさい。

① 貸金業者は、貸金業法第12条の4第2項に規定する従業者名簿を、最終の記載をした日から10年間保存しなければならない。

② 貸金業者は、顧客と貸付けに係る契約（極度方式基本契約及び極度方式貸付けに係る契約ではないものとする。）を締結した場合には、内閣府令で定めるところにより、貸金業法第13条（返済能力の調査）第1項に規定する調査に関する記録を作成し、当該記録をその作成の日から10年間保存しなければならない。

③ 貸金業者は、個人顧客との間で締結した極度方式基本契約が基準額超過極度方式基本契約に該当するかどうかの調査をした場合には、内閣府令で定めるところにより、当該調査に関する記録を作成し、当該記録をその作成の日から10年間保存しなければならない。

④ 貸金業者は、貸金業法第19条の帳簿を、貸付けの契約ごとに、当該契約を締結した日から少なくとも10年間保存しなければならない。

■問7　　　　　　　　　　　　　（令和5年問題4）　

　貸金業務取扱主任者（以下、本問において「主任者」という。）に関する次の①～④の記述のうち、その内容が適切なものを1つだけ選び、解答欄にその番号をマークしなさい。

① 主任者は、その職務に関し貸金業に関する法令の規定に違反したことによりその主任者登録[注1]の取消しの処分を受けたときは、その処分の日から5年間主任者登録を受けることができない。

② 主任者登録の更新は、登録講習機関[注2]が行う講習で主任者登録の有効期間満了日前6か月以内に行われるものを受けることによりなされ、更新の申請をする必要はない。

③ 貸金業者向けの総合的な監督指針によれば、貸金業者が営業所又は事務所（以下、本問において「営業所等」という。）に設置する主任者は、勤務する営業所等が1つに決まっているだけでなく、営業時間内に、その営業所に常時駐在していることが必要であるとされている。

④ 貸金業者は、その営業所等における唯一の主任者が定年退職したことにより当該営業所等に主任者を欠くに至ったときは、その日から2週間以内に新たな主任者を設置するか、又は当該営業所等を廃止しなければならない。

（注1）主任者登録とは、貸金業法第24条の25（貸金業務取扱主任者の登録）第1項の登録をいう。
（注2）登録講習機関とは、貸金業法第24条の36（登録講習機関の登録）第1項に規定する内閣総理大臣の登録を受けた者をいう。

■問8 　(令和5年問題20)

　貸金業者の禁止行為等に関する次の①〜④の記述のうち、その内容が適切でないものを1つだけ選び、解答欄にその番号をマークしなさい。

① 貸金業者は、その貸金業の業務に関し、保証人となろうとする者に対し、主たる債務者が弁済することが確実であると誤解させるおそれのあることを告げる行為をしてはならない。
② 貸金業者は、貸付けの契約（住宅資金貸付契約その他の内閣府令で定める契約を除く。）の相手方又は相手方となろうとする者の死亡によって保険金の支払を受けることとなる保険契約を締結してはならない。
③ 貸金業者は、その貸金業の業務に関して広告又は勧誘をするときは、他の貸金業者の利用者又は返済能力がない者を対象として勧誘する旨の表示又は説明をしてはならない。
④ 金銭の貸借の媒介を行った貸金業者は、当該媒介により締結された貸付けに係る契約の債務者から当該媒介の手数料を受領した場合において、当該契約につき更新（媒介のための新たな役務の提供を伴わないと認められる法律行為として内閣府令で定めるものを含む。）があったときは、これに対する新たな手数料を受領し、又はその支払を要求してはならない。

■問9　　　　　　　　（令和5年問題8）　　☑☑☑

　貸金業の業務に関する広告又は勧誘についての次の①～④の記述のうち、その内容が適切なものを1つだけ選び、解答欄にその番号をマークしなさい。

① 貸金業者の従業者が、当該貸金業者の貸金業の業務に関して顧客に対し勧誘をするに際し、貸付けの条件について著しく事実に相違する説明をした場合、当該貸金業者は、行政処分の対象となるが、刑事罰の対象とはならない。

② 日本貸金業協会が定める貸金業の業務運営に関する自主規制基本規則（以下、本問において「自主規制規則」という。）によれば、協会員は、個人向け貸付けの契約に係る広告をテレビCM、新聞広告、雑誌広告及び電話帳広告に出稿するに当たり、協会が設ける審査機関から承認を得なければならないとされている。

③ 自主規制規則によれば、協会員は、貸金業の業務に関して勧誘をした場合において、当該勧誘を受けた資金需要者等が、勧誘を引き続き受けることを希望しない旨の明確な意思の表示を行ったときは、当該意思表示のあった日から最低3か月間は当該勧誘に係る取引及びこれと類似する取引の勧誘を見合わせることを目処として対応しなければならないとされている。

④ 貸金業者が、その貸金業の業務に関して広告又は勧誘をする場合において、借入れが容易であることを過度に強調することにより、資金需要者等の借入意欲をそそるような表示又は説明をしたときは、当該貸金業者がその登録を受けた内閣総理大臣又は都道府県知事は、当該貸金業者に対して、その登録を取り消すことはできないが、その必要の限度において、業務の方法の変更その他業務の運営の改善に必要な措置を命ずることができる。

貸金業法第13条の2（過剰貸付け等の禁止）第2項に規定する個人過剰貸付契約から除かれる契約として貸金業法施行規則第10条の21に規定する契約（以下、本問において「除外契約」という。）に関する次のa〜dの記述のうち、その内容が適切なものの個数を①〜④の中から1つだけ選び、解答欄にその番号をマークしなさい。

a 住宅の改良に必要な資金の貸付けに係る契約であっても、当該住宅を担保としないものは、除外契約に該当しない。

b 自動車の購入に必要な資金の貸付けに係る契約であっても、当該自動車の所有権を貸金業者が取得し、又は当該自動車が譲渡により担保の目的となっていないものは、除外契約に該当しない。

c 個人顧客の親族の健康保険法第115条第1項及び第147条に規定する高額療養費を支払うために必要な資金の貸付けに係る契約であっても、当該親族が当該個人顧客と生計を一にしていないものは、除外契約に該当しない。

d 個人顧客の不動産を担保とする貸付けに係る契約であって、当該個人顧客の返済能力を超えないと認められるものであっても、当該不動産が当該個人顧客の居宅であるものは、除外契約に該当しない。

①1個　②2個　③3個　④4個

■問11　　　　　　　　　（令和5年問題21）　　☑☑☑

　株式会社である貸金業者Aが行う貸金業法第13条に規定する返済能力の調査に関する次の①〜④の記述のうち、その内容が<u>適切でない</u>ものを1つだけ選び、解答欄にその番号をマークしなさい。

① Aは、法人である顧客Bとの間で、貸付けの契約を締結しようとする場合には、Bの返済能力の調査を行うに際し、指定信用情報機関が保有する信用情報を使用する必要はない。

② Aは、個人である顧客Bとの間で、極度額を30万円とする極度方式基本契約（以下、本問において「本件基本契約」という。）を締結した後、Bの返済能力は低下していないが、Bと連絡をとることができないことにより、本件基本契約における極度額を一時的に10万円に減額していた場合において、Bと連絡することができたことにより、極度額をその減額の前の30万円まで増額するときは、指定信用情報機関が保有する信用情報を使用したBの返済能力の調査を行う必要はない。

③ Aは、個人である顧客Bとの間で、本件基本契約に基づく極度方式貸付けに係る契約を締結しようとする場合、当該極度方式貸付けの金額が5万円を超え、かつ、当該極度方式貸付けの金額と本件基本契約に基づく極度方式貸付けの残高の合計額が10万円を超えるときを除き、指定信用情報機関が保有する信用情報を使用したBの返済能力の調査を行う必要はない。

④ Aは、個人である顧客Bとの間で、手形（融通手形を除く。）の割引を内容とする契約を締結しようとする場合には、Bの返済能力の調査を行うに際し、指定信用情報機関が保有する信用情報を使用する必要はない。

貸金業者Aが、個人顧客Bとの間で極度方式基本契約（以下、本問において「本件基本契約」という。）を締結している場合において、貸金業法第13条の3第2項に基づく、3か月以内の期間（以下、本問において「所定の期間」という。）ごとに、指定信用情報機関が保有する当該個人顧客に係る信用情報を使用して、本件基本契約が基準額超過極度方式基本契約に該当するかどうかの調査（以下、本問において「本件調査」という。）を行う場合等に関する次の①〜④の記述のうち、その内容が適切なものを1つだけ選び、解答欄にその番号をマークしなさい。なお、Aは、Bとの間で本件基本契約以外の極度方式基本契約を締結していないものとする。

① Aは、本件調査をしなければならない場合において、Bに係る極度方式個人顧客合算額が80万円であったときは、本件調査を行うに際し、Bから源泉徴収票その他のBの収入又は収益その他の資力を明らかにする事項を記載し、又は記録した書面又は電磁的記録として内閣府令で定めるものの提出又は提供を受けなければならない。

② Aは、所定の期間の末日における本件基本契約に基づく極度方式貸付けの残高が10万円であるときは、本件調査をする必要がない。

③ Aは、Bに対し、利息の支払の遅延を理由に本件基本契約に基づく新たな極度方式貸付けを停止する措置を講じている。この場合、Aは、所定の期間の末日における本件基本契約に基づく極度方式貸付けの残高が20万円であるときは、本件調査をしなければならない。

④ Aは、本件調査をしたところ、本件基本契約は、基準額超過極度方式基本契約に該当すると認められた。この場合、Aは、本件基本契約に基づく新たな極度方式貸付けの停止又は本件基本契約の解除のいずれかの措置を講じなければならない。

解　説

■問1　　　　　　　　　　　　　　　　　　「1-1 貸金業法の目的・定義」参照

貸金業者とは、貸金業法第3条第1項の登録を受けて貸金業を営む者をいいます。貸付けに係る契約について業として保証を行う者は、「保証業者」であって、貸金業者に含まれません。よって、aは、誤りです。

「資金需要者等」とは、資金需要者である顧客もしくは保証人となろうとする者、または債務者もしくは保証人をいいます。よって、bは誤りです。

cおよびdは、設問の通りであり、正しい記述です。

【解答　②】

■問2　　　　　　　　　　　　　　　　　　「1-3 貸金業者登録の拒否」参照

破産手続開始の決定を受けた場合でも、復権すれば「直ちに」登録を受けることができます。よって、aの場合、登録を拒否されません。

出資法の規定に違反し、罰金の刑に処せられ、その刑の執行を終わり、または刑の執行を受けることがなくなった日から5年を経過しない者は、登録を拒否されます。よって、bの場合、登録を拒否されます。

法人が登録を取り消された場合において、その取消しの日前30日以内に当該法人の役員であった者でその取消しの日から5年を経過しないものは、登録を拒否されます。よって、cの場合、登録を拒否されます。

常務に従事する役員のうちに「貸付けの業務」に3年以上従事した経験を有する者がいない場合、登録を拒否されます。この「貸付けの業務」は貸金業に限定されていないため、銀行などの金融機関での貸付けの業務に3年以上従事した経験をする役員がいれば登録は拒否されません。よって、dの場合、登録を拒否されません。

【解答　③】

問3　　　　　　　　　　　　　　　「1-4 貸金業者登録簿と登録換え」参照

①〜③は、設問の通りであり、正しい記述です。

　業務の種類および方法を変更しようとする場合には、2週間以内に届け出る必要があります。よって、④は、「あらかじめ」届け出なければならないとしている点が誤りです。

【解答　④】

問4　　　　　　　　　　　　「1-5 貸金業者登録の効力、開始等の届出」参照

①〜③は、設問の通りであり、正しい記述です。

　貸付けに係る契約に基づく債権を「他人に譲渡した」場合、その日から2週間以内に、その旨を登録行政庁に届け出なければなりません。一方、貸付けに係る契約に基づく債権を「他人から譲り受けた」場合、届出は不要です。よって、④は誤りです。

【解答　④】

問5　　　　　　　　　　　　　　　　「1-6 貸金業者廃業等の届出」参照

　貸金業者について破産手続開始の「決定」があった場合、その「破産管財人」は、その日「（破産手続開始の決定の日）から」30日以内に、その旨をその登録行政庁に届け出なければなりません。よって、①は、「A社」が届け出なければならないとしている点や、「破産手続開始の申立て」「申立てを行った日から」となっている部分が誤りです。

　②〜④は、設問の通りであり、正しい記述です。

【解答　①】

問6　　　　　　「1-7 証明書・従業者名簿・帳簿」、「1-17 返済能力の調査」、
　　　　　　　　　　「1-18「基準額超過極度方式基本契約」該当性の調査」参照

　①は、設問の通りであり、正しい記述です。

　貸金業者は、顧客等との間で、貸付けに係る契約（極度方式基本契約及び極度方式貸付けに係る契約ではないものとする。）を締結した場合、返済能力の調査に関する記録を、貸付けに係る契約に定められた「最終の返済期日（債権が弁済等により消滅した場合は、債権消滅の日）までの間」保存しなければなりません。よって、②は誤りです。

　基準額超過極度方式基本契約に該当するかどうかの調査記録は、その「作成後3年間」保存しなければなりません。よって、③は誤りです。

　貸金業者は、帳簿を、貸付けの契約ごとに、その契約に定められた「最終の返済期日（債権が弁済等により消滅した場合は、債権消滅の日）」から少なくとも10年間保存しなければなりません。よって、④は誤りです。

【解答　①】

■**問7**　　　　　　　　　　　　　「1-9 貸金業務取扱主任者の意義・設置」参照

　①は、設問の通りであり、正しい記述です。

　主任者登録を更新する場合、登録講習機関が行う講習で「主任者登録の申請の日前6か月以内」に行われるものを受けた後に、更新の「申請」をする必要があります。よって、②は誤りです。

　監督指針によれば、常時勤務していると認められるだけの実態が必要であるが、営業時間内に当該営業所等に常時駐在している必要はないとされています。よって、③は、「常時駐在している必要がある」としている点が誤りです。

　「予見し難い事由」により、営業所等における貸金業務取扱主任者の数が貸金業務取扱主任者の設置義務の数を下回るに至ったときは、2週間以内に、必要な措置をとらなければなりません。しかし、定年退職は「予見し難い事由」とは言えないため、営業所等における唯一の貸金業務取扱主任者が定年退職する予定であれば、「その退職前までに」、新たな貸金業務取扱主任者を置かなければなりません。

【解答　①】

■**問8**　　　　　　　　　　　　　　　　「1-13 業務運営措置・禁止行為」、
　　　　　　　　　　　　　　　　　　「1-19 生命保険契約に関する制限」参照

　①、③、④は、設問の通りであり、正しい記述です。

　貸金業者は、貸付けの契約（住宅資金貸付契約等を除く。）の相手方または相手方となろうとする者の死亡によって保険金の支払を受けることとなる保険契約を締結しようとする場合には、当該保険契約において、「自殺による死亡」を保険事故とすることは禁止されています。自殺以外の死亡によって保険金の支払いを受けることとなる保険契約を締結することは制限されていません。よって、②は誤りです。

【解答　②】

....

■問9

「1-15 誇大広告等の禁止」、「1-29 監督処分」、
「3-5 広告・勧誘に関する規制」参照

　貸金業者の従業者が、当該貸金業者の貸金業の業務に関して顧客に対し勧誘をするに際し、貸付けの条件について著しく事実に相違する説明をした場合、当該貸金業者は、行政処分の対象となるだけではなく、刑事罰の対象となります。よって、①は誤りです。

　②は、設問の通りであり、正しい記述です。

　勧誘を受けた資金需要者等が勧誘を引き続き受けることを希望しない旨の明確な意思の表示を行った場合、当該意思表示のあった日から「最低6か月間」は当該勧誘に係る取引およびこれと類似する取引の勧誘を見合わせることを目処として対応しなければなりません。よって、③は誤りです。

　貸金業者が、その貸金業の業務に関して広告・勧誘をするときに、借入れが容易であることを過度に強調することにより、資金需要者等の借入意欲をそそるような表示・説明をすることは、貸金業法で禁止されています。そして、貸金業者が貸金業の業務に関し法令に違反した場合、その登録を受けた内閣総理大臣または都道府県知事は、その登録を取り消し、または1年以内の期間を定めて、その業務の全部もしくは一部の停止を命ずることができます。よって、④は、「その登録を取り消すことはできない」としている部分が誤りです。

【解答　②】

■問10

「1-16 過剰貸付け等の禁止、総量規制」参照

　不動産の建設・購入に必要な資金または不動産の改良に必要な資金の貸付けに係る契約は、除外契約（総量規制の除外）に該当します。この場合、住宅を担保とすることは要件とされていないため、住宅を担保としないものであっても、除外契約に該当します。よって、aは、誤りです。

　b〜dは、設問の通りであり、正しい記述です。

【解答　③】

■問11

「1-17 返済能力の調査」参照

　法人との間で貸付けに係る契約を締結する場合、指定信用情報機関が保有する信用情報の使用は不要です。よって、①は正しい記述です。

　相手方と連絡をとることができないことにより極度額を一時的に減額してい

た場合で、その後、その相手方と連絡することができたことにより極度額をその減額の前の額まで増額する場合、返済能力の調査は不要です。よって、②は正しい記述です。

極度方式貸付けに係る契約を締結する場合、貸付けの金額等にかかわらず、指定信用情報機関が保有する信用情報の使用の使用は不要です。よって、③は、「当該極度方式貸付けの金額が5万円を超え、かつ、当該極度方式貸付けの金額と本件基本契約に基づく極度方式貸付けの残高の合計額が10万円を超えるときを除き」となっている部分が誤りです。

手形（融通手形を除く。）の割引を内容とする契約を締結する場合、指定信用情報機関が保有する信用情報の使用は不要です。よって、④は正しい記述です。

【解答　③】

■問12　　　「1-18「基準額超過極度方式基本契約」該当性の調査」参照

極度方式個人顧客合算額が「100万円を超える」ときは、基準額超過極度方式基本契約に該当するかどうかの調査を行うに際し、個人顧客から顧客の資力を明らかにする事項を記載した書面等の提出・提供を受けなければならないとされています。極度方式個人顧客合算額が80万円であれば、当該書面等の提出・提供を受ける必要はありません。よって、①は誤りです。

②は、設問の通りであり、正しい記述です。

新たな極度方式貸付けを「停止」する措置を講じている場合、残高の額にかかわらず、3か月ごとに基準額超過極度方式基本契約に該当するかどうかの調査は「不要」です。よって、③は誤りです。

基準額超過極度方式基本契約に該当する場合、「極度額の減額」または「新たな極度方式貸付けの停止」のいずれかの措置を講じなければなりません。よって、④は、「本件基本契約の解除」となっている部分が誤りです。

【解答　②】

解答	問1 ②	問2 ③	問3 ④	問4 ④	問5 ①
	問6 ①	問7 ①	問8 ②	問9 ②	問10 ③
	問11 ③	問12 ②			

1-19 生命保険契約に関する制限

生命保険金による返済を無制限に認めると、自殺を誘発するなどの危険性が
あります。ここでは、生命保険契約の契約締結に係る制限、生命保険契約に
係る同意前の書面の交付について学びます。

1 生命保険契約の締結に係る制限　　　重要度 ★★★

(1) 自殺を保険事故とすることの禁止（原則）

　貸金業者は、貸付けの契約の相手方または相手方となろうとする者の死亡に
よって保険金額の支払いを受けることとなる保険契約を締結しようとする場合
には、その保険契約において、自殺による死亡を保険事故とすることは、原則
として禁止されています。このような生命保険契約を無制限に認めると、不適
切な取立て行為を招き、ひいては自殺を誘発する危険性があるからです。

(2) 自殺を保険事故とすることができる場合（例外）

　住宅資金貸付契約等（次の①〜③）の場合には、例外的に自殺による死亡を
保険事故とすることが認められています。このような例外が認められているの
は、遺族の居住場所を確保する必要があるためです。

① 住宅（居住用建物のこと）の建設・
　購入に必要な資金（住宅用の土地
　または借地権の取得に必要な資
　金を含む）の貸付けに係る契約
② 住宅の改良に必要な資金の貸付
　けに係る契約
③ ①または②の貸付けが行われる
　ことが予定されている場合に、
　その貸付けが行われるまでのつ
　なぎとして行う貸付けに係る契約

▼自殺を保険事故とすることができる場合

つなぎ融資も可能

建設・購入・改良

土地または借地権の取得

2 生命保険契約に係る同意前の書面の交付　　　重要度 ★★

　貸金業者が、他人（貸付けの契約の相手方または相手方となろうとする者）
の死亡によって保険金額の支払いを受けることとなる保険契約を締結しようと

する場合には、これらの者から同意を得なければなりません（保険法38条または67条1項）。

　そして、貸金業者が、この同意を得ようとするときは、あらかじめ（事前に）、次の事項を記載した書面をこれらの者に交付しなければなりません。

● 同意前書面の記載事項

① 当該保険契約が、これらの者が死亡した場合に貸金業者に対し保険金額の支払をすべきことを定めるものである旨
② 貸金業者に支払われる保険金が貸付けの契約の相手方の債務の弁済に充てられるときは、その旨
③ 死亡以外の保険金の支払事由
④ 保険金が支払われない事由
⑤ 貸金業者に支払われる保険金額に関する事項
⑥ 保障が継続する期間に関する事項

　※ 8ポイント以上の大きさの文字および数字を用いて明瞭かつ正確に記載します。
　※ 同意前の書面の交付義務は、自殺を保険事故とする場合に限られません。
　※ 電磁的方法によることも可能ですが、事前の承諾を受ける必要があります。なお、後述する「承諾」(P88、P90、P93、P97、P98、P99の「承諾」)も、書面または電磁的方法による承諾である必要があります。

練習問題（○×問題）

① 住宅の建設・購入に必要な資金の貸付けに係る契約の場合は、生命保険契約を締結するときに、自殺による死亡を保険事故とすることもできる。
② 貸金業者が生命保険契約を締結しようとする場合、貸付けの契約の相手方の自殺による死亡を保険事故とするときに限り、その相手方に一定の事項を記載した書面を交付する必要がある。

解答
① ○　設問の通りです。
② ×　同意前の書面の交付義務は、自殺を保険事故とする場合に限られません。

■ポイント

・生命保険契約を締結しようとする場合、自殺を保険事故とすることは原則としてできないが、遺族の居住場所確保のために例外が認められている。
・貸金業者が生命保険契約を締結しようとするときには、あらかじめ一定の事項を記載した書面を交付しなければならない。

1-20 特定公正証書に係る制限等

特定公正証書の存在は資金需要者等にとって非常に不利です。そのため、資金需要者等がほとんど意識しないままに特定公正証書が作成されることを防ぐ必要があります。ここでは、特定公正証書を中心に学びます。

1 特定公正証書に係る制限　　　　重要度 ★★★

(1) 特定公正証書の意義

特定公正証書とは、債務者等が貸付けの契約に基づく債務の不履行の場合に直ちに強制執行に服する旨の陳述が記載された公正証書をいいます。債務者等による返済がなされない場合、特定公正証書があれば、訴えの提起（裁判）を行わなくても、債務者等の財産に対して強制執行をすることができるのです。

(2) 委任状取得の禁止

貸金業を営む者は、貸付けの契約について、債務者等から、その債務者等が「特定公正証書の作成」を公証人に嘱託することを代理人に委任する書面（委任状）を取得してはなりません。

(3) 代理人の選任に関する関与の禁止

貸金業を営む者は、貸付けの契約について、債務者等が「特定公正証書の作成」を公証人に嘱託することを代理人に委任する場合には、その代理人の選任に関し推薦その他これに類する関与をしてはなりません。

▼特定公正証書に係る制限における関係図

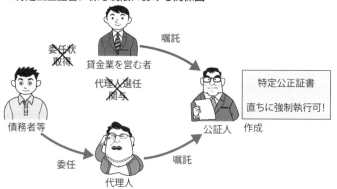

(4) 書面交付による説明義務

　貸金業者は、貸付けの契約について、「特定公正証書の作成」を公証人に嘱託する場合には、あらかじめ、債務者等となるべき資金需要者等に対し、書面を交付して、債務の不履行のときには、特定公正証書により直ちに強制執行に服することとなる旨を説明するほか、債務者等の法律上の利益に与える影響に関する事項（債務の不履行のときには、貸金業者は、訴訟の提起を行わずに、特定公正証書により債務者等の財産に対する強制執行ができる旨）を説明しなければなりません。

2　公的給付に係る預金通帳等の保管等の制限　　重要度 ★★★

　貸金業を営む者は、貸付けの契約について、公的給付が特定受給権者（公的給付の受給権者である債務者等または債務者等の親族その他の者）の預貯金の口座に払い込まれた場合にその預貯金の口座に係る資金から弁済を受けることを目的として、特定受給権者の預金通帳等（年金等の公的給付が払い込まれる口座の通帳やカード、年金証書など）の引渡し、提供を求め、またはこれらを保管する行為をしてはなりません。

　また、公的給付が払い込まれる口座からの口座振替による弁済を受けるために、口座振替を金融機関に委託するよう求める行為も禁止されています。

練習問題（○×問題）

① 貸金業を営む者は、貸付けの契約について、債務者等から公正証書の作成に関する委任状を取得してはならない。
② 貸金業を営む者は、債務者等の口座からの弁済を受けるために、口座振替を金融機関に委託するよう求める行為をしてはならない。

解答
① × 単なる公正証書の作成について委任状を取得することは禁止されていません。禁止されているのは、特定公正証書の作成に関するものです。
② × 単なる口座振替の要求は禁止されていません。

■ポイント

・「特定公正証書」に係る制限である。
・「公的給付」に係る預金通帳等の保管等の制限である。

1-21 契約締結前の書面

貸付けを受けようとする者は、その契約締結前に契約内容を十分に理解しておく必要があります。ここでは、貸金業者が契約締結前に交付する書面（契約の内容を説明する書面）に記載すべき事項について学びます。

1 貸付けに係る契約　　　　　　　　　　重要度 ★★★

　貸金業者は、貸付けに係る契約を締結しようとする場合には、契約を締結するまでに（つまり契約締結前に）、次に掲げる事項を明らかにし、契約の内容を説明する書面を契約の相手方となろうとする者に交付しなければなりません。

　なお、書面の交付に代えて、これらの事項を電磁的方法［例えば、電子メール(e-mail)を送信する方法］によって提供することも可能ですが、事前に書面または電磁的方法によって契約の相手方の承諾を受ける必要があります。

> ● 貸付けに係る契約における記載事項
> ① 貸金業者の商号・名称・氏名、住所、登録番号　　② 貸付けの金額
> ③ 貸付けの利率　　　　　④ 利息の計算方法
> ⑤ 債務者が負担すべき元本・利息以外の金銭
> ⑥ 賠償額の予定（違約金を含む）に関する定めがあるときは、その内容
> ⑦ 返済の方式　　　　　⑧ 返済期間および返済回数
> ⑨ 返済の方法および返済を受ける場所
> ⑩ 各回の返済期日および返済金額の設定の方式
> ⑪ 期日前の返済の可否およびその内容
> ⑫ 期限の利益の喪失の定めがあるときは、その内容
> ⑬ 契約の相手方の借入金返済能力に関する情報を信用情報に関する機関に登録するときは、その旨およびその内容
> ⑭ 将来支払う返済金額の合計額（契約を締結しようとする時点において将来支払う返済金額が定まらないときは、各回の返済期日に最低返済金額を支払うことなどの必要な仮定を置き、その仮定に基づいた合計額およびその仮定）
> ⑮ 手続実施基本契約の相手方である指定紛争解決機関の商号・名称
> ※8ポイント以上の大きさの文字および数字を用いて明瞭かつ正確に記載します。

※ 自分が貸付けを受けようとする際にどのような情報が必要かを考えれば、上記の記載事項は思い浮かぶと思います。思い浮かばなかった事項は受験時にも思い出せないおそれがあるので、しっかりと押さえましょう。

② 極度方式基本契約　　重要度 ★★★

　貸金業者は、極度方式基本契約を締結しようとする場合には、その契約を締結するまでに、一定の事項を明らかにし、その契約の内容を説明する書面をその契約の相手方となろうとする者に交付しなければなりません。

　極度方式基本契約における記載事項は貸付けに係る契約における記載事項とほとんど同じです。ただ、極度方式基本契約は、具体的な貸付けをする契約ではないため、極度方式基本契約では「貸付けの金額」や「返済期間および返済回数」「将来支払う返済金額の合計額」は記載事項ではありません。

　ただ、極度方式基本契約は極度額の範囲内での貸付けを予定する契約であるため、極度方式基本契約では、前述の①、③〜⑦、⑨〜⑬、⑮に加えて「極度額（貸付けの元本の残高の上限として極度額を下回る額を提示する場合には、その下回る額および極度額）」を記載する必要があります。また、「極度額を1回貸し付けることなどの必要な仮定を置き、その仮定に基づいた将来支払う返済金額の合計額、返済期間および返済回数ならびにその仮定」を記載しなければなりません。

　なお、極度方式貸付け（極度方式基本契約に基づく具体的な貸付け）のときには、契約締結前に書面を交付する必要はありません。

練習問題（○×問題）

① 貸付けに係る契約を締結しようとする場合、その契約を締結するまでに、契約年月日や契約の相手方の氏名・住所など一定の事項を明らかにし、その契約の内容を説明する書面を交付しなければならない。

② 極度方式基本契約を締結しようとする場合、その契約を締結するまでに、貸付けの金額など一定の事項を明らかにし、その契約の内容を説明する書面を交付しなければならない。

解答

① × 契約年月日や契約の相手方の氏名・住所は、記載事項ではありません。

② × 極度方式基本契約の場合、貸付けの金額は記載事項ではありません。

■ポイント

- 契約締結前に契約の内容を説明する書面を交付しなければならない。
- 極度方式基本契約では「貸付けの金額」ではなく、「極度額」を記載する。

1-22 契約締結時の書面

貸付けがなされた場合には、その契約の内容を明確に書面の形で残しておく必要があります。ここでは、貸金業者が契約締結時に交付する書面（契約の内容を明らかにする書面）に記載すべき事項について学びます。

1 貸付けに係る契約　　　　重要度 ★★★

　貸金業者は、貸付けに係る契約を締結したときは、遅滞なく、次に掲げる事項について、契約の内容を明らかにする書面をその相手方に交付しなければなりません。

　なお、これらの事項を電磁的方法によって提供することも可能ですが、事前に書面または電磁的方法によって契約の相手方の承諾を受ける必要があります。

● **貸付けに係る契約における記載事項**

① 貸金業者の商号・名称・氏名、住所、登録番号

② 契約の相手方の商号・名称・氏名、住所

③ 契約年月日

④ 貸付けに関し貸金業者が受け取る書面の内容

⑤ 貸付けの金額

⑥ 貸付けの利率

⑦ 利息の計算方法

⑧ 債務者が負担すべき元本・利息以外の金銭

⑨ 賠償額の予定（違約金を含む）に関する定めがあるときは、その内容

⑩ 返済の方式

⑪ 返済期間および返済回数

⑫ 返済の方法および返済を受ける場所

⑬ 各回の返済期日および返済金額

⑭ 期日前の返済の可否およびその内容

⑮ 期限の利益の喪失の定めがあるときは、その内容

⑯ 契約に基づく債権につき物的担保を供させるときは、その担保の内容

---

⑰ 保証契約を締結するときは、保証人の商号・名称・氏名、住所

⑱ 契約の相手方の借入金返済能力に関する情報を信用情報に関する機関に登録するときは、その旨およびその内容

⑲ 従前の貸付けの契約に基づく債務の残高を貸付金額とする貸付けに係る契約 (いわゆる借換えの契約) であるときは、その債務の残高の内訳 (元本、利息、賠償額の別) および従前の貸付けの契約を特定しうる事項

⑳ 将来支払う返済金額の合計額 (契約を締結しようとする時点において将来支払う返済金額が定まらないときは、各回の返済期日に最低返済額を支払うことなどの必要な仮定を置き、その仮定に基づいた合計額およびその仮定)

㉑ 手続実施基本契約の相手方である指定紛争解決機関の商号・名称
※8ポイント以上の大きさの文字および数字を用いて明瞭かつ正確に記載します。

　上記の記載事項は、契約締結前に交付する書面に記載すべき事項 (→P88) に、上記の②③④⑯⑰⑲を追加したものであると押さえましょう。逆にいえば、契約締結前に交付する書面には、契約の相手方の氏名や住所、契約年月日などを記載する必要はないことを、理解しておきましょう。

▼貸付契約書面

貸金業者

貸付契約書面

契約締結後「延滞なく」交付

契約の相手方

2 極度方式基本契約　　　重要度 ★★★

　極度方式基本契約の契約締結時に交付する書面に記載すべき事項は、その契約の締結前に交付する書面に記載すべき事項 (→P89) に前述の②③④⑯⑰の事項を追加し、さらに「返済期間、返済回数、返済期日または返済金額が、後に行われる貸付けなどの事情により変更し得るときは、その旨」の事項を加えたものになります。

　極度方式基本契約の場合、その契約の締結時においても、その契約が具体的な貸付けではないことに変わりはないため、「貸付けの金額」は記載事項ではありません。また、「返済期間および返済回数」「将来支払う返済金額の合計額」は仮定に基づいたものを記載することになります。

3　極度方式貸付けに係る契約　　　重要度　★★★

(1) 原則

　極度方式貸付けに係る契約も、貸付けに係る契約の1つであるから、基本的には、その契約の締結時に交付する書面に、前述の①〜㉑の事項（→P90）を記載しなければなりません。

　ただし、極度方式貸付けは極度方式基本契約に基づく貸付けであるため、その貸付けの内容は、極度方式基本契約の締結時に交付する書面で明らかにされているものもあります。

　そこで、一定の事項について、極度方式基本契約時の書面に記載したものなどは、極度方式貸付けの際に省略または代替が可能であるとされています。

● **省略・代替ができる事項**

- ①について、貸金業者の登録番号は省略可能
- ②契約相手方の氏名・住所等は、契約番号等で代替可能
- ④について、極度方式基本契約に関して受け取る書面については、省略可能
- ⑦利息の計算方法・⑭期日前返済・⑮期限の利益喪失の定めは、極度方式基本契約の締結時に交付する書面に記載されているとき、または、記載されているものよりも契約の相手方に有利なときは、省略可能
- ⑫返済方法および返済場所・⑯物的担保・⑰保証契約・⑲従前の債務残高を貸付金額とする貸付けについては、極度方式基本契約の締結時に交付する書面に記載されているときは、省略可能
- ⑱信用情報機関の登録は、省略可能

　※契約の相手方に有利なときの例としては、利息を低く抑えられる計算方法にする場合、期日前返済を可能とする場合、期限の利益を喪失しにくい定めにする場合などがあります。

---

(2) 例外（マンスリーステートメント）

　極度方式基本契約は、極度方式貸付けとその返済が頻繁に繰り返されることを予定しています。そのため、極度方式貸付けごとに上記事項を記載した書面を交付することは煩雑です。

　そこで、極度方式貸付けの際には、「契約年月日や貸付けの金額等を記載した書面」（簡素化書面）の交付にとどめ、その後に、1か月以内の一定の期間に

おける貸付けおよび弁済その他の取引の状況を記載した書面（マンスリーステートメント）を交付する方法に替えることもできます。この方法を利用する場合には、あらかじめ契約の相手方の承諾を得る必要があります。

4 重要事項を変更した場合（契約変更時の書面） 重要度 ★★★

(1) 貸付けに係る契約における重要事項の変更

契約締結時の書面に記載した事項のうち、一定の重要なものを変更した場合にも、再度、書面の交付が必要になります。例えば、貸付けの利率を引き上げた場合、相手方に対して、引き上げ後の貸付けの利率を記載した契約締結時の書面を再交付しなければなりません。

ただし、契約の相手方の利益となる変更や相手方の利益の保護に支障を生ずることがない変更のときは、書面の再交付は不要となることがあります。例えば、貸付けの利率を引き下げる場合には、相手方の利益となるので、契約締結時の書面を再交付する必要はありません。

※試験の問題文では、変更に際して交付されるべき書面のことを「契約変更時の書面」と表現することがあります。

● **契約変更時の書面の交付が必要となる重要事項**

① 貸付けの利率 △

② 利息の計算方法 △

③ 債務者が負担すべき元本・利息以外の金銭 △

④ 賠償額の予定（違約金を含む）に関する定めがあるときは、その内容 △

⑤ 返済の方式

⑥ 返済の方法および返済を受ける場所

⑦ 各回の返済期日および返済金額

⑧ 期日前の返済の可否およびその内容 △

⑨ 期限の利益の喪失の定めがあるときは、その内容 △

⑩ 契約に基づく債権につき物的担保を供させるときは、その担保の内容

⑪ 契約について保証契約を締結するときは、保証人の商号・名称・氏名、住所

※△の事項については、契約の相手方の利益となる変更を加えるときは契約変更時の書面の交付は不要となります。

> ※極度方式基本契約では、上記の事項に加え、「極度額（貸付限度額を含む）」を変更する場合にも契約変更時の書面の交付が必要です。ただし、極度額を変更する場合であっても、極度額を引き下げるときや、極度額を引き下げた後に元の額を上回らない額まで引き上げるときは、「相手方の利益の保護に支障を生ずることがない」として、契約変更時の書面の交付が不要となります。

（2）保証契約における重要事項の変更

　保証契約において、契約変更時の書面の交付が必要となる重要事項は、貸付けに係る契約の内容を変更する場合の重要事項とほとんど同じです。

　保証契約では、さらに次の事項等を変更する場合にも、契約変更時の書面の交付が必要となります。

> ● **保証契約における重要事項**
> ・保証期間
> ・保証金額
> ・保証人が主たる債務者と連帯して債務を負担するとき（つまり連帯保証のとき）は、その趣旨およびその内容
> ※ただし、これらの事項については、契約の相手方の利益となる変更を加えるときは契約変更時の書面の交付は不要となります。

5　電磁的方法による提供　　　　重要度　★★★

（1）電磁的方法による提供

　貸金業者が交付する書面については、その書面に記載すべき事項を電磁的方法により提供することができます。ここで一度、電磁的方法による提供についてまとめて説明します。

> ● **電磁的方法によることができる書面**
> ① 生命保険契約に係る同意前の書面（→P84）
> ② 契約締結前の書面（→P88）
> ③ 契約締結時の書面（その契約変更時の書面も含む）（→P90）
> ④ マンスリーステートメント（→P92、99）
> ⑤ 保証契約締結前の書面（→P96）
> ⑥ 保証契約締結時の書面（その契約変更時の書面も含む）（→P97）
> ⑦ 受取証書（→P98）

(2) 電磁的方法により提供するためには

　書面の内容を電磁的方法により提供する場合には、あらかじめ相手方から書面または電磁的方法で承諾を得る必要があります。その承諾を受ける場合には、承諾を受ける者（貸金業者等）は承諾をする者（相手方）に対して、その承諾の内容を書面その他の適切な方法により通知しなければなりません。

(3) 携帯電話等に対して送信した場合

　電磁的方法として、送信者が使用する電子計算機と受信者が使用する電子計算機とを接続する電気通信回線を通じて送信する場合、受信者の電子計算機として携帯電話またはPHSを用いるときは、送信した日から3か月以内に受信者の請求があれば、送信者が電磁的方法により提供した事項についての書面の交付を行わなければなりません。

　つまり、書面の内容を携帯電話またはPHSにメール送信する方法により提供した場合、送信日から3か月以内に受信者からの請求があれば、その書面を交付する必要があります。

練習問題（○×問題）

① 貸付けに係る契約を締結したときは、その日から2週間以内に、契約の内容を明らかにする書面をその相手方に交付しなければならない。

② 極度方式貸付けに係る契約を締結したときは、その契約の内容を明らかにする書面を交付する必要はない。

解答

① × 契約締結時の書面は、契約締結後、遅滞なく交付しなければなりません。2週間以内に交付するわけではありません。

② × 極度方式貸付けに係る契約を締結した場合も、遅滞なく、契約の内容を明らかにする書面をその相手方に交付しなければなりません。

■ポイント

・契約締結時の書面は、契約締結後、遅滞なく交付しなければならない。
・承諾を得て、書面に記載すべき事項を電磁的方法によって提供することも可能である。
・極度方式貸付けの場合には、書面に記載すべき事項の省略・代替が可能であり、またマンスリーステートメントの交付による方法に替えることもできる。

1-23 保証契約に関する書面

保証人は保証内容を十分に理解しておく必要があります。そこで、保証人には保証契約（→P196）の締結前と締結時に保証内容を記載した書面が交付されます。ここでは、その書面の記載事項と交付方法について学びます。

1 保証契約締結前の書面 重要度 ★★★

貸金業者は、貸付けに係る契約（以下「貸付契約」という）について保証契約を締結しようとする場合には、その保証契約を締結するまでに、一定の事項を明らかにし、その保証契約の内容を説明する書面を保証人となろうとする者に交付しなければなりません。

● **保証契約締結前の書面の記載事項（一部抜粋）**

① 貸金業者の商号・名称・氏名、住所、登録番号

② 主たる債務者および保証人の商号・名称・氏名、住所

③ 保証期間および保証金額

④ 保証契約の種類および効力

⑤ 保証人が主たる債務者と連帯して債務を負担するとき（つまり連帯保証のとき）は、催告の抗弁権や検索の抗弁権がない旨（→P200）

⑥ 主たる債務の残高およびその内訳（元本・利息・賠償額の別）、その総額

⑦ 保証人が負担する債務の範囲（極度額など）

⑧ 保証人が負担すべき保証債務以外の金銭に関する事項

⑨ 弁済の方式

⑩ 弁済の方法および弁済を受ける場所

⑪ 主たる債務の一部が弁済などの事由により消滅したときは、その事由、金額および年月日

⑫ 保証契約上、保証人が保証契約を解除できるときは解除事由、解除できないときはその旨

※ 上記のほか、貸付契約の内容（貸付契約の契約年月日、貸付けの金額、利率、返済の方式、返済期間および返済回数など）も記載事項です。

※ 8ポイント以上の大きさの文字および数字を用いて明瞭かつ正確に記載します。

この締結前の書面は「保証契約の概要を記載した書面」と「保証契約の詳細を記載した書面」の2種類から成り、これらは2種類同時に交付されます。

② 保証契約締結時の書面　　　　　　　　　　重要度 ★★★

(1) 保証契約書面

　貸金業者は、貸付契約について保証契約を締結したときは、遅滞なく、その保証契約の内容を明らかにする事項を記載した書面（書面①）をその保証人に交付しなければなりません。この書面には、保証契約締結前の書面の記載事項のほか、保証契約の契約年月日を記載します。保証契約の内容を変更した場合には、契約変更時の書面の交付が必要となることがあります（→P94）。

(2) 貸付契約書面

　さらに、保証契約を締結したときは、貸付契約の内容を明らかにする書面（書面②→P90）も、その保証人に交付する必要があります。

　保証の対象となる貸付けに係る契約が複数あるときは、その契約ごとに各事項を記載しなければならず、1つにまとめて記載することはできません。

▼保証契約締結時の書面

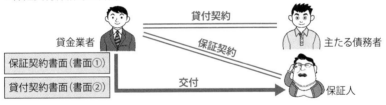

※ 書面の交付は、事前に承諾を得れば、電磁的方法によることもできます。

練習問題（○×問題）

① 連帯保証契約を締結したときに交付する保証契約書面には、催告の抗弁権や検索の抗弁権がない旨を記載しなければならない。

② 貸付契約について保証契約を締結しようとするときは、あらかじめ、貸付契約書面を保証人となろうとする者に交付しなければならない。

解答

① ○　連帯保証では、催告の抗弁権や検索の抗弁権がない旨の記載が必要です。

② ×　保証契約締結前に貸付契約書面を交付する必要はありません。

■ポイント

・保証契約書面は、契約締結前の書面に「契約年月日」を加えただけである。

・保証契約書面のみならず、貸付契約書面も保証人に交付する必要がある。

1-24 受取証書・債権証書

受取証書は領収書を、債権証書（債権の成立を証明する書面）は契約書をイメージすればよいでしょう。ここでは、受取証書の交付義務、債権証書の返還義務について学びます。

1 受取証書の交付　　　　　　　　　　　　　　重要度 ★★★

(1) 受取証書の交付

貸金業者は、貸付けの契約に基づく債権の全部または一部について弁済を受けたときは、その都度、直ちに、次の事項を記載した書面を、弁済をした者に交付しなければなりません。これは、後に弁済の事実が争われた場合に、弁済者が受取証書によって弁済の事実を証明できるようにするためです。なお、事前に書面または電磁的方法によって弁済者の承諾を得ることで、これらの事項を電磁的方法によって提供することもできます。口頭による承諾は認められていません。

▼受取証書の交付

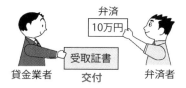

貸金業者　　交付　　　弁済者

※ 債務者以外の者が弁済した場合、債務者ではなく、その弁済者に交付

● **受取証書の記載事項**
① 貸金業者の商号・名称・氏名、住所
② 契約年月日
③ 貸付けの金額（保証契約については、保証に係る貸付けの金額）
④ 受領金額およびその利息、賠償額の予定に基づく賠償金、元本への充当額
⑤ 受領年月日　　　　　⑥ 弁済を受けた旨を示す文字
⑦ 貸金業者の登録番号　　⑧ 債務者の商号・名称・氏名
⑨ 債務者以外の者が弁済した場合には、その者の商号・名称・氏名
⑩ 弁済後の残存債務の額
　※ 8ポイント以上の大きさの文字および数字を用いて明瞭かつ正確に記載します。
　※ ⑦と⑧については、弁済を受けた債権に係る貸付けの契約を契約番号その他により明示することで、その事項の記載に代えることができます。

（2）振込み等による弁済の場合

　受取証書は、原則として、弁済者からの請求がなくても交付しなければなりませんが、預金や貯金の口座に対する払込みなどの方法により弁済を受ける場合には、弁済者からの請求があったときに受取証書を交付すればよいとされています。このような場合には、弁済者は振込明細書や通帳等の記載によって弁済の事実を証明することができるからです。

（3）極度方式貸付けによる場合

　貸金業者は、極度方式貸付けに係る契約または極度方式保証契約に基づく債権の全部または一部について弁済を受けた場合で、弁済者に対し、一定期間における貸付けおよび弁済その他の取引の状況を記載した書面（マンスリーステートメント）を交付するときは、上記受取証書の交付に代えて、「受領年月日および受領金額等を記載した書面」（簡素化書面）を弁済者に交付することができます。このときには、弁済者の承諾が必要です。

② 債権証書の返還　　　　　　　　重要度 ★★★

　貸金業者は、全部の弁済を受けた場合において、債権の証書を有するときは、遅滞なく、これをその弁済をした者に返還しなければなりません。これは、全部の弁済を受けたならば貸金業者としては債権証書を持ち続ける必要がないためです。

　債権証書は、弁済者からの請求がなくても返還しなければなりません。

練習問題（○×問題）

① 貸金業者が貸付けの契約に基づく債権の一部について弁済を受けたに過ぎない場合には、弁済をした者に受取証書を交付する必要はない。
② 貸金業者が貸付けの契約に基づく債権の一部について弁済を受けたに過ぎない場合には、弁済をした者に債権証書を返還する必要はない。

解答

① × 一部の弁済を受けた場合にも、受取証書を交付しなければなりません。
② ○ 一部の弁済を受けた場合には、債権証書を返還する必要はありません。

📗ポイント

- 弁済を受けたときは、その都度直ちに、弁済者に受取証書を交付する。
- 振込み等による弁済の場合は、請求されたときに受取証書を交付すればよい。
- 全部の弁済を受けたときは、遅滞なく、弁済者に債権証書を返還する。

1-25 取立て行為の規制

借りたものは返すべき。ただ、だからといって、どんな取立て行為も許されるというわけではありません。ここでは取立て行為の規制について学びます。取立て行為の規制は重要で、出題可能性が非常に高いといえます。

1 取立て行為の規制 重要度 ★★★

貸金業を営む者または取立ての委託を受けた者は、取立てをする際に、人を威迫し、または次の①〜⑩の言動、その他の人の私生活もしくは業務の平穏を害するような言動をしてはなりません。

なお、監督指針によれば、①〜⑩は例示であり、「反復継続して、電話をかけ、電報を送達し、電子メールやファクシミリ装置等を用いて送信し、または債務者、保証人等の居宅を訪問すること」や「保険金による債務の弁済を強要または示唆すること」は、「人の私生活もしくは業務の平穏を害するような言動」に該当し、許されない可能性が大きいとされています。

① **正当な理由がないのに、午後9時から午前8時までの時間帯に、債務者等に電話をかけ、ファクシミリ装置を用いて送信し、または居宅を訪問すること**

つまり、午後9時から午前8時までの時間帯に取立てる行為は、原則として許されません。

> ● **正当な理由があるといえる可能性が高い例**
> a. 債務者等の自発的な承諾があるとき
> b. 債務者等と連絡をとるための合理的方法が他にないとき

② **債務者等が、弁済する時期、または連絡する時期、連絡を受ける時期を申し出た場合において、正当な理由がないのに、債務者等に電話をかけ、ファクシミリ装置を用いて送信し、または居宅を訪問すること**

つまり、債務者等が連絡を受ける時期等を申し出た場合には、原則としてその時期にしなければならず、午後9時から午前8時までの時間帯以外の時間帯であっても、その時期以外に連絡や訪問をすることは許されません。

● 正当な理由があるといえる可能性が高い例

a. 債務者等からの弁済や連絡についての具体的な期日の申出がない場合

b. 直近において債務者等から弁済や連絡に関する申出が履行されていない場合

c. 通常の返済約定を著しく逸脱した申出がなされた場合

d. 申出に係る返済猶予期間中に債務者等が申出内容に反して他社への弁済行為等を行った場合

e. 申出に係る返済猶予期間中に債務者等が支払停止、所在不明等となり、債務者等から弁済を受けることが困難であることが確実となった場合

③ 正当な理由がないのに、**債務者等の居宅以外の場所（勤務先など）に電話を**かけ、電報を送達し、ファクシミリ装置を用いて送信し、または**居宅以外の場所を訪問すること**

つまり、居宅以外の場所に連絡や訪問をすることは、原則として許されません。

● 正当な理由があるといえる可能性が高い例

a. 債務者等の自発的な承諾がある場合

b. 債務者等と連絡をとるための合理的方法が他にない場合

c. 債務者等の連絡先が不明な場合に、債務者等の連絡先を確認することを目的として債務者等以外の者に電話連絡をする場合

　なお、cの場合であっても、債務者等以外の者から電話連絡をしないよう求められたにも関わらず、さらに電話連絡をすることは、「人の私生活もしくは業務の平穏を害するような言動」に該当するおそれが大きいとされています。

④ **債務者等を訪問した場所（債務者等の居宅や勤務先など）において、債務者**等からその場所から退去すべき旨の意思を示された**にもかかわらず、その**場所から退去しないこと

⑤ **債務者等の私生活に関する事実（借入れに関する事実も含む）を債務者等以**外の者に明らかにすること

つまり、はり紙、立看板、その他どんな方法であっても、債務者のプライバシーに関する事実を他人に明らかにすることは許されません。

これは、債務者等に心理的圧迫を加えることにより弁済を強要することを禁止する趣旨です。そのため、債務者等の自宅に電話をかけ家族がこれを受けた場合に貸金業者であることを名乗り、また、郵送物の送付に当たり差出人として貸金業者であることを示したとしても、直ちに⑤に該当するものではありません。

ただし、債務者等から家族に知られないように要請を受けている場合に、貸金業者であることを示すことは、⑤に該当するおそれがあります。

⑥ 債務者等に対し、債務者等以外の者からの金銭の借入れその他これに類する方法により貸付けの契約に基づく債務の弁済資金を調達することを要求すること

つまり、債務者や保証人に対して、他からの借り入れによる弁済を要求することは許されません。これを許せば多重債務の原因になります。

なお、クレジットカードの使用による弁済を要求することも、許されません。

⑦ 債務者等以外の者に対し、債務者等に代わって債務を弁済することを要求すること

例えば、債務者等の配偶者や親、兄弟姉妹に対して、弁済を要求することは許されません。

⑧ 債務者等以外の者が債権の取立てに協力すること（債務者等の居所や連絡先を知らせることなど）を拒否している場合において、さらに債権の取立てに協力することを要求すること

例えば、嫌だといっているのに、債務者の親に対して、債務者の居場所や連絡先を教えるように要求することは許されません。

⑨ 債務者等が、貸付けの契約に基づく債権に係る債務の処理を弁護士等（弁護士・弁護士法人または司法書士・司法書士法人のこと）に委託し、またはその処理のため必要な裁判所における民事事件に関する手続きをとり、弁護士等または裁判所から書面によりその旨の通知があった場合において、正当な理由がないのに、債務者等に対し、電話をかけ、電報を送達し、ファクシミリ装置を用いて送信し、または訪問する方法により、当該債務を弁済することを要求し、これに対し債務者等から直接要求しないよう求められたにもかかわらず、さらにこれらの方法で当該債務を弁済することを要

求すること

つまり、弁護士等が債務処理の依頼を受けた旨の通知、または裁判手続き（倒産処理手続も含む）がなされている旨の通知があった場合には、債務者等に対して取立てを継続することは許されません。

● 正当な理由があるといえる可能性が高い例

a. 弁護士等からの承諾がある場合

b. 弁護士等または債務者等から弁護士等に対する委任が終了した旨の通知があった場合

⑩ 債務者等に対し、①〜⑨（⑥を除く）のいずれかに掲げる言動をすることを告げること

　例えば、「あなたの配偶者に借金の事実をいいますよ」と債務者に告げることは、⑤の言動をすることを告げる行為に該当し、許されません。

練習問題（○×問題）

① 債務者等から、連絡を受ける日時の申し出があった場合に、貸金業者がその日時以外の時期に連絡することは、原則として許されない。

② 取立ての目的で、債務者等の勤務先に電話をかけることも、債務者の反対がなければ許される。

解答

① ○　具体的な時期の申し出があれば、その時期にしなければなりません。

② ×　債務者等の自発的な承諾があれば勤務先に連絡することもできますが、反対がないからといって自発的な承諾があるとはいえません。

■ポイント

・貸金業者だけでなく、無登録業者や取立ての委託を受けた者も取立て行為の規制を受ける。

・正当な理由があるときには、許される場合（①②③⑨）もある。

1-26 取立てにおける書面

取立てを受ける者に対して、なぜ取立てを受けているのか、その取立ての根拠を示す必要があります。ここでは、支払催告書面の記載事項、取立て時に明示すべき事項について学びます。

1 支払催告書面の記載事項　　重要度 ★★★

　貸金業を営む者または取立ての委託を受けた者は、債務者等に対し、支払いを催告するために書面またはこれに代わる電磁的記録を送付するときは、これに次の事項を記載し、または記録しなければなりません。これらを送付するときは、その書面に封をする方法、本人のみが使用していることが明らかな電子メールアドレスに電子メールを送付する方法、その他の債務者の借入れに関する事実が債務者等以外の者に明らかにならない方法により行う必要があります。

> ● **支払催告書面の記載事項**
> ① 貸金業を営む者の商号・名称・氏名、住所、電話番号
> ② その書面または電磁的記録を送付する者の氏名
> ③ 契約年月日　　　　④ 貸付けの金額
> ⑤ 貸付けの利率　　　⑥ 支払の催告に係る債権の弁済期
> ⑦ 支払を催告する金額
> ⑧ 支払の催告時におけるその催告に係る残存債務の額
> ⑨ 支払を催告する金額の内訳（元本、利息および債務の不履行による賠償額の別をいう）
> ⑩ 書面またはこれに代わる電磁的記録を保証人に対し送付する場合には、保証契約の契約年月日および保証債務の極度額その他の保証人が負担する債務の範囲
> ※8ポイント以上の大きさの文字および数字を用いて明瞭かつ正確に記載します。

2 取立ての際に明示すべき事項　　重要度 ★★★

　貸金業を営む者または取立ての委託を受けた者は、取立てをする際に、相手方の請求があったときは、次の事項を、書面を交付または送付する方法により、その相手方に明らかにしなければなりません。

● 取立ての際に明示すべき事項

① 貸金業を営む者の商号・名称・氏名

② 取立てを行う者の氏名

③ 取立てを行う者の弁済の受領権限の基礎となる事実

④ 取り立てる債権に係る契約締結時に交付する書面に記載すべき事項

⑤ 取り立てる債権が極度方式貸付けに係る契約に基づくものであるときは、その契約の基本となる極度方式基本契約時に交付する書面に記載すべき事項

⑥ 支払の催告に係る債権の弁済期

⑦ 支払を催告する金額

⑧ 保証人に対し取立てをするときは、保証契約締結時に交付する書面に記載すべき事項

※ 貸金業者または取立ての委託を受けた者の従業者が、①貸金業者の商号・名称・氏名、または②従業者の氏名を明らかにするよう相手方から請求を受けた場合には、従業者証明書（→P38）の提示によることができます。①②の事項は従業者証明書に記載されているため、それを提示すれば十分だからです。

▼従業者証明書の提示

名を名乗れ　従業者証明書

取立て相手　　　　　従業者

練習問題（○×問題）

① 取立ての委託を受けた者が、債務者等に対し、支払いを催告するために書面を送付する場合、その催告に係る残存債務の額を記載する必要はない。

② 取立てをする場合には、相手方からの請求の有無にかかわらず、取立てを行う者の弁済の受領権限の基礎となる事実を明らかにしなければならない。

解答

① ✕ 催告に係る残存債務の額も記載する必要があります。

② ✕ 相手方からの請求があったときに明らかにすれば足ります。

■ポイント

・書面等で支払催告をする場合、一定の事項を記載・記録しなければならない。

・取立ての際に相手方からの請求があれば、一定の事項を書面で明らかにしなければならない。

1-27 債権譲渡等の規制

貸金業者に対する規制が骨抜きにならないように、債権譲渡等についても規制がなされています。ここでは、債権譲渡等の規制のほか、保証等に係る求償権等の行使の規制についても学びます。

1 債権譲渡等の規制（貸金業法第24条） 重要度 ★★★

（1）規制の必要性

貸金業者が債務者等に対する債権（返済を受ける権利など）を他人に譲渡した場合、その他人（債権を譲り受けた者を「譲受人」という）が権利者として債務者等に対して取立てを行うことになります。

この場合に、債権の譲受人による取立てが自由にできるとしたら、また、譲受人が悪質な取立て業者だとしたら、資金需要者等の保護のために貸金業者の行為を規制している意味がなくなります。

そこで、貸金業法では、貸金業者（譲渡人）と同じような規制を譲受人に課したり、特定の者（暴力団員など）に対する債権譲渡を制限したりしています。

▼債権の譲渡

（2）譲受人への通知義務

貸金業者は、貸付けに係る契約に基づく債権を他人に譲渡するに当たっては、その者（譲受人）に対し、一定の事項を書面で通知しなければなりません。

この書面の通知は、事前に承諾を得れば、電磁的方法によることもできます。

譲受人が貸金業者であっても、その者への通知は省略できません。

● **通知書面の記載事項**

① その債権が貸金業者の貸付けに係る契約に基づいて発生したこと

② 譲受人がその債権に係る貸付けの契約に基づく債権に関してする行為について、次の貸金業法の規制の適用および罰則がある旨

・帳簿の備付け・閲覧

・生命保険契約の締結に係る制限

・生命保険契約に係る同意前の書面の交付

・特定公正証書に係る制限

・公的給付に係る預金通帳等の保管等の制限

・契約締結時の書面の交付

・保証契約締結前の書面の交付

・受取証書の交付

・債権証書の返還

・取立て行為の規制

・報告徴収および立入検査（→P118）

・債権譲渡等の規制

③ 契約締結時の書面の記載事項（→P90。ただし、「返済の方法および返済を受ける場所」については通知する必要はない）

④ 極度方式貸付けに係る契約に基づく債権であるときは、極度方式基本契約に係る契約締結時の書面の記載事項（→P91）

⑤ 保証契約を締結したときには、保証契約書面の記載事項（→P97）

⑥ 譲渡年月日およびその債権の額

※ ②に掲げる規制については、譲受人も貸金業者と同様に規制を受けます。

(3) 取立て制限者に対する債権譲渡等の禁止

　貸金業者は、貸付けの契約に基づく債権の譲渡または取立ての委託（以下「債権譲渡等」という）をしようとする場合において、その債権譲渡等の直接の相手方が「取立て制限者」であることを知り、または知ることができるときは、債権譲渡等をすることはできません。

　また、債権譲渡等をしようとする場合に、その債権譲渡等の後に「取立て制限者」がその債権の債権譲渡等を受けることを知り、または知ることができるときも、債権譲渡等は禁止されます。

● **取立て制限者とは**

① 暴力団員等（→P30）

② 暴力団員等がその運営を支配する団体（法人等）またはその団体の構成員

③ 貸付けの契約に基づく債権の取立てに当たり、取立て行為の規制に違反し、または刑法、暴力行為等処罰に関する法律の罪を犯すおそれが明らかである者

（4）緊密な関係者に債権譲渡等をした場合の注意義務

　貸金業者は、「密接な関係を有する者」（貸金業者の親族、貸金業者が法人の場合の取締役や代表者、営業所等の業務を統括する者、自己または他人の名義をもって当該貸金業者の総株主の議決権の100分の50を超える議決権に相当する株式を保有している者など）に貸付けの契約に基づく債権の債権譲渡等をしたときは、その相手方が当該債権の取立てに当たり取立て行為の規制の規定に違反し、または刑法、暴力行為等処罰に関する法律の罪を犯さないように、相当の注意を払わなければなりません。

2　保証等に係る求償権等の行使の規制　　重要度 ★★

（1）規制の必要性

　保証業者が債務者に代わって貸金業者に対して弁済した場合には、保証業者は債務者に対して求償権等を取得します。例えば、保証業者が貸金業者に対して100万円を返済した場合には、保証業者は債務者に対して100万円の返還を求める権利を取得します。その結果、保証業者は債務者に対して、取立てなどによって権利行使を行うことになります。そのため、貸金業者と保証業者との保証契約も、債権譲渡等と同様に規制する必要があるわけです。

　また、貸金業者が弁済を他人に委託し、委託を受けた者が弁済をした場合にも、その者（受託弁済者）は債務者に対して求償権等を取得しますので、規制の必要性は保証業者との保証契約の場合と同じです。

▼求償権の取得

(2) 規制の内容

　貸金業者は、保証業者と貸付けに係る契約について保証契約を締結するに当たってはその保証業者に対して、貸付けの契約に基づく債務の弁済を他人に委託するに当たってはその他人に対して、一定の規制や罰則がある旨を書面で通知しなければなりません。

　また、貸金業者は、保証業者と保証契約を締結しようとするとき、または弁済の委託をしようとする場合において、その保証業者または委託を受けようとする者が「取立て制限者」であることを知り、または知ることができるときは、保証契約を締結したり、弁済の委託をしたりすることはできません。

　さらに、貸金業者は、「緊密な関係を有する保証業者」と保証契約を締結したとき、または「緊密な関係を有する者」に弁済の委託をしたときは、その保証業者または受託弁済者がその債権の取立てに当たり取立て行為の規制の規定に違反し、または刑法 、暴力行為等処罰に関する法律の罪を犯さないように、相当の注意を払わなければなりません。

　なお、保証業者や受託弁済者が求償権等を譲渡する場合にも、保証業者や受託弁済者は債権譲渡等の規制と同じような規制を受けます。

練習問題（○×問題）

① 貸金業者は、貸付けの契約に基づく債権の譲渡または取立ての委託をしようとする場合において、その債権譲渡等の直接の相手方が暴力団員等であることを知り、または知ることができるときは、債権譲渡等をしてはならない。

② 貸金業者（法人）は、その取締役に債権譲渡等をしたときは、その取締役が取立て行為の規制の規定に違反し、または刑法 、暴力行為等処罰に関する法律の罪を犯さないように、相当の注意を払わなければならない。

解答

① ○　取立て制限者に対して債権譲渡等を行うことはできません。

② ○　密接な関係者に債権譲渡等をする場合、一定の注意義務を負います。

■ポイント

- 債権の譲受人等も一定の規制を受けるので、譲受人等に対して一定の事項を通知することが必要になる。
- 「取立て制限者」や「密接な関係を有する者」の具体例を押さえよう。

1-28 指定信用情報機関

指定信用情報機関を利用することで、返済能力（債務者の借入残高の総額など）を知ることができます。ここでは、加入貸金業者（指定信用情報機関と信用情報提供契約を締結した貸金業者）の義務を中心に学びます。

1 指定信用情報機関の業務　　　　重要度 ★★

指定信用情報機関は、内閣総理大臣の指定を受け、信用情報提供等業務およびそれに付随する業務を行います。この信用情報提供等業務の一部を内閣総理大臣の承認を受けて、他の者に委託することができます。

※ 情報提供等業務とは、信用情報（→P21）の収集および貸金業者に対する信用情報の提供を行う業務をいいます。

2 個人信用情報の提供　　　　重要度 ★★★

(1) 信用情報提供契約の締結による個人信用情報の提供

加入貸金業者は、指定信用情報機関と信用情報提供契約（信用情報の提供を内容とする契約）を締結したときは、その締結前に締結した個人顧客を相手方とする貸付けに係る契約（極度方式基本契約等を除く）で、その信用情報提供契約を締結した時点において貸付けの残高があるものに係る個人信用情報を、その指定信用情報機関に提供しなければなりません。

※ この個人信用情報の提供の際に、個人顧客の同意を得る必要はありません。
　なお、信用情報提供契約を締結したときは、届出が必要になります（→P35）。

● **個人信用情報とは（貸金業法第41条の35第1項）**
① 個人を識別することができる事項
・ 顧客の氏名、住所、生年月日、電話番号
・ 勤務先の商号または名称
・ 運転免許証の番号（顧客が運転免許証の交付を受けている場合）
・ 加入貸金業者が、本人確認書類の提示を受ける方法により本人確認を行った場合には、本人を特定するに足りる記号番号
② 契約年月日　　　　③ 貸付けの金額
④ 貸付けの残高（極度方式基本契約に基づく極度方式貸付けにあっては、その極度方式貸付けの残高の合計額）
⑤ 元本または利息の支払の遅延の有無

---

(2) 貸付けによる個人信用情報の提供

　加入貸金業者は、個人顧客を相手方とする貸付けに係る契約（極度方式基本契約等を除く）を締結したときは、遅滞なく、貸付けに係る契約に係る個人信用情報を、信用情報提供契約を締結した指定信用情報機関（以下「加入指定信用情報機関」という）に提供しなければなりません。

(3) 提供した個人信用情報の変更

　加入貸金業者は、提供をした個人信用情報に変更があったときは、遅滞なく、その変更内容を加入指定信用情報機関に提供しなければなりません。これは、誤りのない新しい情報にしておく必要があるためです。

▼信用情報提供契約の締結前と締結後

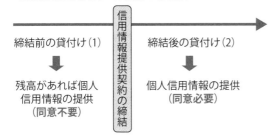

3　同意の取得　　　　　　　　　　重要度　★★★

(1) 指定信用情報機関に信用情報の提供の依頼をする場合

　加入貸金業者は、指定信用情報機関に信用情報の提供の依頼をする場合、あらかじめ資金需要者等から同意を（書面または電磁的方法で）得なければなりません。ただし、信用情報提供契約の締結をする前に締結した貸付けに係る契約については同意を得る必要はありません。

(2) 個人顧客と貸付けに係る契約を締結しようとする場合

　加入貸金業者は、個人顧客を相手方として貸付けに係る契約（極度方式基本契約等を除く）を締結しようとする場合には、あらかじめ、次に掲げる同意を（書面または電磁的方法で）顧客から得なければなりません。ただし、その契約が当該顧客を相手方とする加入前の極度方式貸付契約（信用情報提供契約の締結前に締結した極度方式基本契約に基づく極度方式貸付けに係る契約のこと）である場合は、同意を得る必要はありません。

① 顧客に関する個人信用情報を加入指定信用情報機関に提供する旨の同意
② 顧客に関する個人信用情報を加入指定信用情報機関がその加入指定信用情報機関の他の加入貸金業者に提供する旨の同意
③ 顧客に関する個人信用情報を依頼に応じ、他の指定信用情報機関の加入貸金業者に提供する旨の同意

▼個人信用情報の提供

※ 個人顧客の個人信用情報が他の機関（A・B）や他の貸金業者に提供されるため、あらかじめその顧客の同意を得る必要があるのです。

（3）同意に関する記録の作成・保存

　同意を得た場合には、その同意に関する記録を作成し、その同意に基づき指定信用情報機関が信用情報を保有している間、保存しなければなりません。

4　加入指定信用情報機関の商号等の公表　　重要度 ★★

　加入貸金業者は、加入指定信用情報機関の商号または名称を公表しなければなりません。

5　目的外使用等の禁止　　重要度 ★★★

　加入貸金業者やその役員・職員は、加入指定信用情報機関に対して返済能力等調査以外の目的のために信用情報の提供の依頼をすることはできません。また、加入指定信用情報機関から提供を受けた信用情報を返済能力等調査以外の目的に使用することも、第三者に提供することもできません。これは、個人信用情報保護のためです。

> ● **返済能力等調査とは**
> ① 加入貸金業者の顧客である資金需要者等の借入金の返済能力その他の金銭債務の弁済能力の調査
> ② ①のほか、加入貸金業者が締結する保証契約に係る主たる債務者の借入金の返済能力その他の金銭債務の弁済能力の調査

加入貸金業者やその役員・職員でなくなった後に、提供を受けた信用情報を使用し、または第三者に提供することも許されません。

6 指定信用情報機関の相互交流　　重要度 ★★★

指定信用情報機関は、他の指定信用情報機関の加入貸金業者の依頼に基づき他の指定信用情報機関から個人信用情報の提供の依頼を受けたときは、正当な理由がある場合を除き、その依頼に応じ、個人信用情報を提供しなければなりません。そのため、指定信用情報機関同士の情報の相互交流がなされています。

7 指定信用情報機関による記録の保存　　重要度 ★★

指定信用情報機関は信用情報提供等業務に関し、①個人信用情報の提供を依頼した加入貸金業者の氏名・商号・名称またはその加入貸金業者を特定するに足りる符号、②個人信用情報の提供を依頼された個人の氏名、③提供依頼があった日時、④提供した情報の内容、についての記録を作成し、作成後3年間保存しなければなりません。

練習問題（○×問題）

① 加入貸金業者は、法人顧客を相手方とする貸付けに係る契約を締結したときは、遅滞なく、貸付けに係る契約に係る個人信用情報を、信用情報提供契約を締結した指定信用情報機関に提供しなければならない。

② 加入貸金業者またはその役員・職員でなくなった後であっても、提供を受けた信用情報を使用し、または第三者に提供することはできない。

解答

① × 法人顧客を相手方とする場合、情報の提供は義務づけられていません。

② ○ 設問の通りです。

■ポイント

・個人顧客と貸付けに係る契約を締結しようとする場合には、個人顧客の個人信用情報の提供について同意を得る必要がある。

・返済能力等調査以外の目的のために信用情報を使用することはできない。

1-29 監督処分

貸金業法の規制の実効性を確保し、資金需要者等の保護を図るため、内閣総理大臣または都道府県知事は監督権限を持っています。ここでは、どのような場合に監督処分（行政処分）がなされるのかについて学びます。

1 業務改善命令　　　　　　重要度 ★★

　内閣総理大臣または都道府県知事は、その登録を受けた貸金業者の業務の運営に関し、資金需要者等の利益の保護を図るため必要があると認めるときは、その貸金業者に対して、必要の限度において、業務の方法の変更その他業務の運営の改善に必要な措置を命ずることができます。

　この業務改善命令は貸金業者に法令違反がない場合であっても行うことができるので、業務改善命令の制度は、法令違反の有無が明らかではない段階で、柔軟かつ迅速に、資金需要者等の利益の保護を図ることができる制度といえます。

2 登録取消処分（任意的）・業務停止処分　　重要度 ★★★

　内閣総理大臣または都道府県知事は、その登録を受けた貸金業者が次のいずれかに該当する場合には、その貸金業者に対し登録を取り消すことができます。また、1年以内の期間を定めてその業務の全部または一部の停止を命ずることができます。

① 営業所等について貸金業務取扱主任者の設置義務の要件（営業所等ごとに従事者50人に1人以上）を欠くとき

② 純資産額が5,000万円に満たないとき

③ 貸金業を的確に遂行するための必要な体制が整備されていると認められないとき

④ 他に営む業務が公益に反すると認められるとき

⑤ 貸金業の業務に関し、法令または法令に基づく内閣総理大臣もしくは都道府県知事の処分に違反したとき

⑥ 取立て制限者であることを知りながら、これを相手方として、貸付けの契約に基づく債権譲渡等、保証契約の締結、債務弁済の委託をしたとき

⑦ 債権譲渡等、保証契約の締結、債務弁済の委託をした場合で、その相手方

が取立て制限者であることを知らなかったことについて相当の理由があることを証明できず、かつ、その相手方が取立ての際に取立て行為の規制に違反し、または刑法、暴力行為等処罰に関する法律の罪を犯したとき

⑧ 債権譲渡等を受けた者・保証業者・受託弁済者が貸金業者と密接な関係を有する場合で、その者が取立てをする際に取立て行為の規制に違反し、または刑法、暴力行為等処罰に関する法律の罪を犯したときであって、このような行為を行わないようにその貸金業者が相当の注意を払ったことを証明できなかったとき

⑨ 出資法、または暴力団員による不当な行為の防止等に関する法律の規定に違反したとき

※ 上記①〜④は、登録拒否事由の⑰〜⑳（→P31）と同じです。

※ 貸金業の業務に関して法令違反等をした場合のみ、上記⑤に該当します。

※ 貸金業法の規定に違反した場合には、貸金業の業務に関して法令に違反したといえるため、上記⑤に該当します。

※ ⑥〜⑧は債権譲渡等の規制の分野（→P106）に関する事項です。

※ 出資法等に違反した場合には、その違反行為が貸金業の業務とは無関係であっても、上記⑨に該当します。

3 役員解任命令　　　　　　　　重要度　★

　内閣総理大臣または都道府県知事は、その登録を受けた貸金業者の役員（業務を執行する社員、取締役、執行役、代表者、管理人またはこれらに準ずる者をいう）が、前記⑤から⑨までのいずれかに該当することとなったときは、貸金業者に対しその役員の解任を命ずることができます。

▼貸金業者（甲県知事登録）の役員が出資法に違反した場合

④ 登録取消処分（必要的）　重要度 ★★★

内閣総理大臣または都道府県知事は、その登録を受けた貸金業者が次のいずれかに該当する場合においては、必ずその登録を取り消さなければなりません。

① 登録拒否事由（→P28）の①、⑤～⑯のいずれかに該当するに至ったとき、または登録の時点において登録拒否事由のいずれかに該当していたことが判明したとき

② 登録換え（→P32）が必要であるにもかかわらず引き続き貸金業を営んでいる場合で、新たに受けるべき登録を受けていないことが判明したとき

③ 不正の手段により登録を受けたとき

④ 名義貸しをしたとき

⑤ 暴力団員等を業務に従事させ、または補助者として使用したとき

⑤ 所在不明者等の登録の取消し（任意的）　重要度 ★★★

内閣総理大臣または都道府県知事は、その登録を受けた貸金業者が次のいずれかに該当する場合には、その登録を取り消すことができます。

① その貸金業者の営業所等の所在地またはその貸金業者の所在（法人である場合には、その役員の所在）を確知できない場合において、その事実を公告し、その公告の日から30日を経過してもその貸金業者から申出がないとき

② 正当な理由がないのに、その登録を受けた日から6か月以内に貸金業を開始しないとき、または引き続き6か月以上貸金業を休止したとき

⑥ 登録の抹消　重要度 ★

内閣総理大臣または都道府県知事は、貸金業者の登録が効力を失ったとき（→P34）、または登録を取り消したときは、その貸金業者の登録を抹消しなければなりません。

登録抹消の手続きとして、貸金業者登録簿からその貸金業者に関する部分を取り除くことになります。

⑦ 監督処分の手続き　重要度 ★

（1）聴聞等

内閣総理大臣または都道府県知事が監督処分をしようとするときは、聴聞等

の手続きを行わなければなりません。その手続きの中で貸金業者に弁明および証拠提出の機会を与える、つまり貸金業者の言い分を聞くための手続きです。

ただし、所在不明者の登録の取消しの場合には、聴聞手続は不要です。この場合、貸金業者を現実に呼び出すことは困難だからです。

(2) 公告

内閣総理大臣または都道府県知事は、登録取消処分 (所在不明者等の登録の取消しの場合も含む) または業務停止処分をしたときは、その旨を公告しなければなりません。これらの処分があった場合には業務ができなくなるため、その旨を公に知らせる必要があるからです。

なお、業務改善命令や役員解任命令の場合には、公告は要求されていません。

▼登録取消処分に関する手続きの流れ

練習問題 (○×問題)

① 貸金業者A (甲県知事登録) が貸金業の業務に関して法令に違反した場合、甲県知事はAに対して、1年以内の期間を定めて、業務の全部の停止を命じなければならない。

② 貸金業者B (甲県知事登録) が自己の名義をもって他人に貸金業を営ませた場合、甲県知事はBの登録を取り消さなければならない。

解答 ....

① × 貸金業の業務に関して法令に違反した場合には、全部または一部の業務の停止を命じることができます。命じるかどうかは任意であって、業務停止処分をしないことも可能です。

② ○ 名義貸しをした場合には、必ず登録を取り消さなければなりません。

■ポイント

・登録取消処分には、任意的な処分と必要的な処分とがある。
・1年以内の期間を定めて業務の全部または一部の停止を命ずることができる。

1-30 事業報告書、報告徴収 および立入検査

内閣総理大臣（財務（支）局長）または都道府県知事が監督処分をする場合には、その判断の基礎となる資料が必要です。ここでは、事業報告、報告徴収および立入検査について学びます。

1 事業報告書の提出　　　　　重要度 ★★

貸金業者は、事業年度ごとに、貸金業に係る事業報告書を作成し、毎事業年度経過後3か月以内に、これをその登録をした内閣総理大臣または都道府県知事に提出しなければなりません。

事業報告書は、内閣総理大臣や都道府県知事からの求めがなくても、毎年、提出する必要があります。

2 報告徴収および立入検査　　　重要度 ★★★

（1）業務に関する報告徴収

内閣総理大臣または都道府県知事は、貸金業法を施行するため必要があると認めるときは、その登録を受けた貸金業者に対して、その業務に関し報告や資料提出を命ずることができます。

また、資金需要者等の利益の保護を図るため特に必要があると認めるときは、保証業者や業務委託を受けた者に対しても、貸金業者の業務に関し参考となるべき報告や資料提出を命ずることができます。

（2）立入検査

内閣総理大臣または都道府県知事は、資金需要者等の利益の保護を図るため必要があると認めるときは、その職員に、その登録を受けた貸金業者の営業所等に立ち入らせ、その業務に関して質問させ、または帳簿書類などの物件を検査させることができます。

また、資金需要者等の利益の保護を図るため特に必要があると認めるときは、職員に、保証業者や業務委託を受けた者の営業所等に立ち入らせ、貸金業者に対する質問・検査に必要な事項に関して質問させ、または帳簿書類などの物件を検査させることができます。

③ 協会員でない貸金業者に対する監督 重要度 ★★

　貸金業協会の協会員は、協会の定款、業務規程等の規則を遵守しなければならず、その規則を遵守しなければ、協会から処分を受けます。

　同じように貸金業協会に加入していない貸金業者に対しても適切な監督を行う必要があります。この監督を行うため、内閣総理大臣または都道府県知事は、貸金業協会に加入していない貸金業者に対して、貸金業協会の定款、業務規程その他の規則を考慮し、その貸金業者またはその役員・使用人が遵守すべき規則（以下「社内規則」という）の作成または変更を命ずることができるとされています。

　監督指針によれば、監督当局は、貸金業者の検査・監督に係る事務処理上の留意点として、非協会員（貸金業協会に加入していない貸金業者）に対しては、各年の四半期ごとに、前四半期に出稿した広告等の写しまたはその内容がわかるものを遅滞なく徴収するものとされています。

練習問題（○×問題）

① 貸金業者は、事業年度ごとに、貸金業に係る事業報告書を作成し、毎事業年度経過後30日以内に、これをその登録をした内閣総理大臣または都道府県知事に提出しなければならない。
② 監督を行うため、内閣総理大臣または都道府県知事は、貸金業協会に加入していない貸金業者に対して、貸金業協会の定款、業務規程その他の規則を考慮し、貸金業者またはその役員もしくは使用人が遵守すべき規則の作成または変更を命ずることができる。

解答
① × 事業報告書は毎事業年度経過後3か月以内に提出しなければなりません。
② ○ 設問の通りです。

■ポイント

・必要に応じて、報告徴収または立入検査が行われる。
・協会員でない貸金業者も、社内規則によって自主規制を行う。

1-31 罰則

法令に違反した場合、監督処分（行政処分）の対象となるほか、刑事罰（以下、「刑罰」という）を受けることがあります。これまで学習してきたことを思い出しながら、重い刑罰が科せられるものから順に罰則を押さえましょう。

① 用語説明　　　　　　　　　　　　　　重要度 ★★

(1) 併科（へいか）

併科とは、1つの犯罪行為に対して複数の刑罰が定められている場合に、刑を併せ科することをいいます。例えば、「10年以下の懲役もしくは3,000万円以下の罰金に処し、またはこれを併科する」と定められている場合には、10年以下の懲役刑と3,000万円以下の罰金刑を併せて科すことができます。

(2) 両罰規定（りょうばつきてい）

事業主（貸金業を営む者）の従業員や代表者等が一定の違法行為をした場合には、その従業員や法人の代表者等に刑罰を科せられますが、さらに事業主（事業主が法人であればその法人、事業主が個人であればその個人）も刑罰を科せられることがあります。このように行為者を処罰するほか、事業主を処罰する規定を両罰規定といいます。

② 罰則の内容　　　　　　　　　　　　　重要度 ★★★

(1) 特に重い刑罰が科せられるもの

● **10年以下の懲役もしくは3,000万円以下の罰金、またはこれを併科**
・不正の手段により貸金業者の登録を受けたとき
・無登録営業をしたとき
・名義貸しをしたとき

● **5年以下の懲役もしくは1,000万円以下の罰金、またはこれを併科**
・業務の停止の命令に違反して業務を営んだとき

※ 従業員や代表者等が、上記4つのうち、いずれかの違法行為を行った場合、両罰規定により、事業主である法人に対して1億円以下の罰金刑が科せられます。

(2) 懲役刑および罰金刑があるもの

● **2年以下の懲役もしくは300万円以下の罰金、またはこれを併科**
- 登録申請書・その添付書類に虚偽の記載
- 無登録で、営業の表示・広告、貸金業を営む目的をもって勧誘
- 登録簿に記載していない営業所等での営業
- 取立て行為の規制に違反
- 目的外で信用情報の提供依頼、使用、第三者提供
- 加入貸金業者でなくなった後に信用情報の使用、第三者提供

※ 両罰規定により、事業主に対して300万円以下の罰金刑が科せられます。

● **1年以下の懲役もしくは300万円以下の罰金、またはこれを併科**
- 暴力団員等の使用
- 資金需要者等に対して虚偽告知
- 生命保険契約の締結に係る制限違反
- 生命保険契約に係る同意前の書面の交付義務違反、必要事項記載義務違反、虚偽記載
- 信用情報を使用せずに個人と貸付け契約の締結
- 基準額超過極度方式基本契約に該当するか否かの調査義務違反
- 貸付条件等の広告等に関する規制違反
- 誇大広告等（著しく事実に相違し、または、著しく有利であると誤認させた場合のみ）
- 貸金業者登録簿に記載していない電話番号等の表示
- 特定公正証書に係る制限違反
- 公的給付に係る預金通帳等の保管等の制限違反
- 契約締結前書面の交付義務違反、必要事項記載義務違反、虚偽記載
- 契約締結時書面の交付義務違反、必要事項記載義務違反、虚偽記載
- 受取証書の交付義務違反、必要事項記載義務違反、虚偽記載
- 相手方が取立て制限者であることを知りながら、債権譲渡等、保証契約締結、債務弁済委託
- 業務改善命令違反
- 信用情報の提供義務違反
- 信用情報等に係る同意の取得義務違反

- 事業報告書の提出義務違反、虚偽記載
- 報告徴収に関して提出義務違反、虚偽報告
- 立入検査の際に質問に答弁せず、虚偽答弁、検査の拒否等
- 協会未加入貸金業者の社内規則の作成・変更・承認に関する義務違反
- （警察職員の）取立てを行う者に対する質問に答弁せず、虚偽答弁

※ 両罰規定により、事業主に対して300万円以下の罰金刑が科せられます。

（3）罰金刑だけがあるもの

● 100万円以下の罰金
- 貸金業務取扱主任者の設置義務違反
- 貸金業務取扱主任者の氏名の明示義務違反
- 従業者証明書の携帯義務違反
- 貸付条件等の掲示義務違反、虚偽提示
- 標識の掲示義務違反
- 返済能力調査等に関して個人顧客の資力を明らかにする書面の徴収義務違反
- 返済能力調査等に関する記録の作成義務違反、虚偽記録
- 帳簿の備付け義務違反、必要事項記載義務違反、虚偽記載
- 帳簿の閲覧・謄写の請求を拒否
- 支払催告書面の必要事項記載義務違反、虚偽記載
- 取立ての際の氏名等の明示義務違反
- 債権譲渡等の通知義務違反
- 協会未加入者が協会員であると誤認される文字を商号・名称で使用

※ 両罰規定により、事業主に対して100万円以下の罰金刑が科せられます。

● 50万円以下の罰金
- 変更の届出義務違反、虚偽届出
- 変更の届出の添付書類に虚偽記載
- 開始等の届出義務違反、虚偽届出
- 廃業等の届出義務違反、虚偽届出
- 従業者名簿の備付け義務違反、必要事項記載義務違反、虚偽記載

※ 両罰規定により、事業主に対して50万円以下の罰金刑が科せられます。

（4）過料となるもの

● **10万円以下の過料（かりょう）**
- 債権証書の返還義務違反

※ 過料は、懲役刑や罰金刑とは異なり、登録拒否事由に該当しません（→P28）。

3 罰則の適用がない場合　　重要度 ★★★

次の場合に、刑罰を科せられることはありません。

● **刑罰の対象とはならないもの（例）**
- 業務運営に関する措置（→P50）を講じなかったとき
- 禁止行為（→P52。虚偽告知を除く）をしたとき
- 広告・勧誘の際の禁止事項（→P58）に該当する行為をしたとき
- 適合性の原則（→P59）に反する行為をしたとき
- 再勧誘の禁止（→P59）に反する行為をしたとき
- 返済能力を超える貸付けをしたとき（→P60）
- 振込み等による弁済の場合（→P99）の受取証書の交付義務に違反したとき

練習問題（○×問題）

① 貸金業者が、不正の手段により貸金業者の登録を受けたときは、10年以下の懲役または3,000万円以下の罰金に処せられるが、これらを併せて科せられることはない。

② 貸金業者の従業員が取立て行為の規制に違反した取立てを行った場合、その従業員が2年以下の懲役もしくは300万円以下の罰金に処せられ、またはこれを併科されるほか、その貸金業者も300万円以下の罰金に処せられる。

解答
① × 懲役刑と罰金刑を併せて科せられることがあります（併科）。
② ○ 設問の通りです。

■ポイント
- 事業主にも罰金刑が科せられることがある（両罰規定）。
- 特に重い刑罰が科せられるもの（4つの違法行為）は確実に押さえておく。

紛争解決等業務および貸付自粛対応

日本貸金業協会により設置された貸金業相談・紛争解決センターが、紛争解決等業務および貸付自粛対応を行います。ここでは、相談、苦情・紛争等がどのように対応・処理されるのかについて学びます。

1 相談および助言　　　　　　　　　　　　重要度 ★★★

　貸金業者は、資金需要者等の利益の保護のために必要な場合は、資金需要者等に対して、借入れ・返済に関する相談・助言などの支援を適正・確実に実施することができると認められる団体を紹介するよう努めなければなりません。

※紹介団体の具体例として、日本貸金業協会、弁護士会が考えられます。

2 指定紛争解決機関との契約締結・公表の義務　　重要度 ★★★

　貸金業者は、指定紛争解決機関との間で手続実施基本契約を締結し、その指定紛争解決機関の商号または名称を公表しなければなりません。

※日本貸金業協会が指定紛争解決機関として指定を受けました。日本貸金業協会により設置された貸金業相談・紛争解決センターは、相談・紛争解決委員会および紛争解決委員を置くとともに、本部事務局内に苦情受付課、紛争受付課および相談受付課を、支部に苦情・相談受付窓口を置いています。

3 協会員の責務　　　　　　　　　　　　　重要度 ★★

　協会員等は、貸金業相談・紛争解決センターによる紛争解決等業務を周知するため、その内容および手続きの概要、受付窓口などに関し、ウェブサイトに掲示し、または店頭に掲示するなど、適切な方法で公表しなければなりません。

4 相談への対応　　　　　　　　　　　　　重要度 ★★

(1) 相談の申出人

　相談の申し出を行うことができるのは、個別の貸金業務等に関連し助言を求める（一般相談）場合は、契約者等やその親族のほか、正当な利害関係を有する者です。一方、経済的窮状・返済困難な状況で助言等を求める（債務相談）場合は、債務負担者やその親族のほか、正当な利害関係を有する者です。

※「契約者等」とは、顧客等、債務者等、債務者等であったもの、または、その一般承継人をいいます。「顧客等」「債務者等」の定義についてはP20を参照。

（2）受付窓口での対応

　受付窓口が相談の申し出を受理した場合、遅滞なく、申し出につき、相談申出書または相談記録書および関連する資料を相談受付課に送付します。ただし、簡易なものであるときには受付窓口で助言等の対応をします。

　借入れ・返済に関する相談・助言などの支援を適性・確実に実施することができると認められる団体を紹介することが適切と判断される場合や、相談の申し出をした者がその団体による解決を明示的に希望した場合は、受付窓口は相談受付課に送付せずにその団体を紹介します。

（3）相談受付課での対応

　相談受付課は、受付窓口から相談の申し出の送付を受けたときは、遅滞なく、相談対応の手続きを説明し、相談内容および事実関係を確認して、相談者に回答・助言を行います。必要があれば、協会員等に説明を求め、または、資料の提出・提示を求めることができます。

（4）返済計画案の制限

　相談受付課は、債務相談対象者につき返済計画案の作成を支援する場合には、その返済計画案による返済期間が概ね3年を超えない範囲で、かつ毎月の返済金額の合計が、債務相談対象者の月収の3分の1を超えないと見込まれる範囲で行わなければなりません。

▼相談対応の基本的な流れ

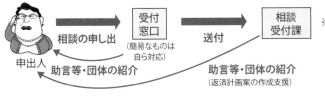

※ 必要があれば苦情処理手続等の制度の説明や貸付自粛制度の案内を行います。

5　苦情処理手続　　　　　　　　　　　重要度 ★★★

（1）苦情処理手続開始の申立て

　協会員等との間で貸金業務等関連苦情を有する契約者等である個人、法人、権利能力なき社団等（法人でない社団・財団で代表者・管理者の定めがある者）は、貸金業相談・紛争解決センターに対して苦情処理手続開始の申立てをすることができます。

　苦情処理手続の申立人・相手方は、その法定代理人、弁護士、認定司法書士

のいずれかに該当する者を代理人とすることができます。また、これらに該当しない者でも、許可を受けることで代理人になることができます。

※「貸金業務等関連苦情」とは、貸金業務等に関し、その契約者等による当該貸金業務等を行った者に対する不満足の表明をいいます。

(2) 受付窓口での対応

受付窓口は、申立てを受理した場合には、遅滞なく、申立てにつき、申立書または申立記録書を、関連する資料とともに苦情受付課に送付します。

ただし、苦情の内容が簡易でありその処理に高度な専門的知識を必要としないことが明らかな場合には、申立人が受付窓口による処理を拒否した場合を除き、受付窓口は自らこれを処理します。この場合には、受付窓口は、申立人に対して必要な助言を行うとともに、苦情の相手方（協会員等）に対して、苦情の内容を通知し、受付窓口による苦情処理手続に応ずるか否かにつき通知を受けた日から5日以内に回答すること、および、苦情処理手続に応ずる場合には苦情を迅速に処理することを求めなければなりません。

その照会に対し、貸金業者は、受付窓口による苦情処理手続に応ずる旨の回答をなした場合、その通知を受けたときから15日以内に、受付窓口に対し、苦情処理の状況を報告しなければなりません。

※申立ての不受理の決定に対しては不服申立てができます。この不服申立ては、受付窓口を経由して相談・紛争解決委員会に対して行います。

※苦情の申立て、または、不受理決定に対する不服の申立てを行った者は、いつでも、所定の様式による書面を貸金業相談・紛争解決センターに提出することで、その申立てを取り下げることができます。

(3) 苦情受付課での対応

苦情受付課は、受付窓口から苦情の申立ての送付を受けた場合は、遅滞なく協会員等に対し、苦情処理手続開始につき通知をし、一定の事項を記載した回答書を30日以内に提出するよう求めます。

(4) 苦情の解決

苦情受付課は、事実関係を把握するとともに、当事者である協会員等に対し苦情の迅速かつ適切な処理を求め、申立人および相手方に対し説明・助言を行い、申立人と相手方等との意見等の取り次ぎを行うなどの方法により、苦情の解決の促進を図ります。貸金業相談・紛争解決センターは、申立てを受理してから3か月以内に苦情処理手続を完了するよう努めなければなりません。

▼苦情処理の基本的な流れ

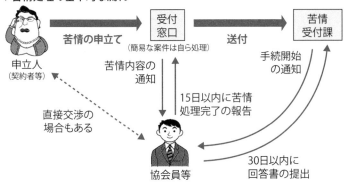

※協会員等は、正当な理由がある場合を除き、苦情処理手続・事情聴取・資料提出を拒めません。

6　紛争解決手続　　　　重要度 ★★★

(1) 紛争解決手続開始の申立て

契約者等または加入貸金業者である個人・法人・権利能力なき社団等（法人でない社団・財団で代表者・管理者の定めがある者）であって貸金業務関連紛争の当事者である者は、貸金業相談・紛争解決センターに対し紛争解決手続開始の申立てをすることができます。

また、苦情処理手続の当事者は、一定の期間内に移行申立書を提出することで、苦情の解決のため、紛争解決手続への移行を申し立てることができます。

(2) 紛争受付課での対応

紛争受付課は、申立てがなされた場合には、これを受理し、速やかに相手方に対してその旨を通知しなければなりません。協会員等は、正当な理由がある場合を除き、紛争解決手続に応じなければなりません。

(3) 紛争の解決

紛争解決手続が開始された場合、紛争解決委員は、紛争の解決のため、申立人と相手方の交渉を仲介するとともに、委員の専門的知識、経験等に基づき助言することにより、当事者間における紛争の円満な解決に努めます。

紛争解決委員は、当事者・参考人から意見を聴取し、または文書・口頭による報告を求め、当事者から参考となるべき帳簿書類その他の物件の提出・提示を求めることができます。

　貸金業相談・紛争解決センターは、申立てが受理されてから6か月以内に紛争解決手続を完了するよう努めなければなりません。

(4) 和解案の作成および受諾の勧告

　紛争解決委員は、貸金業務関連紛争の解決に必要な和解案を作成し、当事者に対し、その受諾を勧告することができます。当事者双方が和解案を受諾したときには、その時点でその和解案の内容で和解が成立したものとされます。

※「貸金業務関連紛争」とは、貸金業務等関連苦情のうち、その苦情の相手方である貸金業者とその苦情に係る契約者等の自主的な交渉では解決ができないものであって、当事者が和解をすることができるものをいいます。

※ 受諾勧告を拒否することは可能です。

(5) 特別調停案

　紛争解決委員は、和解案の受諾勧告では当事者間に和解が成立する見込みがない場合、事案の性質、当事者の意向、当事者の手続追行の状況その他の事情に照らして相当であるときは、貸金業務関連紛争の解決のために必要な特別調停案を作成し、理由を付して当事者に提示することができます。

　当事者である協会員等は、特別調停案の提示を受けた場合、原則として、これを受諾しなければなりません。当事者である協会員等が特別調停案の受諾を拒む場合、拒否の事由を明らかにして書面により行わなければなりません。

7 協力の要請　　重要度 ★

　協会員等以外の貸金業を営む者に対し貸金業務等関連苦情を有する契約者等は、貸金業相談・紛争解決センターに対し、協力の要請をすることができます。

8 貸付自粛制度　　重要度 ★★

(1) 貸付自粛とは

　貸付自粛とは、本人が自らに浪費の習癖があることその他の理由により自らを自粛対象者とする旨、または、親族のうち一定の範囲の者が金銭貸付による債務者を自粛対象者とする旨を協会に対して申告することにより、協会が、これに対応する情報を個人信用情報機関に登録し、一定期間、当該個人信用情報機関の会員に対して提供する制度です。

(2) 貸付自粛の申告、貸付自粛情報の登録

　自粛対象者本人や法定代理人等だけでなく、一定の場合には自粛対象者の配偶者や親族等も、貸付自粛の申告をすることができます。

　貸付自粛の申告は協会に対して行い、協会が、この申告に関する貸付自粛情報を個人信用情報機関に通知・登録します。

　貸付自粛情報は申告の撤回・取消しがなければ5年間は登録され続けます。申告の撤回は原則として登録依頼日から3か月間は行うことができません。

(3) 協会員による貸付自粛への対応

　協会員は、次の場合には、加入個人信用情報機関に対し、貸付自粛情報の提供を求めなければなりません。

> ● 貸付自粛情報の提供を求めることが必要となる場合
> ① 個人顧客と貸付けに係る契約（極度方式貸付けを除く）を締結しようとするとき
> ② 極度方式基本契約の極度額を増額しようとするとき
> ③「基準額超過極度方式基本契約」に該当するかどうかを調査するとき
> ※ 上記は、いずれも信用情報機関を利用する場面（→P64、P66、P68）です。

練習問題（○×問題）

① 協会員等との間で貸金業務等関連苦情を有する契約者等は、貸金業相談・紛争解決センターに対し、協力の要請をすることができる。
② 協会員は、個人顧客との間で貸付けに係る契約を締結しようとするときは、加入個人信用情報機関に対し貸付自粛情報の提供を求めなければならない。

解答
① ×　協力の要請は、協会員等以外の者に対する場合でなければなりません。
② ○　原則として、設問の通りです。

ポイント

- ・貸金業相談・紛争解決センターは、苦情処理手続・紛争解決手続において、当事者による主体的自主的な解決がなされるように努める。
- ・貸付自粛情報の提供を受けたときは、新規貸付けがなされないように努める。

1-33 利息および保証料

利息については、出資法、利息制限法、貸金業法によって規制を受けます。ここでは、各法律の違いに注意しながら、貸金業に関係する利息および保証料の規制について学びます。

1 各法律の違い　　　　重要度 ★★★

　出資法も利息制限法も、利息、遅延損害金（賠償額の予定）に絡んで出顕されます。両者は利率が異なるという違いもありますが、利息制限法は制限利率を超える利息や遅延損害金についてその超過部分を無効にする法律であるのに対して、出資法は制限利息を超える場合に刑罰を科す法律であるという点で大きな違いがあります。

　貸金業法に違反した場合には行政処分（監督処分）を受けます。また、貸金業法では、一定の場合に契約全体が無効となります。

2 利息の制限　　　　重要度 ★★★

（1）利息制限法では

　利息の契約は、その利息が次の利率により計算した金額を超えるときは、その超過部分について無効となります。

> ● 利息制限法の制限利率
> 元本の額が10万円未満の場合 ………………………年20%
> 元本の額が10万円以上100万円未満の場合 ………年18%
> 元本の額が100万円以上の場合…………………………年15%

　利息制限法の制限利率を超えるからといって、当然に契約全体が無効となるわけではありません。例えば、元本の額が10万円で年利20%の利息契約を締結した場合、制限利率は年18%ですから18%までは有効であり、それを超える部分が無効となります。

（2）出資法では

　貸付けの際に次の利率を超える割合の場合には、超過した利率に応じて刑罰が科せられます。年20%を「超えた」場合に刑罰を科されることがあるだけ

なので、年20%以下のときに刑罰を科されることはありません。

● **出資法の規制利率**

① 貸付けを業とする者が年20%を超える割合による利息の契約をしたとき

→5年以下の懲役もしくは1,000万円以下の罰金、またはこれを併科

② 貸付けを業とする者が年109.5%を超える割合による利息の契約をしたとき

→10年以下の懲役もしくは3,000万円以下の罰金、またはこれを併科

③ 貸付けを業としない者が年109.5%を超える割合による利息の契約をしたとき

→5年以下の懲役もしくは1,000万円以下の罰金、またはこれを併科

※ 上記金利を超える契約を締結した場合だけでなく、その利息を受領し、または、その支払いを要求しただけの者も刑罰を受けます。

※ 出資法の利息には、債務不履行について予定される賠償額も含まれます。

※ 貸付けを業として行う場合と業として行わない場合の違いに注意しましょう。貸付けを業としない者は、年109.5%を超えるときにはじめて刑罰を科されることになります。

③ 利息の天引き（利息制限法）　　重要度 ★★★

　利息の天引きをした場合、天引き額が借主の受領額を元本として利息制限法の制限利率により計算した金額を超えるときは、その超過部分は、元本の支払いに充てたものとみなされます。

④ 元本額の特則（利息制限法）　　重要度 ★★★

(1) 同一の貸金業者から重ねて貸付けを受けた場合

　貸金業者により貸付けを受けた借主が同一の貸金業者から重ねて貸付けを受けた場合は、「すでに貸付けを受けた残元本の額とその貸付けを受けた元本の額との合計額」を元本の額とみなして、その利息の上限を計算します。

　例えば、ある年の6月1日に9万円の貸付け（以下、「第一貸付け」という）を受けた者が、その返済をすることなく、同年11月1日に新たに5万円の貸付け（以下、「第二貸付け」という）を受けた場合、第二貸付けの元本の額は14万円であるとみなされます。そのため、第二貸付けの制限利率は、年20%ではなく、年18%となります。

　もし仮に、第一貸付け9万円のうち6万円を返済し、第二貸付けの時点で残元本の額が3万円になっていたならば、第二貸付けの元本の額は8万円であるとみなされるので、第二貸付けの制限利率は年20％になります。

　なお、第一貸付けの元本額はその後の貸付けの影響を受けません。そのため、第一貸付けの元本額は、その後に10万円以上の新たな貸付けが行われても影響を受けず、9万円のままであり、第一貸付けの制限利率が年20％であることに変更はありません。

▼制限利率を決める際の元本の額（同一の業者からの貸付けの場合）

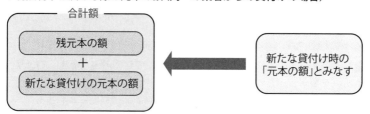

(2) 同一の貸金業者から同時に複数の貸付けを受けた場合

　同一の貸金業者から同時に複数の貸付けを受けた場合、「複数の貸付けを受けた元本の額の合計額」を元本の額とみなして、その利息の上限を計算します。

　例えば、同一の貸金業者から同時に、9万円の貸付けと5万円の貸付けを受けた場合、元本の額は14万円であるとみなされ、制限利率はいずれも年18％となります。

5　みなし利息　　　重要度 ★★★

(1) 通常の場合（利息制限法では）

　貸主の受ける元本以外の金銭は、礼金、割引金、手数料、調査料その他いかなる名義をもってするかを問わず、利息とみなされます。ただし、契約の締結および債務の弁済の費用は、利息に含まれません。

(2) 営業的金銭消費貸借の場合（利息制限法では）

　営業的金銭消費貸借における債権者（貸金業者など）が受け取る元本以外の金銭は原則として利息とみなされます。ただし、債務者（借主など）の要請により行う次の事務の費用については、利息とみなされません。

1

● **再度の手続き費用**

① 金銭の貸付けおよび弁済に用いるため債務者に交付されたカードの再発行の手数料

② 貸金業法の規定により、金銭の貸付けに関して交付することが義務づけられた書面の再発行に要する費用および書面の交付に代えて電磁的方法により債務者に提供された事項の再提供の手数料

③ 口座振替の方法による弁済において、債務者が弁済期に弁済できなかった場合に行う再度の口座振替手続に要する費用

　営業的金銭消費貸借においては契約の締結および債務の弁済の費用も原則として利息に含まれますが、契約の締結および債務の弁済の費用のうち、次に該当するものについては利息とみなされません。

● **契約の締結および債務の弁済の費用**

① 公租公課の支払いに充てられるべきもの

② 強制執行の費用、担保権の実行としての競売の手続きの費用その他公の機関が行う手続きに関してその機関に支払うべきもの

③ 債務者が金銭の受領または弁済のために利用する現金自動支払機等の利用料（1万円以下の入出金額の場合には110円、1万円を超える入出金額の場合には220円が上限）

　※「公の機関が行う手続きに関してその機関に支払うべきもの」として、例えば、契約の締結に係る公正証書の公証人手数料などがあります。

　※ 営業的金銭消費貸借の場合、契約書の作成に要する手数料は上記①〜③に該当しないため、原則どおり利息とみなされます。

(3) 出資法では

　貸主が受ける金銭は、礼金、手数料、調査料その他いかなる名義をもってするかを問わず、利息とみなされます。ただし、上記 (2) の「再度の手続き費用①〜③」や「契約の締結および債務の弁済の費用①〜③」に該当するときは、利息とみなされません。

　1年分に満たない利息を元本に組み入れる旨を約定して本件貸付契約を締結した場合、元利金のうち当初の元本を超える金額は、出資法上、利息とみなされます。

6　賠償額の予定　　　　　重要度 ★★★

（1）利息制限法では

金銭消費貸借上の債務の不履行による賠償額の予定は、その賠償額の元本に対する割合が利息制限法第1条に規定する率（利息制限法の制限利率のこと→P130の枠内参照）の1.46倍を超えるときは、その超過部分について無効となります。

他方、営業的金銭消費貸借上の債務の不履行による賠償額の予定は、その賠償額の元本に対する割合が年20％を超えるときは、その超過部分について無効となります。元本の額にかかわらず上限が20％であることに注意してください。

なお、違約金は賠償額の予定とみなされます。

▼賠償額の予定の上限

通常の場合（業として行うものではない金銭消費貸借の場合）	制限利率の1.46倍
営業的金銭消費貸借の場合	年2割（20％）

※試験の問題文が、通常の場合に「14.6％」や「20％」となっていたり、営業的金銭消費貸借の場合に「制限利率の1.46倍」や「制限利率の2倍」となっていたりするときは、それは誤りの記述です。

（2）出資法では

出資法では、賠償額の予定は利息に含まれますので、賠償額の予定を含めた利息が年20％または年109.5％を超えるかどうかを判断すればよいだけです。

7　保証料の制限　　　　　重要度 ★★★

（1）利息制限法では

保証料（主たる債務者が支払う保証料に限る）が、利息と合算して利息制限法の利息上限額（元本の額に応じて年15％、年18％、年20％の制限利率で計算した額）を超える場合には、その保証料の契約は、その超過部分について無効となります。

例えば、元本の額が10万円で年利15％の利息契約を締結している場合、制限利率は年18％ですから、保証料は年3％で計算した額が限度となり、その保証料契約はその限度を超える部分が無効となります。もちろん、利息契約が制限利率内であれば、保証料の額に関係なく、利息契約は有効です。

借主から見れば、利息と保証料を合算して利息制限法の上限額を超えて支払う必要はないということになります。

※ 実際の試験では「主たる債務の元本に係る法定上限額から当該主たる債務について支払うべき利息の額を減じて得た金額を超えるとき」と表現されますが、これは「利息と合算して利息制限法の利息上限額を超えるとき」という意味です。

▼利息および保証料の支払い

(2) 出資法では

保証料が利息と合算して年20％を超える保証料の契約をした場合には、保証業者は5年以下の懲役もしくは1,000万円以下の罰金に処せられ、またはこれらが併科されます。20％を超える保証料の契約を締結した場合だけでなく、その保証料を受領し、または、その支払いを要求しただけの者も刑罰を受けます。

貸金業者に刑罰が科せられるわけではなく、保証業者等に刑罰が科せられることに注意してください。

(3) 利息が変動利率で定められている場合

利息が変動利率（利息契約後に変動する利率）で定められている場合において、保証料が次の①②の場合に応じてその①②に定める金額を超えるときは、利息制限法により、その保証料の契約は、その超過部分について無効となります。

> ● **変動利率の場合の限度額（利息制限法）**
> ① 保証契約の時に貸主と保証業者の合意により貸主が主たる債務者から支払を受けることができる利息の利率の上限（「特約上限利率」という）の定めをし、かつ、貸主または保証業者が主たる債務者にその定めを通知した場合
> → 利息制限法の利息上限額から特約上限利率により計算した利息の金額（「特約上限利息額」という）を減じて得た金額
> 　例えば、元本額100万円の貸付け（変動利率）があり、その貸主と保

証業者の合意によって特約上限利率を年利10%と定め、かつ、主たる債務者にその定めを通知した場合、制限利率は年15%ですから、保証料は年5%で計算した額が限度となり、その保証料契約はその限度を超える部分が無効となります。

② ①以外の場合

→ 利息制限法の利息上限額の2分の1の金額

例えば、元本額100万円の貸付け（変動利率）があった場合で、特約上限利率の定めがない、または、その定めがあっても通知がないときには、保証料は年7.5%（制限利率年15%の2分の1）で計算した額が限度となり、その保証料契約はその限度を超える部分が無効となります。

一方、出資法では、保証料が利息（上記①の場合には特約上限利率、上記②の場合には年10%の割合による利息）と合算して年20%を超える保証料の契約をした保証業者に、上記（2）と同様に刑罰を科しています。また、その保証料の受領または要求をした者に対しても刑罰を科しています。

8 金銭貸借等の媒介手数料の制限（出資法）　重要度 ★★★

金銭の貸借を行う者は、その媒介に係る貸借の金額の5%に相当する金額を超える手数料の契約をし、またはこれを超える手数料を受領することはできません。

もっとも、貸借の期間が1年未満であるものについては、その貸借の金額に、その日数に応じ、年5%の割合を乗じて計算した金額が媒介手数料の上限になります。

▼媒介手数料の上限の計算式

| 貸借の期間が1年以上の場合 | 貸借の金額 × 5% |
| 貸借の期間が1年未満の場合 | 貸借の金額 × 5% ÷ 365日 × 貸借の期間 |

※うるう年のときは365日の部分を366日にして計算します。

9 貸金業法の規定　重要度 ★★★

貸金業者は、その利息が、利息制限法の利息上限額を超える利息の契約をすることはできません。そのような利息を受領し、またはその支払いを要求する

ことも禁止されています。これらに違反した場合には、行政処分（監督処分）の対象となります（→P114）。

　貸金業を営む者が、貸付契約において、年109.5％を超える割合による利息（債務不履行について予定される賠償額も含む）の契約をしたときは、その貸付契約は無効となります。

▼利息規制における各法律の関係

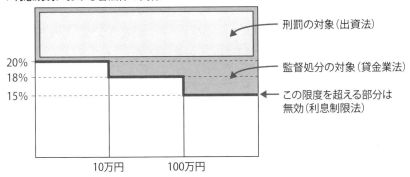

- 刑罰の対象（出資法）
- 監督処分の対象（貸金業法）
- この限度を超える部分は無効（利息制限法）

20%　18%　15%

10万円　　　100万円

練習問題（○×問題）

① 貸金業者が元本の額20万円で年利20％の利息契約を締結した場合、刑罰が科せられる。

② 貸金業者が借主から受け取る手数料や調査料は、利息に含まれることはない。

解答 ・・・

① ×　刑罰が科せられるのは、年20％を超える場合です。

② ×　貸主が受け取る金銭は、どのような名義であっても、原則として利息に含まれます。

■ポイント

- 利息制限法は、利息制限を超える部分を無効にする。
- 出資法は、年20％超える場合に刑罰を科す。

演習問題 1-2

問　題

特定公正証書に係る制限等に関する次の①〜④の記述のうち、その内容が適切でないものを1つだけ選び、解答欄にその番号をマークしなさい。

① 貸金業を営む者は、貸付けの契約について、債務者等から、当該債務者等が特定公正証書（債務者等が貸付けの契約に基づく債務の不履行の場合に直ちに強制執行に服する旨の陳述が記載された公正証書をいう。以下、本問において同じ。）の作成を公証人に嘱託することを代理人に委任することを証する書面を取得してはならない。

② 貸金業を営む者は、貸付けの契約について、債務者等が特定公正証書の作成を公証人に嘱託することを代理人に委任する場合には、当該代理人の選任に関し推薦その他これに類する関与をしてはならない。

③ 貸金業者は、貸付けの契約について、特定公正証書の作成を公証人に嘱託した場合には、遅滞なく、内閣府令で定めるところにより、債務者等となるべき資金需要者等に対し、当該貸付けの契約に基づく債務の不履行の場合には、特定公正証書により、債務者等が直ちに強制執行に服することとなる旨及び債務者等の法律上の利益に与える影響に関する事項として内閣府令で定めるものについて書面を交付し、説明しなければならない。

④ 貸金業を営む者は、貸付けの契約について、公的給付(注1)がその受給権者である債務者等又は債務者等の親族その他の者（以下、本問において「特定受給権者」という。）の預金又は貯金の口座に払い込まれた場合に当該預金又は貯金の口座に係る資金から当該貸付けの契約に基づく債権の弁済を受けることを目的として、当該特定受給権者の預金通帳等(注2)の引渡しもしくは提供を求め、又はこれらを保管する行為をしてはならない。

（注1）公的給付とは、法令の規定に基づき国又は地方公共団体がその給付に要する費用又はその給付の事業に関する事務に要する費用の全部又は一部を負担し、又は補助することとされている給付（給与その他対価の性質を有するものを除く。）

であって、法令の規定により譲り渡し、担保に供し、又は差し押さえることができないこととされているものをいう。

(注2) 預金通帳等とは、当該預金もしくは貯金の口座に係る通帳もしくは引出用のカードもしくは当該預金もしくは貯金の引出しもしくは払込みに必要な情報その他当該預金もしくは貯金の引出しもしくは払込みに必要なものとして政令で定めるもの又は年金証書その他特定受給権者が公的給付を受給することができることを証する書面その他のものをいう。

■問2　　　　　　　　　（令和5年問題9）　　　　

貸金業法第16条の2（契約締結前の書面の交付）に関する次の①～④の記述のうち、その内容が適切なものを1つだけ選び、解答欄にその番号をマークしなさい。

① 貸金業者は、顧客との間で極度方式基本契約を締結しようとする場合には、当該契約を締結するまでに、内閣府令で定めるところにより、貸金業法第16条の2第2項に規定する書面（当該極度方式基本契約における契約締結前の書面）を当該顧客に交付しなければならないが、当該書面の記載事項には、契約年月日、契約の相手方の商号、名称又は氏名及び住所等が含まれる。

② 貸金業者は、顧客との間で極度方式貸付けに係る契約を締結しようとする場合には、当該契約を締結するまでに、内閣府令で定めるところにより、貸金業法第16条の2第1項に規定する書面（当該極度方式貸付けに係る契約における契約締結前の書面）を当該顧客に交付しなければならない。

③ 貸金業者向けの総合的な監督指針によれば、貸金業法第16条の2に規定する契約締結前の書面を交付後、契約締結前に法令で定められた記載事項の内容に変更が生じた場合、改めて、当該契約の相手方となろうとする者に対し、契約締結前の書面の再交付を要しないことに留意する必要があるとされている。

④ 貸金業者は、貸付けに係る契約について、保証人となろうとする者との間で保証契約を締結しようとする場合には、当該保証契約を締結するまでに、貸金業法施行規則第12条の2第7項第1号に規定する書面（当該保証契約の概要を記載した書面）及び貸金業法施行規則第12条の2第7項第2号に規定する書面（当該保証契約の詳細を記載した書面）の両方を同時に当該保証人となろうとする者に交付しなければならない。

■問3 （令和5年問題11）

貸金業者Aは、個人顧客Bとの間で極度額を30万円とする極度方式基本契約（以下、本問において「本件基本契約」という。）を締結し、貸金業法第17条第2項に規定する書面（以下、本問において「本件基本契約に係る書面」という。）をBに交付した。この場合に関する次のa～dの記述のうち、その内容が適切なものの組み合わせを①～④の中から1つだけ選び、解答欄にその番号をマークしなさい。なお、本件基本契約は、金銭の貸付けに係る契約であって、手形の割引の契約及び売渡担保の契約ではないものとする。

a Aは、Bと合意の上で、本件基本契約における極度額を15万円に引き下げた後に20万円に引き上げた。この場合、Aは、変更後の内容が記載された本件基本契約に係る書面をBに再交付する必要はない。

b Aは、Bと合意の上で、本件基本契約における各回の返済期日及び返済金額の設定の方式を変更し、各回の返済金額を15,000円から10,000円に引き下げた。この場合、Aは、変更後の内容が記載された本件基本契約に係る書面をBに再交付する必要はない。

c Aは、Bと合意の上で、本件基本契約における貸付けの利率を年1割2分（12%）から年9分（9%）に引き下げた。この場合、Aは、変更後の内容が記載された本件基本契約に係る書面をBに再交付しなければならない。

d Aは、貸金業の登録の更新を受け、その登録番号の括弧書（登録回数）に変更が生じた。この場合、Aは、変更後の内容が記載された本件基本契約に係る書面をBに再交付する必要はない。

①ab ②ad ③bc ④cd

■問4 （令和5年問題10）

貸金業者Aは、個人顧客Bとの間で貸付けに係る契約（以下、本問において「本件貸付契約」という。）を締結した後、Cとの間で本件貸付契約についての保証契約を締結することとした。この場合に関する次のa～dの記述のうち、その内容が適切なものの組み合わせを①～④の中から1つだけ選び、解答欄にその番号をマークしなさい。なお、本件貸付契約は、金銭の貸付けに係る契約であって、極度方式基本契約、極度方式貸付けに係る契約、手形の割引の契約及び売渡担保の契約ではないものとする。

a Aは、Cとの間で保証契約を締結したときは、遅滞なく、貸金業法第17条第3項に掲げる事項について当該保証契約の内容を明らかにする書面を本件貸付契約の相手方であるBに交付しなければならない。

b Aは、Cとの間で保証契約を締結したときは、遅滞なく、貸金業法第17条第3項に規定する書面（以下、本問において「当該保証契約における契約締結時の書面」という。）をCに交付しなければならないが、CがBと連帯して債務を負担するときは、当該保証契約における契約締結時の書面に、民法第454条（連帯保証の場合の特則）の規定の趣旨を記載しなければならない。

c Aは、Cとの間で保証契約を締結した後、当該保証契約に基づく債務の弁済の方式を変更した場合において、当該変更がCの利益となる変更であるときは、変更後の当該保証契約における契約締結時の書面をCに再交付する必要はない。

d Aは、Cとの間で保証契約を締結した場合は、遅滞なく、貸金業法第17条第1項各号に掲げる事項について本件貸付契約の内容を明らかにする書面をCに交付しなければならない。

① ab　　② ac　　③ bd　　④ cd

■問5　　　　　　　　　　（令和2年問題13）　

　貸金業法第18条第1項に規定する書面（以下、本問において「受取証書」という。）の交付及び貸金業法第22条に規定する債権の証書（以下、本問において「債権証書」という。）の返還に関する次の①～④の記述のうち、その内容が適切なものを1つだけ選び、解答欄にその番号をマークしなさい。

① 貸金業者は、その営業所の窓口において、貸付けに係る契約に基づく債権の全部について、当該契約の債務者から弁済を受けたときは、遅滞なく、内閣府令で定めるところにより、受取証書を当該債務者に交付しなければならない。

② 貸金業者は、預金又は貯金の口座に対する払込みにより、貸付けに係る契約に基づく債権の全部について、当該契約の債務者から弁済を受けた場合、当該債務者の請求があったときに限り、受取証書を当該債務者に交付しなければならない。

③ 貸金業者は、極度方式貸付けに係る契約に基づく債権の全部について、当該契約の債務者から弁済を受けた場合において、当該債務者の承諾を得て、内閣府令で定めるところにより、貸金業法第18条第3項に規定する一定期間における貸付け及び弁済その他の取引の状況を記載した書面（マンスリーステートメント）を交付するときは、弁済を受けた日から1か月以内に、受領年月日及び受領金額を記載した受取証書を当該債務者に交付しなければならない。

④ 貸金業者は、貸付けに係る契約につき債権証書を有する場合において、当該契約に基づく債権の全部について、当該契約の債務者以外の第三者から弁済を受けたときは、当該契約の債務者の請求があったときに限り、債権証書を当該債務者に返還しなければならない。

■問6　(平成30年問題13)　✓ ✓ ✓

貸金業者向けの総合的な監督指針（以下、本問において「監督指針」という。）における取立行為規制に関する次のa～dの記述のうち、その内容が監督指針の記載に合致するものの個数を①～④の中から1つだけ選び、解答欄にその番号をマークしなさい。

a 貸金業法第21条（取立て行為の規制）第1項第1号は、正当な理由なく、社会通念に照らし不適当な時間帯に債務者等への電話や居宅の訪問等を禁止している。この「正当な理由」には、「債務者等と連絡を取るための合理的方法が他にない場合」は該当しないが、「債務者等の自発的な承諾がある場合」は該当する可能性が高い。

b 貸金業法第21条第1項第2号は、債務者等が連絡を受ける時期等を申し出た場合において、その申出が社会通念に照らし相当であると認められないことその他の正当な理由がないのに、午後9時から午前8時までの間の時間帯以外の時間帯に、債務者等に電話をかけること等を禁止している。この「その申出が社会通念に照らし相当であると認められないことその他の正当な理由」には、「債務者等からの弁済や連絡についての具体的な期日の申出がない場合」は該当しないが、「直近において債務者等から弁済や連絡に関する申出が履行されていない場合」は該当する可能性が高い。

c 貸金業法第21条第1項第5号は、債務者等に心理的圧迫を加えることにより

弁済を強要することを禁止する趣旨であり、債務者等から家族に知られないように要請を受けている場合以外においては、債務者等の自宅に電話をかけ家族がこれを受けた場合に貸金業者であることを名乗り、郵送物の送付に当たり差出人として貸金業者であることを示したとしても、直ちに該当するものではない。

d 貸金業者以外の者が貸し付けた債権について、貸金業者が、保証契約に基づき求償権を有する場合（保証履行により求償権を取得した場合を含む。）、その取立てに当たっては、貸金業法第21条は適用されない。

① 1個　　② 2個　　③ 3個　　④ 4個

■ **問7**　　　　　　　　　　（令和3年問題22）　　　

　取立て行為の規制に関する次の①～④の記述のうち、その内容が<u>適切でない</u>ものを1つだけ選び、解答欄にその番号をマークしなさい。

① 貸金業者向けの総合的な監督指針（以下、本問において「監督指針」という。）によれば、貸金業法第21条第1項第5号は、債務者等に心理的圧迫を加えることにより弁済を強要することを禁止する趣旨であり、債務者等から家族に知られないように要請を受けているか否かを問わず、債務者等の自宅に電話をかけ家族がこれを受けた場合に貸金業者であることを名乗り、郵送物の送付に当たり差出人として貸金業者であることを示したときは、同号に該当するおそれが大きいとされている。

② 貸金業を営む者は、債務者に対し支払を催告するために書面を送付するときには、その書面に封をするなどして債務者以外の者に当該債務者の借入れに関する事実が明らかにならないようにしなければならない。

③ 貸金業法第21条第2項に規定する支払を催告するための書面又はこれに代わる電磁的記録に記載又は記録すべき事項には、支払を催告する金額のほか、契約年月日、貸付けの金額及び貸付けの利率が含まれる。

④ 監督指針によれば、貸金業法第21条第2項第2号に規定する「当該書面又は電磁的記録を送付する者の氏名」については、当該債権を管理する部門又は営業所等において、当該債権を管理する者の氏名を記載することとされている。

　貸金業者が貸付けに係る契約に基づく債権を譲渡する場合に関する次の①〜④の記述のうち、その内容が適切なものを1つだけ選び、解答欄にその番号をマークしなさい。なお、本問における債権は、抵当証券法第1条第1項に規定する抵当証券に記載された債権ではないものとする。

① 貸金業者は、貸付けに係る契約に基づく債権を他人に譲渡するに当たっては、譲受人が貸金業者である場合を除き、譲受人に対し、当該債権が貸金業者の貸付けに係る契約に基づいて発生したことその他内閣府令で定める事項、及びその者が当該債権に係る貸付けの契約に基づく債権に関してする行為について貸金業法第24条（債権譲渡等の規制）第1項に規定する条項の適用がある旨を、内閣府令で定める方法により、通知しなければならない。

② 貸金業者は、貸付けに係る契約（極度方式基本契約及び極度方式貸付けに係る契約ではないものとする。）に基づく債権を他人に譲渡した。この場合、貸金業法に規定する当該債権の内容を明らかにする書面を当該債権の債務者に遅滞なく交付しなければならないのは、当該債権の譲渡人たる貸金業者である。

③ 貸金業者は、貸付けに係る契約に基づく債権を他人に譲渡した場合には、当該債権に係る貸金業法第19条に規定する帳簿で当該貸金業者が作成したものを当該債権の譲受人に引き渡さなければならず、当該貸金業者はこれにより当該帳簿の保存義務を免れる。

④ 貸金業者は、貸付けに係る契約に基づく債権を他人に譲渡した場合、法令の規定により貸金業法第24条の規定を適用しないこととされるときを除き、その日から2週間以内に、その旨をその登録をした内閣総理大臣又は都道府県知事に届け出なければならない。

■問9　(令和3年問題13)

指定信用情報機関への信用情報の提供等に関する次のa～dの記述のうち、その内容が適切なものの個数を①～④の中から1つだけ選び、解答欄にその番号をマークしなさい。なお、本問における貸金業者は、非営利特例対象法人及び特定非営利金融法人ではないものとする。

a 加入貸金業者^(注1)は、加入指定信用情報機関^(注2)に資金需要者等に係る信用情報の提供の依頼（当該資金需要者等に係る他の指定信用情報機関が保有する個人信用情報の提供の依頼を含む。）をする場合には、内閣府令で定める場合を除き、あらかじめ、当該資金需要者等から書面又は電磁的方法による同意を得なければならない。

b 加入貸金業者は、資金需要者である個人の顧客を相手方とする極度方式基本契約を締結したときは、遅滞なく、当該極度方式基本契約に係る個人信用情報を、加入指定信用情報機関に提供しなければならない。

c 加入貸金業者は、加入指定信用情報機関の商号又は名称を公表しなければならない。

d 貸金業者向けの総合的な監督指針によれば、例えば、途上与信^(注3)を行うために取得した信用情報を債権の保全を目的として利用した場合には返済能力の調査以外の目的による使用に該当しないが、当該信用情報を勧誘に二次利用した場合には返済能力の調査以外の目的による使用に該当することに留意する必要があるとされている。

（注1）加入貸金業者とは、指定信用情報機関と信用情報提供契約を締結した相手方である貸金業者をいう。

（注2）加入指定信用情報機関とは、加入貸金業者と信用情報提供契約を締結した指定信用情報機関をいう。

（注3）途上与信とは、貸金業法第13条の3第1項及び第2項の規定に基づく調査をいう。

①1個　　②2個　　③3個　　④4個

■問 10　　　　　　（令和5年問題26）　　✓ ✓ ✓

　貸金業者に対する監督等に関する次の①～④の記述のうち、その内容が<u>適切でないもの</u>を1つだけ選び、解答欄にその番号をマークしなさい。

① 貸金業者は、事業年度ごとに、内閣府令で定めるところにより、貸金業に係る事業報告書を作成し、毎事業年度経過後3か月以内に、これをその登録をした内閣総理大臣又は都道府県知事（以下、本問において「登録行政庁」という。）に提出しなければならない。

② 登録行政庁は、貸金業法を施行するため必要があると認めるときは、その登録を受けた貸金業者に対して、その業務に関し報告又は資料の提出を命ずることができる。

③ 登録行政庁は、その登録を受けた貸金業者が貸金業法第12条の5（暴力団員等の使用の禁止）の規定に違反して、暴力団員等をその業務に従事させた場合、その登録を取り消し、又は当該貸金業者に対してその業務の停止を命ずることができる。

④ 登録行政庁は、その登録を受けた貸金業者が正当な理由がないのに当該登録を受けた日から6か月以内に貸金業を開始しない場合には、その登録を取り消すことができる。

■問 11　　　　　　（令和元年問題8）　　✓ ✓ ✓

　次のa～dの記述のうち、貸金業法上、刑事罰及び行政処分のいずれの対象ともなるものの個数を①～④の中から1つだけ選び、解答欄にその番号をマークしなさい。

a 貸金業者は、個人顧客との間で、貸付けに係る契約を締結しようとする場合において、当該顧客の返済能力の調査により、当該貸付けに係る契約が貸金業法第13条の2（過剰貸付け等の禁止）第1項に規定する個人過剰貸付契約その他顧客等の返済能力を超える貸付けの契約と認められるにもかかわらず、当該貸付けに係る契約を当該顧客と締結した。

b 貸金業者は、個人顧客との間で、貸付けに係る契約を締結しようとする場合において、当該顧客の返済能力の調査を行うに際し、指定信用情報機関が保有する信用情報を使用した調査が必要であるにもかかわらず、当該調査を行わずに当該貸付けに係る契約を当該顧客と締結した。

c 貸金業者は、個人顧客との間で、貸付けに係る契約を締結しようとする場合において、当該顧客から源泉徴収票その他の当該顧客の収入又は収益その他の資力を明らかにする事項を記載し、又は記録した書面又は電磁的記録として内閣府令で定めるもの（以下、本問において「資力を明らかにする書面等」という。）の提出又は提供を受けなければならないにもかかわらず、当該顧客からその資力を明らかにする書面等の提出又は提供を受けずに当該貸付けに係る契約を当該顧客と締結した。

d 貸金業者は、個人顧客との間で、貸付けに係る契約を締結した場合において、貸金業法第13条（返済能力の調査）第1項の規定による調査に関する記録を作成しなかった。

①1個 ②2個 ③3個 ④4個

■問12 （令和5年問題47）

日本貸金業協会が定める紛争解決等業務に関する規則についての次の①〜④の記述のうち、その内容が<u>適切でない</u>ものを1つだけ選び、解答欄にその番号をマークしなさい。

① 貸金業務関連紛争とは、貸金業務等関連苦情のうち、当該苦情の相手方である貸金業者と当該苦情に係る契約者等の自主的な交渉では解決ができないものであって、当事者が和解をすることができるものをいう。

② 紛争解決手続開始の申立ては、加入貸金業者との間で貸金業務関連紛争のある契約者等のみが行うことができ、加入貸金業者から行うことはできない。

③ 紛争解決手続において、当事者双方が紛争解決委員の和解案を受諾したときには、その時点で当該和解案の内容で和解が成立したものとされる。

④ 当事者である協会員等は、紛争解決委員から特別調停案の提示を受けた場合において、当該特別調停案の受諾を拒むときには、拒否の事由を明らかにして書面により行わなければならない。

（令和5年問題16）

みなし利息に関する次のa～dの記述のうち、利息制限法上、その内容が適切なものの組み合わせを①～④の中から1つだけ選び、解答欄にその番号をマークしなさい。

a 貸金業者は、顧客との間で締結した営業的金銭消費貸借契約において、顧客が金銭の受領又は弁済のために利用する現金自動支払機その他の機械の利用料として、20,000円の弁済を受領する際に220円（消費税額等相当額を含む。）を当該顧客から受領した。この場合、当該利用料は、利息とみなされない。

b 貸金業者は、顧客との間で締結した営業的金銭消費貸借契約において、契約の締結及び債務の弁済の費用として公租公課の支払に充てられるべきものを当該顧客から受領した。この場合、当該費用は、利息とみなされない。

c 貸金業者は、顧客との間で締結した営業的金銭消費貸借契約において、口座振替の方法による弁済につき、当該顧客が弁済期に弁済できなかったため、当該顧客の要請を受けて行った再度の口座振替手続に要した費用（消費税額等相当額を含む。）を当該顧客から受領した。この場合、当該費用は、利息とみなされる。

d 貸金業者は、顧客との間で締結した営業的金銭消費貸借契約において、金銭の貸付け及び弁済に用いるため当該契約締結時に当該顧客にカードを交付し、当該カードの発行の手数料（消費税額等相当額を含む。）を受領した。この場合、当該手数料は、利息とみなされない。

① ab ② ac ③ bd ④ cd

解　説

■問1
「1-20 特定公正証書に係る制限等」参照

①、②、④は、設問の通りであり、正しい記述です。

貸金業者は、貸付けの契約について、特定公正証書の作成を公証人に嘱託する場合には、「あらかじめ」債務者等となるべき資金需要者等に対し、当該貸付けの契約に基づく債務の不履行の場合には、特定公正証書により、債務者等が直ちに強制執行に服することとなる旨および債務者等の法律上の利益に与える影響に関する事項について書面を交付して説明しなければなりません。よって、③は、「遅滞なく」となっている部分が誤りです。

【解答　③】

■問2
「1-21 契約締結前の書面」、「1-23 保証契約に関する書面」参照

契約締結前の書面の記載事項には、契約年月日、契約の相手方の商号、名称または氏名および住所等は含まれません。よって、①は誤りです。

極度方式貸付けの場合は、契約締結前の書面を交付する必要はありません。よって、②は誤りです。

契約締結前の書面交付後、契約締結前に法令で定められた記載事項の内容に変更が生じた場合には、再度、当該契約の相手方となろうとする者に対し契約締結前の書面を交付する必要があります。よって、③は誤りです。

④は、設問の通りであり、正しい記述です。

【解答　④】

■問3
「1-22 契約締結時の書面」参照

極度額を引き下げた後、元の額を上回らない額まで引き上げた場合、変更後の内容を記載した書面の再交付は不要です。よって、aは正しい記述です。

各回の返済期日および返済金額の設定の方式を変更する場合、当該変更が相手方の利益となる変更であるか否かを問わず、変更後の内容を記載した書面の再交付が必要です。よって、bは誤りです。

貸付けの利率を変更した場合でも、貸付けの利率を引き下げたときは、変更後の内容を記載した書面の再交付は不要です。よって、cは誤りです。

dは、設問の通りであり、正しい記述です。

【解答　②】

■問4　　　　　「1-22 契約締結時の書面」、「1-23 保証契約に関する書面」参照

　貸金業者は、貸付けに係る契約について保証契約を締結した場合、「保証契約の内容」を明らかにする書面（保証契約における契約締結時の書面）を「保証人」に交付しなければなりません。そのため、当該書面をCに交付する必要がありますが、Bに交付する必要はありません。よって、aは誤りです。

　上記解説の通り、保証契約における契約締結時の書面は「保証人」に交付しなければなりません。また、保証人が主たる債務者と連帯して債務を負担するときは、民法第454条（催告の抗弁権および検索の抗弁権に係る連帯保証の場合の特則）の規定の趣旨を記載しなければなりません。よって、bは正しい記述です。

　保証契約に基づく債務の弁済の方式を変更する場合、当該変更が相手方の利益となる変更であるか否かを問わず、保証契約における契約締結時の書面の再交付が必要です。よって、cは誤りです。

　貸金業者は、貸付けに係る契約について保証契約を締結した場合、「貸付けに係る契約の内容」を明らかにする書面を「保証人」に交付しなければなりません。よって、dは正しい記述です。

【解答　③】

■問5　　　　　　　　　　　　　　「1-24 受取証書・債権証書」参照

　貸金業者は、貸付けの契約に基づく債権の全部または一部について弁済を受けたときは、その都度、「直ちに」、受取証書を、弁済をした者に交付しなければなりません。よって、①は、「遅滞なく」としている点が誤りです。

　②は、設問の通りであり、正しい記述です。

　弁済者の承諾を得て、一定期間における貸付けおよび弁済その他の取引の状況を記載した書面（マンスリーステートメント）を交付するときは、受取証書の交付に代えて、「受領年月日および受領金額を記載した書面（簡素化書面）」を弁済者に交付することができます。この簡素化書面は、受取証書に代わるものであるため、弁済を受けたときは「直ちに」交付しなければなりません。よって、③は、「弁済を受けた日から1か月以内に」としている点が誤りです。

　貸金業者は、全部の弁済を受けた場合で債権証書を有するときは、遅滞なく、

これを「弁済をした者」に返還しなければならないとされています。債務者以外の第三者から全部の弁済を受けたのであれば、債権証書を債務者ではなく当該第三者に返還しなければなりません。よって、④は、「債務者に返還しなければならない」としている点が誤りです。なお、債権証書の返還は請求がなくても行う必要があるため、④は、「当該契約の債務者の請求があったときに限り」としている点も誤りです。

【解答　②】

■問6

「1-25 取立て行為の規制」参照

貸金業法第21条第1項第1号の「正当な理由」には、「債務者等の自発的な承諾がある場合」のほか、「債務者等と連絡をとるための合理的方法が他にない場合」も該当します。よって、aは誤りです。

貸金業法第21条第1項第2号の「正当な理由」には、「直近において債務者等から弁済や連絡に関する申出が履行されていない場合」のほか、「債務者等からの弁済や連絡についての具体的な期日の申出がない場合」も該当します。よって、bは誤りです。

債務者等から家族に知られないように要請を受けている場合に、債務者等の家族に貸金業者であることを名乗り、郵送物の差出人として貸金業者であることを示すことは、貸金業法第21条第1項第5号に該当するおそれがありますが、要請を受けていない場合には直ちに同号に該当するものではありません。よって、cは正しい記述です。

貸金業者以外の者が貸付けた債権について、貸金業者が、保証契約に基づき求償権を有する場合（保証履行により求償権を取得した場合を含む）、その取立てに当たっては、貸金業法第21条（取立て行為の規制）が適用されます。よって、dは誤りです。

以上により、監督指針の記載に合致するものは、cのみであるため、①が正解です。

【解答　①】

■ **問7**　　　　　　　「1-25 取立て行為の規制」、「1-26 取立てにおける書面」参照

　監督指針では、債務者等から家族に知られないように要請を受けている場合以外においては、債務者等の自宅に電話をかけ家族がこれを受けた場合に貸金業者であることを名乗り、郵送物の送付に当たり差出人として貸金業者であることを示したとしても、貸金業法第21条第1項第5号に直ちに該当するものではないとしています。よって、①は、「債務者等から家族に知られないように要請を受けているか否かを問わず」としている点が誤りです。

　②～④は、設問の通りであり、正しい記述です。

【解答　①】

■ **問8**　　　　　　　　　　　「1-5 貸金業務登録の効力、開始等の届出」、
　　　　　　　　　　　　　　　　　　　　　　　　「1-27 債権譲渡等の規制」参照

　貸金業者は、貸付けに係る契約に基づく債権を他人に譲渡する場合、譲受人に対して、当該債権が貸金業者の貸付けに係る契約に基づいて発生したことその他内閣府令で定める事項、およびその者が当該債権に係る貸付けの契約に基づく債権に関してする行為について貸金業法第24条（債権譲渡等の規制）第1項に規定する条項の適用がある旨を、通知しなければなりません。このことは、譲受人が貸金業者である場合でも同じです。よって、①は、「譲受人が貸金業者である場合を除き」となっている部分が誤りです。

　貸付けに係る契約に基づく債権の譲渡があった場合に、契約（債権）の内容を明らかにする書面（契約締結時の書面）を債務者に遅滞なく交付しなければならないのは、当該債権の「譲受人」であり、債権の譲渡人である貸金業者ではありません。よって、②は誤りです。

　貸付けに係る契約に基づく債権の譲渡がなされた場合、債権の譲受人は帳簿を作成して保存しなければなりません。もっとも、この場合も、譲渡人である貸金業者が譲渡前に作成した帳簿の保存義務を免れるわけではありません。よって、③は誤りです。

　④は、設問の通りであり、正しい記述です。

【解答　④】

■問9 「1-28 指定信用情報機関」参照

aおよびcは、設問の通りであり、正しい記述です。

極度方式基本契約を締結した場合、個人信用情報を加入指定信用情報機関に提供する必要はありません。よって、bは誤りです。

監督指針によれば、途上与信を行うために取得した信用情報を債権の保全を目的として利用した場合でも、返済能力の調査以外の目的による使用に該当します。よって、dは誤りです。

【解答 ②】

■問10 「1-29 監督処分」、「1-30 事業報告書、報告徴収および立入検査」参照

①、②、④は、設問の通りであり、正しい記述です。

登録行政庁は、その登録を受けた貸金業者が貸金業法第12条の5（暴力団員等の使用の禁止）の規定に違反して、暴力団員等をその業務に従事させ、またはその業務の補助者として使用した場合、その登録を取り消さなければなりません。よって、③は、「その業務の停止を命ずることができる」としている点が誤りです。

【解答 ③】

■問11 「1-29 監督処分」、「1-31 罰則」参照

まず、貸金業の業務に関し、法令に違反した場合には、行政処分（監督処分）の対象となります。a～dは、貸金業法に違反しているため、行政処分の対象です。

次に、返済能力を超える貸付けを行っても、罰則の適用はありません。よって、aは刑事罰の対象ではありません。

一方、信用情報の使用義務に違反した場合（b）、個人顧客の資力を明らかにする書面等の徴収義務に違反した場合（c）、返済能力の調査記録の作成義務に違反した場合（d）は、刑事罰の対象です。

したがって、刑事罰および行政処分のいずれの対象ともなるものは、b～dの3個です。

【解答 ③】

■問12　　　　　　　　「1-32 紛争解決等業務および貸付自粛対応」参照

①、③、④は、設問の通りであり、正しい記述です。

紛争解決手続開始の申立ては、契約者等からだけではなく、加入貸金業者から行うこともできます。よって、②は誤りです。

【解答　②】

■問13　　　　　　　　　　　「1-33 利息および保証料」参照

顧客が金銭の受領または弁済のために利用する現金自動支払機その他の機械の利用料（入出金額が1万円以下の場合は110円、入出金額が1万円を超える場合は220円が上限）は、利息とみなされません。よって、aは正しい記述です。

bは、設問の通りであり、正しい記述です。

口座振替の方法による弁済において、顧客が弁済期に弁済できなかったため、顧客の要請を受けて行った再度の口座振替手続に要した費用は、利息とみなされません。よって、cは誤りです。

営業的金銭消費貸借における貸金業者が受け取る元本以外の金銭は、原則として利息とみなされます（みなし利息）。契約締結時に顧客に交付したカードの発行手数料は、再発行の手数料ではないため、みなし利息から除かれず、原則どおり利息とみなされます。よって、dは誤りです。

【解答　①】

解答					
	問1　③	問2　④	問3　②	問4　③	問5　②
	問6　①	問7　①	問8　④	問9　②	問10　③
	問11　③	問12　②	問13　①		

第**2**章

貸付けに関する
法令と実務

2-1 契約の成立、契約の効力

契約が成立すると、契約上の権利・義務が発生します。ここでは、契約の成立・効力の一般的事項について学んだ後に、各種契約の成立・効力について学びます。

1 契約の成立 重要度 ★★★

(1) 契約の成立

契約は、契約の内容を示してその締結を申し入れる意思表示（以下「申込み」という。）に対して相手方が承諾をしたときに成立します。そして、意思表示は相手方に到達した時からその効力を生ずるため、承諾の意思表示が相手方に到達した時点で契約は成立します（到達主義）。

売買契約は、「売る」という意思表示と「買う」という意思表示の合致によって成立します。このように、意思表示の合致のみによって成立する契約を諾成契約といいます。

これに対して、消費貸借契約は、意思表示の合致のほか、目的物の引渡しによって初めて成立する契約です。このように、意思表示の合致のほか、目的物の引渡しがなければ成立しない契約を要物契約といいます。

▼契約の成立時期

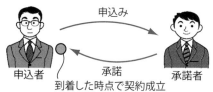

▼諾成契約と要物契約の例

諾成契約	贈与、売買、使用貸借、賃貸借、請負、委任、寄託など ※書面でする消費貸借、準消費貸借も、諾成的契約である。
要物契約	消費貸借、質権設定契約など

(2) 承諾の期間の定めのある申込み

承諾の期間を定めてした申込みは、原則として撤回することができません。

申込者が、承諾の期間を定めてした申込みに対してその期間内に承諾の通知を受けなかったときは、その申込みは、その効力を失います。

(3) 承諾の期間の定めのない申込み

　承諾の期間を定めないでした申込みは、申込者が承諾の通知を受けるのに相当な期間を経過するまでは、原則として撤回することができません。

(4) 申込者の死亡等

　申込者が申込み後に死亡し、意思能力を有しない常況にある者となり、または行為能力の制限を受けた場合において、申込者がその事実が生じたとすればその申込みは効力を有しない旨の意思を表示していたとき、または相手方が承諾をするまでにその事実を知ったときは、申込みは、その効力を有しません。

(5) 承諾の通知を必要としない場合における契約の成立時期

　申込者の意思表示または取引上の慣習により承諾の通知を必要としない場合には、契約は、承諾の意思表示と認めるべき事実があった時に成立します。

(6) 申込みに変更を加えた承諾

　承諾者が、申込みに条件を付し、その他変更を加えてこれを承諾したときは、その申込みの拒絶とともに新たな申込みをしたものとみなされます。

2 契約の効力　　　　　　　　　　　　　　　　重要度　★★

(1) 同時履行の抗弁権

　双務契約の当事者の一方は、相手方がその債務の履行（債務の履行に代わる損害賠償の債務の履行を含む。）を提供するまでは、自己の債務の履行を拒むことができます。例えば、売主が売却した建物を引き渡すことなく買主に代金の支払いを請求したときは、買主は代金の支払いを拒むことができます。

　ただし、相手方の債務が弁済期にないときは、履行を拒むことはできません。

(2) 危険負担

　当事者双方の責めに帰することができない事由によって債務を履行することができなくなったときは、債権者は、反対給付の履行を拒むことができます。例えば、建物の売買契約を締結し、その建物を引き渡す前に、契約当事者双方の責任によらずに（例えば天災により）建物が滅失した場合、買主は代金の支払いを拒むことができます。

(3) 第三者のためにする契約

　契約により当事者の一方が第三者に対してある給付をすることを約したときは、その第三者は、債務者に対して直接にその給付を請求する権利を有します。例えば、売買代金を売主ではなく第三者に支払うという契約を売主と買主との

間でした場合、その第三者は直接買主に代金の支払いを請求できます。

この場合、第三者の権利は、その第三者が債務者に対して契約の利益を享受する意思を表示した時に発生します。

(4) 契約上の地位の移転

契約の当事者の一方が第三者との間で契約上の地位を譲渡する旨の合意をした場合において、その契約の相手方がその譲渡を承諾したときは、契約上の地位は、その第三者に移転します。例えば、売買契約において、買主が買主の地位を第三者に移転する場合、買主の権利（物の引渡しを受ける権利）だけではなく、義務（代金債務）も第三者に移転します。この場合に、もし第三者に支払能力がなければ売主は困ります。そのため、売主の承諾が必要となるのです。

③ 各種契約　　　　　　　　　　　　重要度 ★★★

(1) 消費貸借

消費貸借は、①当事者の一方（借主）が種類、品質および数量の同じ物をもって返還をすることを約して、②相手方（貸主）から金銭その他の物を受け取ることで、その効力を生じます。貸付契約は、借主に金銭を消費させ、一定期間後（返済日）に返還させる契約であるため、「金銭消費貸借契約」の一種です。

▼貸付契約（金銭消費貸借契約）

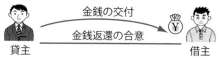

「書面でする消費貸借」は、当事者の一方が金銭その他の物を引き渡すことを約し、相手方がその受け取った物と種類、品質および数量の同じ物をもって返還をすることを約することで、その効力を生じます。また、書面でする消費貸借の借主は、貸主から金銭その他の物を受け取るまで、契約の解除をすることができます。

金銭その他の物を給付する義務を負う者がある場合において、当事者がその物を消費貸借の目的とすることを約したときは、消費貸借は、これによって成立したものとみなされます。これを「準消費貸借」といいます。

貸主は、特約がなければ、借主に対して利息を請求することができません。

当事者が返還の時期を定めなかったときは、貸主は、相当の期間を定めて返還の催告をすることができます。直ちに返還するよう求めることはできません。

(2) 賃貸借

　賃貸借は、当事者の一方がある物の使用・収益を相手方にさせることを約し、相手方がこれに対してその賃料を支払うことおよび引渡しを受けた物を契約が終了したときに返還することを約することによって、その効力を生じます。

(3) 請負

　請負は、当事者の一方がある仕事を完成することを約し、相手方がその仕事の結果に対してその報酬を支払うことを約することで、その効力を生じます。

　物の引渡しを要する請負契約における報酬は、仕事の目的物の引渡しと同時に、支払わなければなりません。

　請負人が仕事を完成しない間は、注文者は、いつでも損害を賠償して契約の解除をすることができます。

(4) 委任

　委任は、当事者の一方が法律行為をすることを相手方に委託し、相手方がこれを承諾することによって、その効力を生じます。報酬を支払う旨の特約がなければ、受任者は、委任者に対して報酬を請求することができません。

　受任者は、委任の本旨に従い、「善良な管理者の注意」をもって、委任事務を処理する義務を負います。このことは無償の委任であっても同じです。

　受任者は、委任者の請求があれば、いつでも委任事務の処理の状況を報告し、委任の終了後は、遅滞なくその経過および結果を報告しなければなりません。

　委任事務処理費用が必要なときは、委任者は、受任者の請求により、前払をしなければなりません。

練習問題（○×問題）

① 金銭消費貸借契約を締結した場合、利息の約定がなされなければ、民法上、貸主は、借主に対して利息の支払いを請求することができない。
② 受任者は、特約の有無を問わず、委任者に対して、報酬を請求することができる。

解説

① ○　特約がなければ、利息の支払いを請求することはできません。
② ×　特約がなければ、受任者は報酬を請求することはできません。

■ポイント

- 承諾の意思表示が相手方に到達した時に、契約成立となる。
- 「書面でする消費貸借」は、当事者の合意のみで成立する（諾成契約）。

制限行為能力者等

判断能力が不十分な者（制限行為能力者）は、契約の内容を理解しないままに契約をする危険性が高いため、そのような者がした契約の取消しを認める必要があります。ここでは、主に制限行為能力者について学びます。

1 権利能力　　　　　　　　　　　　　　　　　　重要度 ★

権利能力とは権利義務の帰属主体となることのできる資格をいい、人間であれば出生によって権利能力を取得し、死亡によって権利能力を失います。

胎児には権利能力がないので、胎児が契約の当事者となったり、金銭の返還を受ける権利を取得したりすることは、原則としてできません。

人間以外に、団体に権利能力が与えられることがあります。例えば、会社には権利能力が与えられています。

2 意思無能力者　　　　　　　　　　　　　　　　重要度 ★★

意思能力とは意思表示をする能力をいい、意思能力のない者のことを意思無能力者といいます。例えば、幼児や泥酔者が意思無能者です。法律行為の当事者が意思表示をしたときに意思能力を有しなかった場合、その法律行為は、無効となります。

例えば、意思無能力者を借主として、その者に対して金銭が交付されても、その金銭消費貸借契約は無効です。

3 制限行為能力者　　　　　　　　　　　　　　　重要度 ★★★

（1）制限行為能力者

制限行為能力者とは、自ら単独で有効な法律行為（契約）をすることができない者をいいます。制限行為能力者として、未成年者、成年被後見人、被保佐人、被補助人があります。

（2）未成年者

未成年者（18歳未満の者）には、保護者として、法定代理人（親権者または未成年後見人）がつきます。未成年者が法律行為をする場合、原則として、その法定代理人の同意を得なければなりません。未成年者が法定代理人の同意を得

ずにした行為は、取り消すことができます。

　ただし、①単に利益を得または義務を免れる行為（建物を無償で譲り受ける行為等）、②処分を許された財産（小遣い・学費等）の処分行為、③許可された営業に関する行為については、法定代理人の同意を得ることなく、未成年者が単独で行うことができるため、取り消すことはできません。

　未成年者の親権者は未成年者の法定代理人であるため、未成年者に代わって法律行為を行うことができます。

※②に関し、法定代理人が「目的を定めて処分を許した財産」（学費・旅費等）は、その目的の範囲内において、未成年者が自由に処分することができます。また、法定代理人が「目的を定めないで処分を許した財産」（小遣い等）も、未成年者が自由に処分することができます。

※③に関し、一種または数種の営業を許された未成年者は、その営業に関しては、成年者と同一の行為能力を有します。もっとも、未成年者は、その許された営業以外の法律行為は、単独で行うことができず、その法律行為を単独で行ったときは取り消すことができます。

（3）成年被後見人

　成年被後見人とは、精神上の障害によって事理弁識能力を「欠く常況」にある者で、後見開始の審判を受けた者をいいます。

　成年被後見人がした行為は取り消すことができます。ただし、日用品の購入等の日常生活行為は取り消すことができません。

　成年被後見人には、保護者として、成年後見人がつきます。成年被後見人の行為については、成年後見人の同意は意味をなしません。なぜなら、成年被後見人が同意の内容を理解して行動するとは限らないからです。そのため、成年被後見人が成年後見人の同意を得て行った行為も取り消すことができます。

※「事理弁識能力＝判断能力」と理解しておけばよいでしょう。
※法人を成年後見人とすることもできます。

（4）被保佐人

　被保佐人とは、精神上の障害により事理弁識能力が「著しく不十分」な者で、保佐開始の審判を受けた者をいいます。被保佐人には、保護者として、保佐人がつきます。

　被保佐人が民法13条第1項に定める行為をするには、その保佐人の同意を得なければなりません。

> ● **保佐人の同意を要する行為（民法13条第1項）**
> ①元本の領収・利用　　　　　②借財、保証
> ③不動産等の重要な財産の売買　④訴訟行為
> ⑤贈与、和解、仲裁合意
> ⑥相続の承認・放棄、遺産の分割
> ⑦贈与の拒絶、遺贈の放棄、負担付贈与の申込みの承諾
> ⑧新築・増改築・大修繕
> ⑨5年（一定の山林は10年）を超える土地の賃貸借、
> 　3年を超える建物の賃貸借、6か月を超える動産の賃貸借
> ⑩①～⑨の行為を制限行為能力者の法定代理人としてすること

　保佐人の同意を得なければならない行為であって、その同意またはこれに代わる許可を得ないでしたものは、取り消すことができます。

(5) 被補助人

　被補助人とは、精神上の障害により事理弁識能力が「不十分」な者で、補助開始の審判を受けた者をいいます。被補助人には、保護者として、補助人がつきます。

　家庭裁判所は、一定の者の請求により、被補助人が特定の法律行為［第13条（保佐人の同意を要する行為等）第1項に規定する行為の一部に限る。］をするにはその補助人の同意を得なければならない旨の審判をすることができます。

　補助人の同意を得なければならない行為であって、その同意またはこれに代わる許可を得ないでしたものは、取り消すことができます。

(6) 制限行為能力者の相手方の催告権

　制限行為能力者の相手方は、その制限行為能力者が行為能力者となった後、その者に対し、1か月以上の期間を定めて、その期間内にその取り消すことができる行為を追認するかどうかを確答すべき旨の催告をすることができます。この場合において、その者がその期間内に確答を発しないときは、その行為を追認したものとみなされます。追認を拒絶したものとみなされたり、取消しまたは無効とみなされたりするわけではありません。

　制限行為能力者の相手方が、制限行為能力者が行為能力者とならない間に、その法定代理人、保佐人または補助人に対し、追認するかどうかについて催告

をした場合において、これらの者が一定期間内に確答を発しないときも、その行為を追認したものとみなされます。

(7) 詐術を用いた場合

制限行為能力者が詐術（だます手段）を用いて契約を締結した場合には、その制限行為能力者だけではなく、その法定代理人もその契約を取り消すことはできません。嘘をついて相手をだました制限行為能力者を、法律上保護する必要はないからです。

▼取消しができない場合

	各制限行為能力者	共通
未成年者	・法定代理人の事前の同意がある場合 ・単に利益を得または義務を免れる行為 ・処分を許された財産の処分行為 ・許可された営業に関する行為	制限行為能力者が詐術を用いた場合
成年被後見人	・日用品の購入等の日常生活の行為	
被保佐人・被補助人	・保佐人・補助人の事前の同意またはこれに代わる家庭裁判所の許可がある場合 ・日用品の購入等の日常生活の行為	

練習問題（○×問題）

① 意思能力を有しない者がした法律行為は、無効となる。
② 未成年者は、単に権利を得る法律行為をする場合であっても、その法定代理人の同意を得なければならない。
③ 制限行為能力者が詐術を用いてした契約は、取り消すことができない。

解答
① ○ 設問の通りです。
② × 単に権利を得、または義務を免れる法律行為については、その法定代理人の同意を得る必要はありません。
③ ○ 設問の通りです。

■ポイント

- 意思無能力者の行為は無効である。
- 制限行為能力者の行為は原則として取り消すことができる。

2-3 意思表示

契約が有効に成立するには、意思の合致が必要です。そのため、不完全な意思表示の場合には、その契約が無効になったり、取り消されたりします。ここでは、心裡留保、通謀虚偽表示、錯誤、詐欺、強迫について学びます。

1 意思の不存在 重要度 ★★★

(1) 心裡留保（しんりりゅうほ）

冗談で100万円を渡して「これ、あげるよ」という意思表示をした場合のように、真意でないことを認識しながら行う意思表示を心裡留保といいます。

心裡留保による意思表示は原則として有効です。これは、冗談だとは知らずに契約を行った相手方を保護するためです。上記の例では、贈与契約が有効に成立します。

ただし、相手方がその意思表示が表意者の真意ではないことを知り、または知ることができたときには、相手方を保護する必要はありませんので、無効となります。この無効は善意の第三者に対抗することはできません。

▼原則

冗談で「この100万円あげるよ」

発言を信じていた

契約 有効

表意者　　　　　　相手方

▼例外

冗談で「この100万円あげるよ」

冗談だとわかっていた

契約 無効

表意者　　　　　　相手方

(2) 通謀虚偽表示（つうぼうきょぎひょうじ）

実際には売るつもりはないのに買主と通じて売買契約をしたかのように装った場合のように、相手方と通謀してする虚偽の意思表示を通謀虚偽表示といいます。

この場合、契約当事者間にその契約をする意思がないので、通謀虚偽表示は無効となります。上記の例では、売買契約は無効となります。

ただし、この無効は善意の第三者に対抗することはできません。法律上、「善意」とは、その事情を知らないという意味であり、通謀の事実を知らない第三者を保護するために善意の第三者には対抗できないことになっているのです。

　例えば、A所有の土地を通謀虚偽表示によりBに売却した場合、AB間の契約は無効であり、所有者はAのままですが、この土地をBの債権者Cが差し押さえたときには、Cが善意であれば、AはCに対してその不動産が自己の所有物であることを主張できません。

▼通謀虚偽表示

※ 第三者とは、(契約)当事者以外の者のことであり、「対抗できない」とは、主張できないことであると理解しておきましょう。

▼意思の不存在

種類	原則	例外・その他
心裡留保 (しんりりゅうほ)	有効	・相手方が知りまたは知ることができた場合は、無効となる ・この無効は善意の第三者に対抗することはできない
虚偽表示 (きょぎひょうじ)	無効	・善意の第三者には無効を対抗できない

2 瑕疵(かし)ある意思表示　　重要度 ★★★

(1) 錯誤

　意思表示は、次の①または②の錯誤に基づくものであって、その錯誤が法律行為の目的および取引上の社会通念に照らして重要なものであるときは、取り消すことができます。

> ① 意思表示に対応する意思を欠く錯誤(表示の錯誤)
> ② 表意者が法律行為の基礎とした事情についてのその認識が真実に反する錯誤(動機の錯誤)
> ※ ②(動機の錯誤)による意思表示の取消しは、その事情が法律行為の基礎とされていることが表示されていたときに限り、することができます。

　例えば、Aは、実際には自己所有の甲建物をBに売却するつもりであるにもかかわらず、誤って自己所有の乙建物をBに売却する旨の契約をした場合、上

記①に該当し、Aはその売買契約を取り消すことができます。

　また、例えば、Aが、B所有の土地の近くに駅が新設されることがその土地を購入した重要な動機となっていた場合において、駅の新設計画が中止となっていたときは、その動機がBに表示されていたときに限り、上記②に該当し、Aはその売買契約を取り消すことができます。

▼動機の表示

動機
近くに駅が新設される計画だから購入します

動機を相手に表示しなければ錯誤による取消しはできない

売主B

買主A

　錯誤が表意者の重大な過失（落ち度）によるものであった場合、原則として、錯誤による意思表示の取消しをすることができません。例えば、前述の例において、AのBに対する売却の意思表示に重大な過失があったときは、Aは、売買契約を取り消すことができません。

　もっとも、表意者に重大な過失がある場合であっても、次の①または②のときは、取消しをすることができます。

> ① 相手方が表意者に錯誤があることを知り、または重大な過失によって知らなかったとき
> ② 相手方が表意者と同一の錯誤に陥っていたとき

　錯誤による意思表示の取消しは、善意でかつ過失がない第三者に対抗することができません。

(2) 詐欺

　詐欺を受けたことによってなした意思表示は、取り消すことができます。ただし、第三者から詐欺を受けた場合には、相手方が詐欺の事実を知り、または知ることができたときにだけ、取り消すことができます。

　例えば、CからだまされてAがBから100万円を借りた場合、B（貸主）が詐欺の事実を知り、または知ることができたときにだけ、A（借主）はBとの金銭消費貸借契約を取り消すことができます。

　詐欺の事実を知らない善意でかつ過失がない第三者に対しては、詐欺による取消しを対抗することはできません。

(3) 強迫

　強迫を受けたことによってなした意思表示は、取り消すことができます。強迫を受けた場合には、相手方が強迫の事実を知らないときであっても、取消し

ができます。また、強迫の事実を知らない善意の第三者に対しても、強迫による取消しを対抗することができます。

　詐欺の場合には、だまされた方にも多少の落ち度があったといえますが、強迫を受けた者には落ち度がないため、強迫を受けた者は詐欺を受けた者よりも厚く保護されているわけです。

▼瑕疵ある意思表示（※瑕疵とは、欠陥という意味です）

種類	原則	例外・その他
錯誤	取消しできる	・動機の錯誤は、その動機である事情が法律行為の基礎とされていることが表示されていなければ、取消しできない ・表意者に重過失がある場合は、一定のときを除き、取消しできない
詐欺	取消しできる	・第三者による詐欺の場合は、相手方が詐欺の事実を知り、または知ることができたときだけ、取消しができる ・善意・無過失の第三者には取消しを対抗できない
強迫	取消しできる	例外はない

練習問題（○×問題）

① 相手方と通じてした虚偽の意思表示による無効は、善意の第三者に対抗することができる。
② 詐欺による意思表示の取消しは、善意でかつ過失がない第三者に対抗することができない。
③ 強迫による意思表示の取消しは、善意の第三者に対抗することができない。

解答

① × 通謀虚偽意思表示による無効は、善意の第三者に対抗することができません。
② ○ 設問の通りです。
③ × 強迫による意思表示の取消しは、善意の第三者にも対抗することができます。

■ポイント

- 錯誤に基づく契約は、原則として取り消すことができる。
- 詐欺を受けた者の行為は原則として取り消すことができる。
- 強迫を受けた者の行為は取り消すことができる。

2-4 代理

貸付契約や担保設定の手続きを他人に代わりにやってもらうなど、他人に頼んで自分の代わりに処理してもらう制度を代理といいます。ここでは、代理による契約が有効か無効か、代理権がない場合の処理について学びます。

1 代理　　　　　　　　　　　　　　　　　　　　　　　重要度 ★★★

(1) 代理が有効であるための条件

代理が有効であるためには、①本人が代理人になる者に代理権を与え、②代理人が本人のためにすることを示し（「顕名」という）、③相手方と有効な代理行為（契約など）を行うことが必要です。

例えば、Aが金銭を借り受ける際にBにその手続きのすべてを任せる場合、まず、AはBに対して代理権を与えます。そして、代理人となったBが、Aのためにすることを示して、Cとの間で金銭消費貸借契約を行います。これによって、金銭消費貸借契約は借主Aと貸主Cとの間に成立し、AはCに対して金銭の返還義務を負うことになるわけです。

▼顕名がある場合

(2) 代理権がない場合

無権代理人（代理権がない者）がした代理を無権代理といいます。無権代理による契約は上記①の条件を満たさないので、無効となります。上記例において、AからBに代理権が与えられていなかった場合、金銭消費貸借契約は無効となるので、AはCに対して契約上の義務を負う必要はありません。

ただし、無権代理であっても、本人が追認（代理権があったのと同じ状態を後から認めること）すれば、その契約は契約当時にさかのぼって有効となります。本人がその契約後に認めるならば契約を無効とする必要はないからです。

(3) 顕名がない場合

　代理人が本人の代理人であることを相手方に示さなかった場合、前記②の条件を満たさないため、代理人が行った契約の効果は本人に及びません。

　この場合、原則として代理人と相手方との間に契約が成立します。相手方としては代理人が契約の当事者だと考えることが普通だからです。

▼顕名がない場合

　ただし、顕名がない場合であっても、相手方が本人の代理人であることを知っていた、または、知ることができたときには、本人に効力が生じます。つまり、本人と相手方との間に契約が成立します。

(4) 代理行為の瑕疵

　代理行為に瑕疵がある場合、その事実の有無は、代理人について決するものとします。代理行為に意思の不存在（心裡留保、通謀虚偽表示）があった場合、その代理行為は無効となります。また、錯誤、詐欺、強迫があれば、本人がその代理行為を取り消すことができます。

　例えば、代理人が錯誤・詐欺・強迫を受けて契約をした場合、本人はその契約を取り消すことができます。

❷ 表見代理　　　　　　　　　　　　重要度　★★★

(1) 表見代理
ひょうけんだいり

　代理権がなければ契約は無効となるはずですが、無権代理であっても、相手方が代理人に代理権があると信じた場合には、契約が有効であると同様の効果が生じることがあります（表見代理）。これは信じた相手方を保護するための制度なので、相手方が代理人に代理権がないことを知っていた場合や、知らないことに過失がある場合には、表見代理は成立しません。つまり、表見代理が成立するためには、相手方が善意かつ無過失でなければなりません。

(2) 表見代理の種類

　表見代理には、次の3つがあります。

① 代理人に代理権を与えていないにもかかわらず、本人が相手方に対して「代理人に代理権を授与した」と示していた場合

② 代理人が代理権を超えて代理行為をした場合

③ 代理権が消滅したにもかかわらず、代理人が代理行為をした場合

3　無権代理への対処方法　重要度 ★★

(1) 無権代理の相手方の催告権

　相手方は本人に対し、相当の期間を定めて、無権代理を追認するか否かの催告をすることができます。期間内に本人からの確答がなければ、追認が拒絶されたとみなされ、契約は無効に確定します。

(2) 無権代理の相手方の取消権

　本人の追認がない間は、相手方は契約を取り消すことができます。ただし、契約時に代理権がないことを相手方が知っていた場合、取り消すことができません。

(3) 無権代理人の責任

　本人の追認がない間は、相手方は無権代理人に対して履行または損害賠償の責任を追及できます。ただし、代理権がないことを相手方が知っていた場合、または、過失により知らなかった場合には、責任を追及できません。さらに、無権代理人が制限行為能力者であった場合にも、責任を追及することができません。

4　代理人の行為能力　重要度 ★★★

　制限行為能力者が代理人としてした行為は、行為能力の制限によっては取り消すことはできません。

5　復代理人の選任　重要度 ★★

　代理人は復代理人を選任することができます。法定代理人（法が定めた代理人。本人の親など）による復代理人の選任は自由にできますが、任意代理人（本人が委任した代理人）の場合には、本人の許諾またはやむを得ない事情があるときにだけ、復代理人を選任することができます。

　復代理人は、本人および第三者に対して、その権限の範囲内において、代理人と同一の権利を有し、義務を負います。

▼復代理人を選任した代理人の責任

法定代理人の場合	本人に対して全責任を負う。ただし、やむを得ない事情による選任の場合は、選任・監督についてのみ責任を負う
任意代理人の場合	債務不履行責任の一般原則にしたがって責任を負う

6　自己契約・双方代理の禁止　　　　　重要度　★★

(1) 原則

　自己契約（代理人が相手方となる契約）や双方代理（当事者双方の代理人となること）は禁止されています。これは、自己契約では代理人自身に有利（裏を返せば本人に不利）な契約がなされ、双方代理では一方当事者に有利（他方当事者にとっては不利）な契約がなされるおそれがあるためです。

▼自己契約　　　　　　　　　　▼双方代理

本人　　　代理人＝相手方　　　A　　　代理人C　　　B　　CはAおよびBの代理人

(2) 例外

　債務の履行の場合、または、当事者本人の許諾がある場合には、例外的に、自己契約・双方代理が認められています。

練習問題（○×問題）

① 無権代理人は、本人の追認を得たときであっても、相手方に対して履行または損害賠償の責任を負う。
② 委任による代理人は、本人の許諾を得たとき、またやむを得ない事由があるときでなければ、復代理人を選任することができない。

解答
① × 本人の追認を得た場合には、無権代理人の責任を負いません。
② ○ 設問の通りです。

■ポイント

・ 代理では、①代理権、②顕名、③有効な代理行為が必要である。
・ 無権代理の場合には、表見代理や無権代理人への責任追及などを考える。

2-5 無効および取消し

意思無能力者による意思表示、心裡留保、通謀虚偽表示などは、無効となります。一方、制限行為能力者・錯誤・詐欺・強迫による意思表示は、取消しの対象です。ここでは、無効と取消しの違いについて学びます。

1 無効　　　　　　　　　　　　　　　　　　重要度 ★★★

（1）無効

　無効の場合、いつでも、原則として誰からでも誰に対しても無効を主張できます。契約が無効の場合、その契約は当初から効力が発生していない状態となります。例えば、売買契約が無効であれば、買主の代金支払義務は発生しません。

（2）無効な行為の追認

　無効な行為は、追認によっても、その効力を生じません。ただし、当事者がその行為の無効であることを知って追認をしたときは、新たな行為をしたものとみなされます。

2 取消し　　　　　　　　　　　　　　　　　重要度 ★★★

（1）取消し

取り消すことができるのは、次の者に限られます。

● 取消権者

① 行為能力の制限によって取り消すことができる行為の場合

　　→制限行為能力者またはその代理人・承継人・同意をすることができる者

② 錯誤・詐欺・強迫によって取り消すことができる行為の場合

　　→瑕疵ある意思表示をした者またはその代理人・承継人

（2）取消しの効果

　取り消された行為は、初めから無効であったものとみなします。取消しがあった時から将来に向かって無効となるわけではありません。

　無効な行為に基づく債務の履行として給付を受けた者は、相手方を原状に復させる義務を負います（原状回復義務）。例えば、すでに売買代金の支払いを受けていた売主は、買主にその返還をしなければなりません。

（3）取り消すことができる行為の追認

　取り消すことができる行為について取消権者が追認したときは、その行為は有効なものとして確定し、以後、取り消すことができません。

　取消しができる行為の追認は、取消しの原因となった状況が消滅した後で、かつ、取消権を有することを知った後にしなければ、その効力を生じません。

（4）取消しおよび追認の方法

　取り消すことができる行為の相手方が確定している場合には、その取消しまたは追認は、相手方に対する意思表示によって行います。

（5）取消権の期間の制限

　取消権は、追認をすることができる時から5年間行使しないときは、時効により消滅します。行為の時から20年を経過したときも、時効により消滅します。

（6）法定追認

　追認をすることができる時以後に、取り消すことができる行為について、①全部・一部の履行、②履行の請求、③更改、④担保の供与、⑤取り消すことができる行為によって取得した権利の全部・一部の譲渡、⑥強制執行、のいずれかの事実があったときは、追認をしたものとみなされます。ただし、異議をとどめたときは、この限りではありません。

練習問題（○×問題）

① 無効な行為は、当事者がその行為の無効であることを知って追認をしたときは、初めから有効であったものとみなされる。

② 取り消すことができる行為を追認した場合でも、取消しができる。

解答

① ×　無効な行為は、当事者がその行為の無効であることを知って追認をしたときは、「新たな行為をしたもの」とみなされます。

② ×　追認したときは、以後、取り消すことができません。

■ポイント

- 無効な行為は、追認によっても、その効力を生じない。
- 取消権は、追認をすることができる時から5年、または、行為の時から20年で、時効によって消滅する。

2-6 条件・期限・期間

条件付きの契約では、条件が成就するまでは契約の効果が発生・消滅しません。また、返済の期限が定められている貸付契約では、その期限までは返済が猶予されます。ここでは、条件・期限について学びます。

1 条件 重要度 ★★

条件には停止条件と解除条件があり、条件の成就によって効力が発生するものを停止条件、効力を失うものを解除条件といいます。

例えば、「試験に合格したら車をあげる」という契約は、試験合格によりはじめて契約の効力が発生しますので、この契約は停止条件付きの贈与契約です。

▼停止条件と解除条件

停止条件	条件成就により効力が発生するもの
解除条件	条件成就により効力が消滅するもの

2 期限 重要度 ★★★

(1) 期限

期限には確定期限と不確定期限があり、到来する日時が確定しているものを確定期限、日時が不確定なものを不確定期限といいます。

例えば、「来月の末日に返す」という貸付契約は、到来する日時が確定していますので、確定期限のある契約です。一方、「親が亡くなったら、その相続財産から返す」という貸付契約は、親が亡くなることは確実ですがその日時ははっきりしていないので、不確定期限のある契約です。

(2) 期限の到来の効果

法律行為に「始期」を付したときは、その法律行為の履行は、期限が到来するまで、これを請求することができません。例えば、翌月1日から部屋を貸すという契約を締結した場合、その日が到来するまでは、「部屋を使わせて！」という請求はできません。法律行為に「終期」を付したときは、その法律行為の効力は、期限が到来した時に消滅します。

(3) 期限の利益とその放棄

期限が到来するまでは返済しなくてよいというように、期限がまだ到来しないことによって受ける利益を、期限の利益といいます。期限の利益は原則とし

て債務者のためにあるものと推定されます。

　期限の利益は放棄をすることができますので、債務者は期限前に返済することができます。ただし、相手方の利益を害することはできません。

(4) 期限の利益の喪失

　次の場合、債務者は、期限の利益を主張することができません。

① 債務者が破産手続開始の決定を受けたとき

② 債務者が担保を滅失させ、損傷させ、または減少させたとき

③ 債務者が担保を供する義務を負う場合において、これを供しないとき

3　期間　　　　　　　　　　　　　　　重要度 ★★★

(1) 初日不参入の原則

　期間を定めたときは、その期間が午前零時から始まるときを除き、期間の初日は算入しません（初日不参入の原則）。例えば、1月1日午前9時に「3日後に返済する」との貸付契約をした場合には1月2日が起算点となるので、返済期限は1月4日です。これは一般的な感覚と同じです。

(2) 期間の満了

　期間の末日が日曜日、国民の祝日に関する法律に規定する休日その他の休日に当たるときは、その日に取引をしない慣習がある場合に限り、期間は、その翌日に満了します。

(3) 暦による期間の計算

　週、月または年の初めから期間を起算しないときは、その期間は、最後の週、月または年においてその起算日に応当する日の前日に満了します。ただし、月または年によって期間を定めた場合において、最後の月に応当する日がないときは、その月の末日に満了します。

練習問題（○×問題）

① 期限の利益を放棄することはできない。

解答 ・・・

① ×　期限の利益は、放棄することができます。

■ポイント

・ 停止条件は条件成就で効力が発生し、解除条件は条件成就で効力を失う。

・ 始期を付したときは、期限到来まで、請求できない。

2-7 時効

時効には取得時効と消滅時効があり、事実状態が一定期間継続することにより権利を取得する時効を「取得時効」といい、権利が消滅する時効を「消滅時効」といいます。ここでは主に貸金業務に関係の深い消滅時効を学びます。

1 時効　　　　重要度 ★★

（1）取得時効の例

20年間あるいは10年間、所有の意思をもって、平穏に、かつ公然と他人の物を占有した者は、その所有権を取得できます。

20年の占有により所有権を取得する場合には、善意、無過失である必要はありませんが、10年の占有により所有権を取得するためには、その占有の開始の時に、少なくとも善意かつ無過失でなければなりません。

（2）消滅時効の例

金銭を借りた者がまだ全額を返済していない場合であっても、返済期限より5年間経過したときには返済義務が消滅することがあります。

「それはもう時効だよ」という場合、たいていそれは消滅時効のことです。

▼消滅時効の例

貸主
貸した金を返せ

時効だから
返済義務はありません
借主

2 時効の援用　　　　重要度 ★★

（1）時効の援用

時効は当事者が援用しなければ、裁判所がこれによって裁判をすることができません。時効の利益を受けたければ、「それはもう時効だから、私には返済義務はないよ」などと主張する必要があります。

(2) 時効の援用権者

　誰でも時効を援用できるわけではなく、消滅時効を援用できる者は「権利の消滅について正当な利益を有する者」に限られています。例えば、主たる債務（借主の義務）が時効により消滅することで保証債務（保証人の義務）も消滅し、保証人は、保証債務の負担から免れるという利益を直接受けるので、主たる債務の消滅時効を援用できます。他方、主たる債権者の親や兄弟姉妹は、法律上何ら債務を負っておらず、主たる債務が消滅しても直接利益を受けることはありませんので、これらの者が消滅時効を援用することはできません。

▼時効の援用権者

援用できる者の例	保証人（→P196）、連帯債務者（→P194）、物上保証人（→P188）、抵当不動産の第三取得者（→P190）
援用できない者の例	主たる債務者の親・兄弟姉妹・友人、後順位抵当権者

3　消滅時効の期間　　重要度 ★★★

(1) 消滅時効の期間

　権利は、次の期間、行使しないことによって、時効によって消滅します。

▼消滅時効の起算点と期間

通常の債権	①債権者が権利を行使することができることを知った時から5年間 ②権利を行使することができる時から10年間^{（※）} ※人の生命・身体の侵害による損害賠償請求権の消滅時効の場合、②については20年間
債権・所有権以外の財産権	権利を行使することができる時から20年間
不法行為に基づく損害賠償請求権（→P223）	①被害者または法定代理人が損害および加害者を知った時から3年（人の生命・身体の侵害の場合は5年） ②不法行為の時から20年

※ 債務不履行に基づく損害賠償請求権は、通常の債権と同じです（→P209）。

(2) 判決で確定した権利の消滅時効の期間

　確定判決または確定判決と同一の効力を有するものによって確定した権利については、確定の時に弁済期の到来していない債権を除き、10年より短い時効期間の定めがあるものであっても、その時効期間は10年となります。

2

貸付けに関する法令と実務

4　時効の完成猶予と更新　　　　　重要度　★★★

（1）完成猶予と更新の事由

　時効の完成を妨げる原因として、完成猶予事由と更新事由があります。完成猶予事由があれば、一定の間（例えば6か月間）は、時効は完成しません。

　一方、更新事由があれば、時効は、その時から新たにその進行を始めます。例えば、貸金の一部弁済や利息の支払い、支払猶予の申し出は「承認」（下記の表の⑥）に該当するため、その時から新たにその進行を始めます。

▼完成猶予または更新の事由

①裁判上の請求、支払督促、和解、調停、破産・再生・更生手続参加	完成猶予＋更新
②強制執行、担保権の実行等	完成猶予＋更新
③仮差押え・仮処分	完成猶予（終了時から6か月間の猶予）
④催告	完成猶予（催告時から6か月間の猶予）
⑤権利についての協議を行う旨の合意	完成猶予
⑥承認	更新
⑦天災等	完成猶予（その障害の消滅時から3か月間の猶予）

※①や②の事由があった場合、その終了までは時効は完成しません（完成猶予）。

※取下げなどで①や②の手続きが終了したときは、その時から6か月経過するまでの間は、時効は完成しません（完成猶予）。

※①の場合、確定判決または確定判決と同一の効力を有するものによって権利が確定したときは、時効は、その時から新たに時効の進行が開始します（更新）。

※②の場合、強制執行などが配当などにより終了したときは、時効は、その時から新たに時効の進行が開始します（更新）。

※④の催告によって時効の完成が猶予されている間にされた再度の催告は、時効の完成猶予の効力を有しません。

※⑤の合意は、書面（電磁的記録を含む）でなされなければ、時効の完成は猶予されません。

※⑥の承認をするには、相手方の権利についての処分につき行為能力の制限を受けていないことまたは権限があることを要しません。

　時効の完成猶予または更新は、完成猶予または更新の事由が生じた当事者およびその承継人の間においてのみ、その効力を有します。

（2）具体例

　返済期限から3年が経過した時点で、貸主が借主に催告をした場合、その催告の時から6か月を経過するまでの間は、時効は、完成しません（催告による

完成猶予）。

その後、貸主が返済を求めて訴訟を提起した場合、その裁判中は、時効は完成しません（裁判上の請求による完成猶予）。そして、その確定判決によって、権利が確定した場合、その時から新たに時効の進行が開始します（裁判上の請求による更新）。

▼完成猶予・更新の具体例

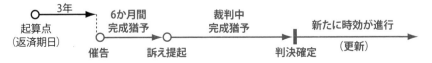

5 時効の利益の放棄　　　　　　　　重要度 ★★★

時効の利益は、あらかじめ放棄することができないとされています。時効完成後（時効期間経過後のこと）であれば、時効の利益を放棄することができ、放棄をすると、以後、時効を援用することができなくなります。

6 時効の効力　　　　　　　　　　　重要度 ★★★

時効の効力は、その起算日にさかのぼります。

練習問題（○×問題）

① 裁判所は、当事者が時効の援用をしなくても、時効によって裁判をすることができる。

② 時効は、権利の承認があったときは、その時から新たにその進行を始める。

解答 ・・・

① × 時効は、当事者が援用しなければ、裁判所がこれによって裁判をすることができません。

② ○ 承認は更新事由に該当するため、新たに進行を始めます。

■ポイント

- 時効は援用が必要であり、時効の効力は起算日にさかのぼる。
- 裁判上の請求等は、時効の完成猶予事由と更新事由の両方に該当する。
- 催告等は時効の完成猶予事由に該当し、承認は更新事由に該当する。

2-8 物権変動

物権とは所有権や抵当権などのことをいい、物権変動とは物権の発生・変更・消滅の総称をいいます。ここでは、所有権が移転したり、抵当権を設定したりといった物権変動について学びます。

1 物権変動   重要度 ★

　物権変動は原則として当事者の意思表示のみによって効力が発生します。例えば、不動産の売買契約をした場合、特約がなければ、契約をした時点で所有権が売主から買主に移転します。まだ代金を支払っていない場合でも契約時に所有権が移転するのであって、代金支払いの時点で移転するわけではありません。

▼所有権の移転時期

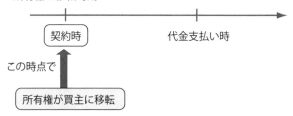

2 不動産の物権変動   重要度 ★

（1）不動産の物権変動の対抗要件

　不動産の売買契約をした場合、買主が売主（契約の当事者）やその相続人に対して「私がその不動産の所有者である」と主張できるのは当然です。

　しかし、不動産の物権変動を第三者（当事者以外の者）に対して主張するためには、登記が必要であるとされています。そのため、不動産について登記（所有権移転登記等）がなければ、売買契約によって不動産の所有権を取得したことを第三者に主張することはできません。

　不動産が二重に譲渡された場合には、先に登記をした者が「私が所有者である」と主張できます。

　例えば、Aが、自己の所有する不動産をBに売却した後、Cに対してもその不動産を売却した場合、Bは登記を受けていなければCに対してその不動産の

所有者である旨を主張できません。もし、CがBよりも先に登記を受けていれば、Cが所有者であることが確定します。

▼不動産の二重譲渡

先に登記をした者が勝つ

＝

確定的に所有権を取得する！

※同一の不動産を二重に譲渡することは法理論上可能です。

（2）登記の公信力の有無

　登記に公信力はないとされています。つまり、登記には登記を信頼したとおりの法律効果を生じさせる力はありません。そのため、登記を信頼して所有者ではない者を所有者と思い込んで、その者から不動産を買い受けても、買主は不動産の所有権を取得できません。

　例えば、建物の登記に「所有者A」と記載されていたため、その登記の記載を信頼してBがAからその建物を購入したが、真実の所有者がCであった場合、Bはその建物の所有権を取得できません。

3　動産の物権変動　　　　　　　　　　重要度　★

（1）動産の物権変動の対抗要件

　動産とは、不動産以外の物すべてをいいます。時計などをイメージすればよいでしょう。

　動産の物権変動を当事者以外の第三者に対して主張するためには、引渡しが必要であるとされています（民法178条）。

　例えば、Aが自己の所有する動産をBに売却した場合、Bはその動産の引渡しを受けていなければ、自己がその動産の所有者である旨を第三者に対抗することはできません。

▼動産の二重譲渡

時計

売却 → 買主B

売主A

売却 → 買主C

先に動産の引渡しを受けた者が勝つ

＝

確定的に所有権を取得する！

（2）即時取得

　取引行為によって、平穏に、かつ、公然と動産の占有を始めた者は、善意であり、かつ、過失がないときは、即時にその動産について行使する権利を取得します。

　例えば、AがB所有の動産をBに無断でCに売却した場合、Cが、平穏・公然に占有を始め、買い受けた時に善意（A所有のものではないことを知らなかった）かつ無過失（知らないことに過失がなかった）であれば、Cはその動産の所有権を取得します。即時取得が成立すれば、所有者でない者Aから買い受けたにもかかわらず、Cは自己がその動産の所有者である旨をBに主張することができることになります。

　即時取得は動産を対象としているので、不動産の占有を始めても不動産を即時取得することはありません。また、即時取得が成立するためには善意かつ無過失でなければならないので、悪意（A所有のものでないことを知っていた）または過失がある（知らないことに過失があった）場合には、即時取得は成立しません。

> ● **即時取得の成立要件**
> ① 目的物が動産であること
> ② 取引行為によること
> ③ 平穏・公然・善意・無過失で占有を開始したこと

④ 動産・債権譲渡特例法　　　重要度　★

　動産・債権譲渡特例法（動産および債権の譲渡の対抗要件に関する民法の特例等に関する法律）では、法人がする動産および債権の譲渡の対抗要件に関し、

民法の特例等を定めた法律です。

　法人が動産を譲渡した場合において、動産の譲渡につき動産譲渡登記ファイルに譲渡の登記がされたときは、その動産について、民法178条の「引渡し」があったものとみなされます。つまり、この譲渡の登記によって、動産の物権変動を第三者に対して対抗することができます。

> ● **動産・債権譲渡特例法が適用されない例**
> ・ 個人がする動産の譲渡や債権の譲渡
> ・ 不動産の譲渡

練習問題（○×問題）

① Aが、自己の所有する動産をBに売却した場合、特約がなければ、その動産の所有権は、契約した時点でAからBに移転する。

② Aが、自己の所有する不動産をBに売却した後、Cに対してもその不動産を売却した場合、先にその不動産を買い受けたBは、Cに対して所有者である旨を主張できる。

③ 個人が動産を譲渡した場合、動産の譲渡につき動産譲渡登記ファイルに譲渡の登記をすることができ、その登記がなされたときは、その動産について、民法178条の「引渡し」があったものとみなされる。

解答 ･･･

① ○ 特約がなければ、契約時に所有権が買主に移転します。

② × Bは、登記がなければ、第三者であるCに対して所有権を取得したことを主張することはできません。

③ × 個人が動産を譲渡した場合には、動産譲渡登記ファイルに譲渡の登記をすることはできません。

■ポイント

・ 原則として、売買契約時に所有権が移転する。
・ 不動産の対抗要件は登記である。
・ 動産の対抗要件は引渡しである。

2-9 担保物権

債権を担保する物権を担保物権といい、担保物権には、留置権、先取特権、質権、抵当権の4種類があります。ここでは、担保物権の種類・性質・効力のほか、質権について学びます。

1 担保物権の種類

重要度 ★★

(1) 留置権

留置権とは、他人の物の占有者が、その物に関して生じた債権を有する場合に、その債権の弁済を受けるまで、その物を留置することができる権利です。

例えば、自動車の修理を依頼された業者には、修理代金の支払いを受けるまで、その自動車を留置する権利があります。代金を支払うまでは修理業者のところにとどめ置かれるため、修理依頼者は自動車を使えない状態になります。

▼留置権の例

修理依頼者　　　　　　　　　　　　　　修理業者

(2) 先取特権

先取特権とは、法律が定める特殊の債権を有する者が債務者の財産から優先して弁済を受けることができる権利です。

先取特権には、共益費用の先取特権や動産売買の先取特権など数多くの種類があり、法律で定められています。

(3) 質権

質権とは、債権の担保として債務者または第三者から受け取った物を占有し、かつ、その物について他の債権者に先立って自己の債権の弁済を受ける権利です。

質入れをイメージしてください。お金を貸す代わりに物を受け取り、お金を返してもらえない場合には、その物から優先的に弁済を受けます。

(4) 抵当権

抵当権とは、債務者または第三者が占有を移転しないで債務の担保に供した

不動産について、他の債権者に先立って自己の債権の弁済を受ける権利です。

　例えば、住宅ローンの貸付けを行う場合、通常、不動産に抵当権を設定します。そして、弁済がないときは、抵当権者（債権者である貸主）はその不動産を競売にかけ、その売却代金から優先的に弁済を受けます。

▼抵当権の設定

2　担保物権の性質　　　　重要度 ★★

(1) 付従性

　担保物権は債権を担保するものなので、債権が存在しなければ担保物権も存在しません。また、債権が消滅すれば担保物権も消滅します。

　例えば、弁済により貸金債権が消滅すれば、抵当権も消滅します。

(2) 随伴性

　担保物権は債権を担保するものなので、債権が譲渡された場合、担保物権も債権に伴って譲渡先に移転します。

　例えば、貸金債権がAからBに譲渡された場合、抵当権もBに移転します。

(3) 不可分性

　債権の一部の弁済を受けても、残部の債権を担保するために、目的物全体に担保物権の効力が及びます。

　例えば、自動車の修理代金の一部の支払いを受けても、残りの支払いを受けるまでは、自動車全体を留置することができます。

(4) 物上代位性

　目的物の売却、賃貸、滅失または損傷によって、債務者が受けるべき金銭その他の物に対しても、担保物権を行使できます。

　例えば、AがBに金銭を貸付け、B（債務者）所有の不動産について抵当権の設定を受けた後、Bがその不動産をCに売却した場合、抵当権者A（債権者）は、

その売却代金から優先的に弁済を受けることができます。

　留置権には物上代位性はありません。

③ 担保物権の効力　　　　　　　　　　　　　重要度　★

(1) 留置的効力

　留置的効力とは、完全に弁済を受けるまで目的物を留置できる効力をいいます。自動車の修理業者は自動車を留置することで、修理を依頼した者に対して弁済を促すことができるのです。

　留置的効力は留置権と質権にのみ認められており、先取特権や抵当権には留置的効力はありません。

(2) 優先弁済的効力

　優先弁済的効力とは、弁済が受けられない場合に、他の債権者に先立って自己の債権の弁済を受けることのできる効力をいいます。

　優先弁済的効力は先取特権、質権、抵当権にありますが、留置権には優先弁済的効力はありません。

④ 質権　　　　　　　　　　　　　　　　　　重要度　★★

(1) 質権設定契約

　質権と抵当権は、契約によって設定する担保物権です。質権設定契約は要物契約であるため、質権設定契約が成立するためには債権者に目的物を引き渡さなければならず、譲り渡すことができない物を質権の目的物とすることはできません。質権の設定は、債権者にその目的物を引き渡すことによって効力を生じます。また、質権者（債権者）は、質権設定者（債務者等）に、自己に代わって質物の占有をさせることはできません。

(2) 質権の被担保債権の範囲

　質権は、設定行為に別段の定めがあるときを除き、元本、利息、違約金、質権の実行の費用、質物の保存の費用および債務の不履行または質物の隠れた瑕疵によって生じた損害の賠償を担保します。

(3) 転質

質権者は、その権利の存続期間内において、質権設定者の承諾を得ることなく、自己の責任で、質物について、転質をすることができます。質権者は、転質をしたことによって生じた損失については、不可抗力によるものであっても、その責任を負います。

(4) 質権の種類と対抗要件

質権には、動産質、不動産質、権利質の3種類があります。動産質は動産に設定する質権で、その動産の占有を継続することが対抗要件です。不動産質は不動産に設定する質権で、その登記をすることが対抗要件です。

権利質のうち、債権を目的とする質権を「債権質」といいます。債権質を設定した場合、債権譲渡の場合と同様に、質権を設定した旨を質権設定者が第三債務者に通知し、または第三債務者が承諾をしなければ、第三債務者に対抗することはできません。

(5) 質権者による債権の取立て

債権質の場合、質権者は、質権の目的である債権を直接に取り立てることができます。ただし、債権の目的物が金銭であるときは、質権者は、自己の債権額に対応する部分に限り、これを取り立てることができます。

練習問題（○×問題）

① 質権は、譲り渡すことができない物をその目的とすることができる。
② 質権は、不動産および債権をその目的とすることはできない。

解答 ....

① × 譲り渡すことができない物を質権の目的とすることはできません。
② × 動産だけでなく、不動産や債権も、質権の目的とすることができます。

■ポイント

・担保物権の種類ごとに担保物権の性質・効力の有無を押さえておこう。
・質権設定契約は要物契約である。

2-10 抵当権

「不動産を担保にとる」という場合、通常、不動産に抵当権を設定することになります。抵当権の性質や効力については担保物権の項目でも述べましたが、ここでは抵当権について、さらに深く学びます。

1 抵当権の設定　　重要度 ★★

（1）抵当権設定者

抵当権設定契約は抵当権者と抵当権設定者の間で行われます。

抵当権設定者とは、抵当権を設定した者のことです。わかりやすくいえば、担保を提供した者（通常、不動産の所有者）のことをいいます。

当然、債務者が所有する不動産に抵当権を設定することができます。この他、債務者以外の者が所有する不動産にも抵当権を設定することができます。このように他人の債務の担保として自己所有の不動産を提供する者を、物上保証人といいます。つまり、抵当権設定者になるのは、債務者または第三者（物上保証人）です。

▼物上保証人

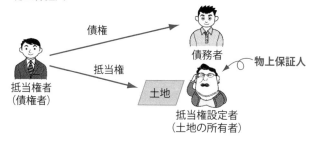

（2）抵当権の目的

不動産のほか、地上権および永小作権も、抵当権の目的にすることができます。

（3）共同抵当

1つの債権のために複数の不動産に抵当権を設定することができます。

2 抵当権の効力　　重要度 ★★

（1）抵当権の効力の及ぶ範囲

抵当権は、その目的である不動産（以下「抵当不動産」という）に付加して一体となっている物（抵当地上の建物を除く）に及びます。例えば、雨戸や抵当

不動産の増築部分にも、抵当権の効力が及びます。

　土地と建物は別物なので、土地のみに抵当権を設定した場合、その効力は抵当地上の建物には及びません。

　抵当権設定当時に存在した従物（畳、建具、石灯籠など）や、債務不履行後に抵当不動産に生じた果実（抵当不動産の賃料など）にも、抵当権の効力が及ぶとされています。

(2) 抵当権の被担保債権の範囲

　抵当権者は、後順位抵当権者等正当な利益を有する第三者がいる場合、元本のほか、利息その他の定期金や遅延損害金を請求する権利を有するときはその満期となった最後の2年分についてのみ、その抵当権を行使することができます。したがって、利息や遅延損害金の全部について抵当権を行使できるわけではありません。

　ただし、それ（2年）以前の利息も、満期後に特別の登記をすれば、その登記の時からその抵当権を行使することができます。

> ● 被担保債権の範囲
> ・ 元本
> ・ 最後の2年分の利息・遅延損害金等

(3) 抵当権の順位

　同一の不動産について数個の抵当権が設定されたときは、その抵当権の順位は、登記の前後によります。

　抵当権の順位は、各抵当権者の合意によって変更することができます。ただし、利害関係を有する者があるときは、その承諾を得なければなりません。この順位の変更は、その登記をしなければ、その効力を生じません。

3　抵当権の処分　　　　重要度 ★★

(1) 抵当権の譲渡・放棄等

　抵当権者は、同一の債務者に対する一般債権者のために「抵当権の譲渡または放棄」をすることができます。また、後順位抵当権者のために「抵当権の順位の譲渡または放棄」をすることができます。

(2) 転抵当

　抵当権者は、その抵当権をもって他の債権の担保とすることができます。

④ 第三取得者の保護　　　　　　　　　　　重要度 ★★

(1) 代価弁済

　第三取得者（抵当不動産を購入した者）が抵当権者の請求に応じてその代価を弁済することにより、第三取得者のために抵当権は消滅します。抵当権が消滅することにより、第三取得者は購入した不動産を失わずに済むわけです。

(2) 抵当権消滅請求

　第三取得者が、登記をした各債権者に抵当権消滅請求の通知を行い、その債権者全員の承諾を得て弁済をすることにより、抵当権は消滅します。抵当権消滅請求は、第三取得者が抵当権消滅請求を行って主導権をにぎる点で、抵当権者の求めに応じて行う代価弁済とは異なります。

　主たる債務者、保証人およびこれらの者の承継人は、抵当権消滅請求をすることができません。

⑤ 法定地上権・一括競売　　　　　　　　　重要度 ★

(1) 法定地上権

　建物のために、法律上当然に地上権（他人の土地に建物等を所有するために、その土地を使用する権利）を発生させる制度です。例えば、Aが所有する土地と建物に抵当権が設定され、競売の結果、建物をBが、土地をCが取得した場合、Bには建物のために土地を利用できる権利として法定地上権が発生します。

▼法定地上権

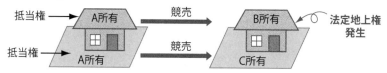

　法定地上権の成立要件は次のとおりです。

> ● 法定地上権の成立要件
> ① 抵当権設定当時、土地の上に建物が存在すること
> ② 抵当権設定当時、土地と建物の所有者が同一であること
> ③ 抵当権の実行（競売）により、土地と建物の所有者が別々の所有者となること

(2) 一括競売

　抵当権の設定後に抵当地に建物が築造されたときは、抵当権者は、土地とともにその建物を競売することができます。

　一括競売の場合、優先権は、土地の代価についてのみ行使することができます。抵当権を設定しているのは土地だけであり、建物には抵当権は設定されていないので、建物から優先弁済を受けることはできないのです。

▼一括競売の優先権

6 抵当権の消滅時効　　　　　　　　　重要度 ★

　抵当権は、債務者および抵当権設定者に対しては、その担保する債権と同時でなければ、時効によって消滅しません。

練習問題（○×問題）

① 地上権または永小作権を抵当権の目的とすることはできない。

② 抵当権者は、利息その他の定期金を請求する権利を有するときは、満期となった最後の2年分についてのみ、抵当権を行使することができる。

③ 同一の不動産について数個の抵当権が設定されたときは、その抵当権の順位は、抵当権設定契約の前後による。

解答 ・・・

① × 不動産だけでなく、地上権や永小作権も、抵当権の目的とすることができます。

② ○ 設問の通りです。

③ × 数個の抵当権が設定されたときの順位は登記の前後によります。

■ポイント

- 抵当権は、元本および最後の2年分の利息・遅延損害金等について行使できる。
- 抵当不動産の第三取得者は代価弁済や抵当権消滅請求ができる。

2-11 根抵当権

債権の発生・消滅の変動が激しい取引、例えば、企業が商売で特定の継続的取引をする場合や銀行取引をする場合に、根抵当権はよく利用されています。ここでは、抵当権との違いを意識しながら、根抵当権の特徴について学びます。

1 根抵当権 重要度 ★★

根抵当権とは、一定の範囲に属する不特定の債権を、極度額を限度として担保するために設定される抵当権のことをいいます。

2 根抵当権の特徴 重要度 ★★

(1) 性質

根抵当権は不特定の債権を担保するものなので、根抵当権と債権との結びつきは弱く、元本確定前の根抵当権には、付従性や随伴性はありません。

例えば、元本確定前に、弁済により被担保債権が消滅しても、根抵当権は消滅しません（付従性なし）。また、元本確定前に被担保債権が譲渡されても、根抵当権は移転しません（随伴性なし）。

(2) 被担保債権

根抵当権の担保すべき不特定の債権の範囲は、債務者との特定の継続的取引契約によって生ずるものその他債務者との一定の種類の取引によって生ずるものに限定して、定めなければなりません。例えば、AがBに対して有するすべての債権を担保する旨の抵当権設定契約はできません。

(3) 極度額

元本のほか、利息や遅延損害金のすべてが、極度額の範囲内で担保されます。普通の抵当権とは異なり、最後の2年分に限られません。根抵当権の極度額を変更するには、利害関係人の承諾が必要です。

3 被担保債権や債務者の変更 重要度 ★

被担保債権や債務者を変更する場合には、利害関係人の承諾を得る必要はありません。ただし、これらの変更は、元本確定前にしなければなりません。

▼根抵当権と抵当権の比較

	根抵当権	抵当権
付従性	なし（元本確定前）	あり
随伴性	なし（元本確定前）	あり
被担保債権の種類	不特定債権（特定債権を含められる）	特定債権
被担保債権の範囲 （優先弁済の上限）	極度額	元本および最後の2年分の 利息・遅延損害金等

4 元本の確定 重要度 ★

元本の確定によって被担保債権の額が確定し、元本確定後は根抵当権も普通の抵当権と同様に付従性や随伴性を持つようになります。

● 主な元本確定事由
① 確定期日の定めがある場合
・確定期日の到来時に元本確定
② 確定期日の定めがない場合
・抵当権設定者は設定時より3年経過後に元本の確定を請求することができ、その確定請求後2週間経過時に元本確定
・根抵当権者はいつでも元本の確定を請求することができ、その確定請求時に元本確定
・根抵当権者が競売または担保不動産収益執行を申し立てたときに元本確定
・債務者または根抵当権設定者が破産手続開始の決定を受けたときに元本確定
※①に関して、元本確定期日は、これを定めまたは変更した日から5年以内でなければなりません。

練習問題（○×問題）

① 根抵当権の極度額の変更は、利害関係人の承諾を得なくとも、することができる。
② 根抵当権において、利息は最後の2年分を超えない範囲で担保される。

解答
① × 根抵当権の極度額の変更には、利害関係人の承諾が必要です。
② × 根抵当権の場合、極度額の範囲であれば利息はすべて担保されます。

■ポイント

・元本確定前の根抵当権には付従性や随伴性がない。
・根抵当権では、極度額の範囲で債権を担保する。

貸付けに関する法令と実務

2

連帯債務

連帯債務とは、複数の債務者が全部の債務を履行する義務を負う債務をいいます。ここでは、まず分割債権・分割債務の原則について学び、次にその例外に当たる連帯債務について学びます。

1 分割債権・分割債務の原則　　　重要度 ★★

　数人の債権者または債務者がある場合において、別段の意思表示がないときは、各債権者または各債務者は、それぞれ等しい割合で権利を有し、または義務を負うとされています。これを分割債権・分割債務の原則といいます。

　例えば、1つの契約でA・B・Cの3人に対して300万円を貸し付けた場合、A・B・Cは等しい割合（各3分の1）で義務を負うので、貸主はA・B・Cに対してそれぞれ100万円についてのみ返還請求をすることができます。これでは、Aが全く返済能力のない状態になったときは、現実として、貸主は、B・Cからの返還額200万円しか回収できません。

2 連帯債務　　　重要度 ★★★

　分割債務が原則ですが、別段の意思表示（特約）をすれば、連帯債務にすることができます。上記の事例において、連帯債務の特約があれば、貸主はA・B・C対してそれぞれ全額300万円の返還請求をすることができます。もし、B・Cが全く返済能力のない状態になったときであっても、Aに資力があればAから300万円を回収できるのです。なお、連帯債務であれば、貸主はA・B・Cに対して同時または順次に300万円の請求をしてもかまいません。

▼連帯債務の場合

貸主（債権者）　→ 300万円請求可 → 連帯債務者A
　　　　　　　　→ 300万円請求可 → 連帯債務者B
　　　　　　　　→ 300万円請求可 → 連帯債務者C

3 1人に対して生じた事由の影響　　　重要度 ★★★

(1) 相対的効力（原則）

　連帯債務者の1人について生じた事由は、原則として他の連帯債務者に影響しません。例えば、1人の連帯債務者がした債務の承認、または連帯債務者の1人に無効や取消原因があっても、他の連帯債務者に影響しません。また、履行の請求、免除、時効の完成も、他の連帯債務者に対してその効力を生じません。

（2）絶対的効力（例外）

　弁済（代物弁済や供託を含む）のほか、更改、相殺、混同については、連帯債務者の1人について生じた事由が他の連帯債務者にも影響を与えます。

　例えば、連帯債務者の1人が弁済した場合には、他の連帯債務者の貸主に対する債務も消滅します。前述の事例において、Aが貸主に300万円を返済したときは、B・Cの貸主に対する債務もその全部が消滅します。そして、弁済した連帯債務者は他の連帯債務者に対して負担部分（原則として均等）に応じて求償することができるので、AはB・Cに対して負担部分100万円を請求することができます。

▼連帯債務者の1人が弁済した場合

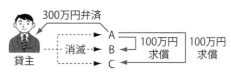

　なお、債権を有する連帯債務者が相殺を援用しない間は、その連帯債務者の負担部分の限度において、他の連帯債務者は、債権者に対して債務の履行を拒むことができます。例えば、前述の事例において、Aが債権者に対して債権を有する場合、B・CはAの負担部分である100万円を限度に、債務の履行を拒むことができます。つまり、B・Cは依然として200万円の弁済をする必要があります。

練習問題（○×問題）

① 連帯債務者の一人について法律行為の無効または取消しの原因がある場合、他の連帯債務者の債務も無効となり、または取り消され得る。

② 連帯債務者の一人と債権者との間に混同があったときは、その連帯債務者は、弁済をしたものとみなす。

解答 ・・・

① × 無効または取消しの原因があっても、他の連帯債務者の債務は、その効力を妨げられません。

② ○ 設問の通りです。混同は、他の連帯債務者に影響を与えます。

■ポイント

・ 連帯債務の場合、債権者は各債務者に対して同時に全部を請求できる。

・ 連帯債務者の1人について生じた事由が他の連帯債務者に影響を与えるのは、弁済、更改、相殺、混同の場合である。

2-13 保証契約

保証契約は、主たる債務者が弁済しないときに保証人が代わって弁済する契約であり、その締結は、債権者と保証人となろうとする者との間で行います。ここでは、保証契約（貸金等根保証契約も含む）について学びます。

1 保証契約　　　　　　　　　　　　　重要度 ★★★

（1）保証契約

　保証債務とは、主たる債務者の債務が履行されない場合に保証人が代わって履行する債務のことをいい、保証債務は保証契約の成立によって発生します。

　例えば、貸金業者が貸付けを行う場合、貸金業者が債権者となり、借主が主たる債務者となりますが、保証契約の締結は貸金業者と保証人となろうとする者との間で行います。そして、借主による返済がなされないときは、保証人は貸金業者に対して借主に代わって返済をする義務を負うわけです。

　保証契約は、書面または電磁的記録によって締結されなければ、その効力を生じません。そのため、口頭の合意だけでは、効力を生じません。

▼保証契約

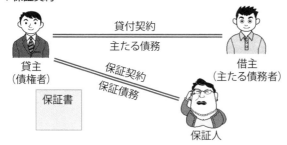

（2）保証債務の範囲

　保証債務は、主たる債務に関する利息、違約金、損害賠償その他その債務に従たるすべてのものを包含します。また、保証人は、その保証債務についてのみ、違約金または損害賠償の額を約定することができます。

　保証人の負担が債務の目的・態様において主たる債務より重いときは、保証債務を主たる債務の限度に減縮します。また、主たる債務の目的・態様が保証契約の締結後に加重されたときでも、保証人の負担は加重されません。

② 保証債務の性質　　　　　　　　　重要度 ★★★

(1) 付従性

　保証債務は主たる債務を担保するものなので、主たる債務に付従します（付従性）。つまり、主たる債務について生じた事由は保証債務に影響を与えます。

　例えば、主たる債務が貸付契約の無効によって発生しなかった場合には保証債務は発生しませんし、主たる債務が弁済等によって消滅した場合には保証債務も消滅します。

　また、主たる債務者に対する履行の請求その他の事由による時効の完成猶予および更新は、保証人に対しても、その効力を生じます。

　他方、保証債務について生じた事由は、原則として主たる債務に影響を与えません。例えば、保証人に対する履行の請求その他の事由による時効の完成猶予および更新は、主たる債務者に対してその効力を生じず、主たる債務の消滅時効は完成猶予・更新しません。

▼主たる債務の時効の完成猶予・更新

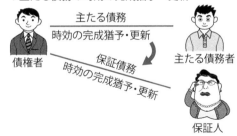

(2) 随伴性

　債権譲渡等によって主たる債務（債権者からみれば保証の付いた債権）が移転すると、それに伴って保証債務も移転します（随伴性）。

(3) 補充性（催告・検索の抗弁権）

　保証人には、連帯保証でなければ、催告の抗弁権と検索の抗弁権があります。保証人は、弁済を求めてきた債権者に対して「まずは主たる債務者に催告すべき」と主張できます（催告の抗弁権）。また、保証人は、主たる債務者に弁済をする資力があり、かつ、執行も容易であることを証明すれば、「まずは主たる債務者の財産に執行すべき」と主張できます（検索の抗弁権）。

③　保証人の求償権

重要度　★

（1）委託を受けた保証人の求償権

　主たる債務者から委託を受けた保証人が債務を消滅させた場合、保証人は主たる債務者に対して、弁済額のほか、免責があった日以後の法定利息および避けることができなかった費用その他の損害の賠償についても求償権を行使することができます。また、一定の場合には、事前求償権を行使することができます。

（2）委託を受けない保証人の求償権

　主たる債務者からの委託を受けない保証人が債務を消滅させた場合、主たる債務者は保証人に対して、その当時利益を受けた限度で償還をしなければなりません。ただし、主たる債務者の意思に反して保証した者は、主たる債務者が現に利益を受けている限度についてのみ求償権を行使することができます。

④　共同保証

重要度　★

　同一の主たる債務について複数の保証人がいる場合のことを、共同保証といいます。共同保証の場合、連帯保証でなければ、各保証人は、債権者に対して平等の割合で分割された保証債務を負担すればよいとされています。

　例えば、主たる債務の額が900万円の場合で、保証人が3人いるときは、各保証人は300万円ずつの保証債務を負担すればよいのです。

⑤　保証人の要件

重要度　★★

　債務者が保証人を立てる義務を負う場合、その保証人は、①行為能力者であり、かつ、②弁済をする資力を有する者でなければなりません。

　②の要件を欠くようになったときは、債権者は、①②の要件を満たす他の者を保証人にする旨を請求することができます。

※債権者が保証人を指名した場合には、上記要件を満たす必要はありません。

6　個人根保証契約　　　重要度 ★★★

個人根保証契約とは、根保証契約（一定の範囲に属する不特定の債務を主たる債務とする保証契約）であって保証人が法人でないものをいいます。

個人根保証契約の保証人は、主たる債務の元本、主たる債務に関する利息、違約金、損害賠償その他その債務に従たる全てのものおよびその保証債務について約定された違約金または損害賠償の額について、その全部に係る極度額を限度として、その履行をする責任を負います。

個人根保証契約は、極度額を定めなければ、その効力を生じません。

7　情報の提供義務　　　重要度 ★★

主たる債務者が期限の利益を有する場合において、その利益を喪失したときは、債権者は、保証人（法人である場合を除く。）に対し、その利益の喪失を知った時から2か月以内に、その旨を通知しなければなりません。その期間内に通知をしなかった場合、債権者は、保証人に対し、主たる債務者が期限の利益を喪失した時から通知を現にするまでに生じた遅延損害金（期限の利益を喪失しなかったとしても生ずべきものを除く。）に係る保証債務の履行を請求することができません。

練習問題（○×問題）

① 保証契約は、債権者と保証人となろうとする者との間において、保証契約を締結する旨の口頭の合意をすることによって、その効力を生じる。

② 主たる債務者の債権者に対する承認による時効の完成猶予および更新は、保証人に対しても、その効力を生ずる。

解答

① × 保証契約は、口頭の合意だけでは足りず、書面または電磁的記録でしなければ、その効力を生じません。

② ○ 設問の通りです。

■ポイント

- 保証契約は、書面または電磁的記録によって行う。
- 保証人には、催告・検索の抗弁権がある。

2-14 連帯保証

保証人が主たる債務者と連帯して保証債務を負担することを、連帯保証といいます。連帯保証契約も保証契約の1つですが、ここでは通常の保証と連帯保証との違いを意識しながら、連帯保証の特質について学びます。

1 通常の保証との共通点　　重要度 ★★★

　連帯保証契約も保証契約の1つですから、連帯保証債務も主たる債務への付従性や随伴性を持っています。そのため、主たる債務が弁済等によって消滅した場合は連帯保証債務も消滅します。また、主たる債務者に対する履行の請求その他の事由による時効の完成猶予および更新は、連帯保証人に対してもその効力を生じます。

2 連帯保証の特質　　重要度 ★★★

（1）連帯保証人に生じた事由の債務者への影響

　連帯保証人による弁済のほか、連帯保証人の更改、相殺、混同については、主たる債務者にも影響を与えます。

（2）催告・検索の抗弁権の有無（民法第454条）

　連帯保証人には催告の抗弁権がありません。そのため、連帯保証では、債権者が主たる債務者に債務の履行を請求することなく、保証人に保証債務の履行を請求した場合であっても、保証人は債権者に対してまず主たる債務者に催告すべき旨を主張することはできません。

　連帯保証人には検索の抗弁権がありません。そのため、保証人は、主たる債務者に弁済の資力があり、かつ、執行が容易であることを証明しても、債権者からの執行を止めることはできません。

（3）共同保証における分別の利益の有無

　共同保証のときであっても、連帯保証人には分別の利益がありません。そのため、各連帯保証人は債権者に対して全部について保証債務を負います。例えば、Aに600万円を貸し付けた場合で、その連帯保証人としてBとCがいるときであっても、各連帯保証人は全額600万円の保証債務を負担します。

▼共同保証（連帯保証の場合）

債権者

600万円請求可　→　主たる債務者A

600万円請求可　→　連帯保証人B

600万円請求可　→　連帯保証人C

▼通常の保証と連帯保証の違い

	通常の保証	連帯保証
保証人に対して生じた事由の主たる債務者への影響	原則：影響しない 例外：弁済は影響する	原則：影響しない 例外：弁済の他、更改、相殺、混同は影響する
催告の抗弁権	あり	なし
検索の抗弁権	あり	なし
分別の利益	あり	なし

練習問題（○×問題）

① 連帯保証において、債権者が保証人に債務の履行を請求したときは、保証人は、まず主たる債務者に催告すべき旨を請求することができる。

② 主たる債務の額が900万円の場合で、連帯保証人が3人いるときは、各連帯保証人は300万円ずつの保証債務を負担すればよい。

解答

① × 連帯保証人には、催告の抗弁権がないため、まず主たる債務者に催告すべき旨を請求することはできません。

② × 連帯保証の場合には、分別の利益がないため、各連帯保証人は全額900万円の保証債務を負担します。

■ポイント

・ 連帯保証人に対して生じた事由が主たる債務者に影響する場合がある。

・ 連帯保証人には、催告・検索の抗弁権や分別の利益がない。

2-15 債権譲渡・債務引受け

債権者は、原則として債権を自由に譲渡することができます。ここでは、債権譲渡における対抗要件、債権譲渡における債務者の抗弁のほか、債務の引受けについて学びます。

1 債権譲渡 重要度 ★★

(1) 債権譲渡

債権を譲渡する債権者を譲渡人、譲り受ける者を譲受人といい、債権譲渡契約は譲渡人と譲受人との間で行います。債権譲渡がなされると、譲受人が新たな債権者となります。

例えば、貸金業者Aが、Bとの間で金銭貸付けの契約を締結し、その後、Aが自己のBに対する貸付金債権をCに譲渡した場合、AとCとの間で債権譲渡契約が行われます。債権譲渡の際に債務者Bの承諾は不要です。

▼債権譲渡

例外として、性質上譲渡を許さない債権や、法律上譲渡が禁止されている債権は、譲渡をすることができません。

(2) 債権の譲渡制限特約

当事者が債権の譲渡を禁止し、または制限する旨の意思表示（以下「譲渡制限の意思表示」という。）をしたときであっても、債権の譲渡は、その効力を妨げられません。例えば、債権者と債務者の間で債権譲渡制限の特約を定めた場合でも、その債権が譲渡されたときは、その譲渡は有効となります。

もっとも、譲渡制限の意思表示がされたことを知り、または重大な過失によって知らなかった譲受人その他の第三者に対しては、債務者は、その債務の履

行を拒むことができ、かつ、譲渡人に対する弁済その他の債務を消滅させる事由をもってその第三者に対抗することができます。

　債務者は、譲渡制限の意思表示がされた金銭の給付を目的とする債権が譲渡されたときは、その債権の全額に相当する金銭を債務の履行地（債務の履行地が債権者の現在の住所により定まる場合にあっては、譲渡人の現在の住所を含む。）の供託所に供託することができます。

(3) 将来債権の譲渡

　債権の譲渡は、その意思表示の時に債権が現に発生していることを要しません。そのため、将来発生する予定の債権を譲渡することも有効です。

2 債権譲渡の対抗要件　　　　　重要度 ★★

(1) 債務者に対する対抗要件

　債権の譲渡は、譲渡人が債務者に通知をし、または債務者が承諾をしなければ、債務者その他の第三者に対抗することができません（民法467条1項）。そのため、債権の譲渡がなされた場合であっても、これらの通知・承諾がなされる前は、債務者は譲渡人に対して弁済すれば足ります。

　債権譲渡の通知をする場合には、譲渡人が債務者にしなければならず、譲受人が債務者に通知をしても意味がありません。

▼債務者に対する対抗要件

　なお、これらの通知または承諾があれば、確定日付がなくても債務者には対抗できます。

(2) 第三者に対する対抗要件

　債権譲渡を債務者以外の第三者に対抗するためには、確定日付のある証書による通知または承諾が必要です（民法467条2項）。債権が二重に譲渡された場合、確定日付のある証書による通知が債務者に先に到達した譲受人、または確定日付のある証書による承諾を先に受けた譲受人が、唯一の債権者となります。

　例えば、Aが、Bに対する債権をCに譲渡した後、Dに対してもその債権を

譲渡した場合、Cは確定日付のある証書による通知または承諾を受けていなければ、Dに対抗することはできません。

▼債権の二重譲渡

| 譲渡 | | 譲渡 |
| 譲受人C | 譲渡人A | 譲受人D |

先に確定日付のある証書による通知または承諾を受けた者が勝つ!

▼民法における対抗要件

債務者に対する対抗要件	（譲渡人からの）通知または（債務者の）承諾
第三者に対する対抗要件	確定日付のある証書による通知または承諾

③ 債権譲渡における債務者の抗弁　　重要度 ★★★

　債務者は、対抗要件具備時（債権者による債権譲渡の通知、または、債務者による承諾がなされる時）までに譲渡人に対して生じた事由をもって譲受人に対抗することができます。例えば、債務者が譲渡人に対してすでに弁済をしていた場合は、すでに弁済をしたことを譲受人に主張することができます。

　また、債務者は、対抗要件具備時より前に取得した譲渡人に対する債権による相殺をもって、譲受人に対抗することができます。

　さらに、債務者が対抗要件具備時より後に取得した譲渡人に対する債権であっても、その債権が次に掲げるものであるときは、相殺をもって譲受人に対抗することができます。ただし、債務者が対抗要件具備時より後に他人の債権を取得したときは、相殺をもって譲受人に対抗することができません。

① 対抗要件具備時より前の原因に基づいて生じた債権

② 譲受人の取得した債権の発生原因である契約に基づいて生じた債権

④ 債務の引受け　　重要度 ★★

（1）併存的債務引受

　併存的債務引受の引受人は、債務者と連帯して、債務者が債権者に対して負担する債務と同一の内容の債務を負担します。

　併存的債務引受は、債権者と引受人となる者との契約によってすることができます。

　併存的債務引受は、債務者と引受人となる者との契約によってもすることができます。この場合において、併存的債務引受は、債権者が引受人となる者に対して承諾をした時に、その効力を生じます。

(2) 免責的債務引受

　免責的債務引受の引受人は債務者が債権者に対して負担する債務と同一の内容の債務を負担し、債務者は自己の債務を免れます。

　免責的債務引受は、債権者と引受人となる者との契約によってすることができます。この場合において、免責的債務引受は、債権者が債務者に対してその契約をした旨を通知した時に、その効力を生じます。

　免責的債務引受は、債務者と引受人となる者が契約をし、債権者が引受人となる者に対して承諾をすることによってもすることができます。

練習問題（○×問題）

① 金銭消費貸借契約において、貸金業者と貸付けを受けた者との間で貸付金債権の譲渡を禁止する旨の特約がなされていた場合であっても、債権譲渡はその効力を妨げられない。

② 債権の譲渡は、譲受人が債務者に通知をし、または債務者が承諾をすれば、債務者その他の第三者に対抗することができる。

③ Aが、Bに対する債権をCに譲渡し、Dに対してもその債権を譲渡した場合で、Cに対する債権譲渡の通知（確定日付なし）がBに到達した後、Dに対する債権譲渡の通知（確定日付あり）がBに到達したときには、DはCに対抗できる。

解答

① ○　債権譲渡制限特約がある場合でも、債権譲渡は有効です。

② ×　債権譲渡の通知は「譲渡人」が行わなければなりません。譲受人が債務者に通知しても無意味であり、債務者等に対抗することはできません。

③ ○　確定日付のある証書による通知が債務者Bに到達したのは、Dへの債権譲渡についてだけなので、DはCに対して対抗できます。

■ポイント

- 債権譲渡は原則として自由である。ただし、例外がある。
- 債権譲渡制限特約がある場合でも、債権譲渡は有効である。もっとも、悪意または重過失の譲受人に対しては履行を拒むことができる。

2-16 債務不履行

債務者が債務を履行しない場合、債権者は債務者に対し損害賠償請求や契約解除の請求を行うことができます。ここでは、債務不履行のうち履行遅滞と履行不能について学びます。

1 債務不履行等 重要度 ★★★

(1) 履行遅滞

履行遅滞とは、債務の履行が可能であるのに、履行期に履行がなされないことをいいます。

例えば、売買契約で、売主が物の引渡しをしたのにもかかわらず、期限が到来しても買主が代金を支払わない場合には、履行遅滞となります。また、返済期日までに借り受けた金銭を返さない場合も、履行遅滞です。

▼履行遅滞となる時期

確定期限を定めた債務	期限が到来した時
不確定期限を定めた債務	期限が到来した後に履行の請求を受けた時または期限が到来したことを債務者が知った時のいずれか早い時
期限の定めのない債務	債務者が履行の請求を受けた時。ただし、消費貸借の場合には、催告から相当の期間が経過した時
停止条件付債務	条件が成就したことを債務者が知った時

(2) 履行不能

履行不能とは、債務の履行が契約その他の債務の発生原因および取引上の社会通念に照らして不能である場合をいいます。履行不能の場合、債権者は履行の請求をすることができません。

例えば、建物の売買契約で、買主が代金を支払った後、売主が目的物の引渡しをしない間に、売主の過失（寝たばこの消し忘れなど）によって建物が消失した場合、建物の引渡し債務は履行不能となります。

契約に基づく債務の履行がその契約成立の時に不能であった場合でも、その履行不能によって生じた損害の賠償を請求することができます。例えば、建物の売買契約の成立前に、すでにその建物が全焼して消失していた場合であっても、生じた損害についてその賠償を請求することができます。

（3）受領遅滞

　債権者が債務の履行を受けることを拒み、または受けることができない場合において、その債務の目的が特定物の引渡しであるときは、債務者は、履行の提供をした時からその引渡しをするまで、自己の財産に対するのと同一の注意をもって、その物を保存すれば足ります。

　債権者が債務の履行を受けることを拒み、または受けることができないことによって、その履行の費用が増加したときは、その増加額は、債権者の負担となります。

❷ 債務不履行による損害賠償請求　　　重要度 ★★★

（1）損害賠償請求

　相手方の債務不履行によって損害が発生しているならば、履行の催告をすることなく、直ちに損害賠償請求をすることができます。ただし、債務不履行が契約その他の債務の発生原因および取引上の社会通念に照らして債務者の責めに帰することができない事由によるものであるとき、すなわち、債務者に責任（故意または過失）がないときは、債権者は債務者に対して損害賠償請求することはできません。

　また、債権者は、次の場合には、債務の履行に代わる損害賠償の請求をすることができます。

> ● 債務の履行に代わる損害賠償の請求をできる場合
> ① 債務の履行が不能であるとき
> ② 債務者がその債務の履行を拒絶する意思を明確に表示したとき
> ③ 債務が契約によって生じたものである場合において、その契約が解除され、または債務の不履行による契約の解除権が発生したとき

（2）損害賠償請求の範囲

　債務の不履行に対する損害賠償の請求は、これによって「通常生ずべき損害」の賠償をさせることをその目的とします。通常生ずべき損害とは、債務不履行と相当因果関係にある損害のことです。そのため、損害が発生した場合であっても、条件関係（債務不履行がなければ損害が発生しなかったという関係）にある全損害について損害賠償請求が認められるわけではありません。

　特別の事情によって生じた損害であっても、当事者がその事情を予見すべきであったときは、債権者はその賠償を請求することができます。特約がなくても、この請求はできます。

（3）過失相殺

　債務不履行またはこれによる損害の発生・拡大について債権者にも過失がある場合は、裁判所はこれを考慮して賠償責任およびその額を定めます。過失相殺をすることが公平だからです。

▼過失相殺

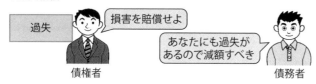

（4）金銭債務の特則

　金銭債務（金銭の支払いを目的とする債務）の不履行の損害賠償の額は、原則として法定利率によって定めますが、約定利率があれば約定利率によります。貸付契約では、通常、「年17.6%の遅延損害金を支払う」などと契約で利率を定めますので、その約定利率により遅延損害金の額を計算します。

▼法定利率（約定利率がない場合の利率）

法定利率（民法上）	年3分（年3%）

※法定利率は3年ごとに見直しがあります。

　金銭債務の不履行については、債務者は不可抗力をもって抗弁とすることはできません。例えば、貸金返還債務や代金支払債務は金銭債務なので、その債務の不履行の場合には、不可抗力であること（災害にあったことなど）を証明しても責任を免れることはできないのです。

　また、金銭債務の不履行の場合には、債権者は損害の証明をすることは必要ありません。利息相当分の損害が発生しているといえるからです。

（5）損害賠償額の予定

　当事者は、債務の不履行について損害賠償の額を予定することができます。貸付契約では、通常、「遅延損害金」（支払いが遅れた場合に支払わなければならない金銭）について定めますが、この定めが損害賠償額の予定です。

損害賠償額の予定がある場合でも、履行の請求や解除権の行使をすることができます。

違約金は、損害賠償額の予定と推定されます。

(6) 損害賠償による代位

債権者が、債務不履行に基づく損害賠償として、その債権の目的である物または権利の価額の全部の支払を受けたときは、債務者は、その物または権利について当然に債権者に代位します。この場合、債権者の承諾は不要です。

(7) 債権不履行による損害賠償請求権の消滅時効

債務不履行による損害賠償請求権は通常の債権ですから、権利を行使できることを知った時から5年、または権利を行使できる時から10年（人の生命・身体の侵害の場合は20年）の経過により消滅時効が成立します（→P177）。

練習問題（○×問題）

① 債務の履行について不確定期限があるときは、債務者は、その期限の到来した時から遅滞の責任を負う。
② 債務の不履行に関して債権者に過失があったときであっても、裁判所は、これを考慮して損害賠償の責任およびその額を定めることはできない。

解答

① × 不確定期限の場合、債務者は、期限到来後に履行の請求を受けた時または期限到来を知った時のいずれか早い時から遅滞の責任を負います。
② × 債務の不履行またはこれによる損害の発生・拡大に関して債権者に過失があったときは、裁判所は、これを考慮して、損害賠償の責任およびその額を定めます。

■ポイント

- 履行遅滞と履行不能は異なる。
- 履行遅滞の時期は、各債務によって異なる。
- 金銭債務については特則がある。

2-17 契約の解除

解除とは、契約を解消して白紙の状態に戻すことをいいます。ここでは、どのような場合に債務不履行による解除ができるのか、どのように解除をするのかについて学びます。

1 解除の方法 重要度 ★★★

(1) 解除権の行使

当事者の一方が解除権を有するときは、その解除は、相手方に対する意思表示によってします。解除の意思表示は、撤回することができません。

(2) 催告による解除

債務者が履行しない場合、債権者は相当の期間を定めて履行の催告をし、その期間内に履行がないときにはじめて、契約の解除をすることができます。このように催告が要求されているのは、債務者に履行の機会を与えるためです。

なお、債務不履行が軽微であるときは、解除することはできません。

(3) 催告によらない解除

次の場合は、債権者は、催告をすることなく、直ちに契約の解除をすることができます。これらの場合は、催告をして履行を求めることが無意味だからです。

● **催告によらない解除ができる場合（一部）**

① 債務の全部の履行が不能であるとき

② 債務者がその債務の全部の履行を拒絶する意思を明確に表示したとき

③ 債務の一部の履行が不能である場合、または債務者がその債務の一部の履行を拒絶する意思を明確に表示した場合において、残存する部分のみでは契約をした目的を達することができないとき

④ 契約の性質または当事者の意思表示により、特定の日時または一定の期間内に履行をしなければ契約をした目的を達することができない場合において、債務者が履行をしないでその時期を経過したとき

一部の履行不能の場合や、債務者が一部の履行を拒絶する意思を明確に表示した場合は、債権者は、催告なしに、契約の一部を解除することができます。

（4）解除権の不可分性

　当事者の一方が数人ある場合には、契約の解除は、その全員からまたはその全員に対してのみ、することができます。また、解除権が当事者のうちの一人について消滅したときは、他の者についても消滅します。

2 解除の効果　　重要度 ★★★

　当事者の一方がその解除権を行使したときは、各当事者は、その相手方を原状に復させる義務を負います（原状回復義務）。そのため、まだ履行していない義務があるときはその義務を逃れ、すでに給付したものがあるときはこれを返還する義務を負います。ただし、第三者の権利を害することはできません。

　解除権を行使した場合でも、損害賠償の請求をすることができます。

3 解除権の消滅　　重要度 ★★★

（1）催告による解除権の消滅

　解除権の行使期間の定めがない場合、相手方は、解除権を有する者に対し、相当の期間を定めて、解除をするかどうかを確答すべき旨の催告をすることができます。その期間内に解除の通知を受けないときは、解除権は消滅します。

（2）目的物の損傷等による解除権の消滅

　解除権を有する者が故意もしくは過失によって契約の目的物を著しく損傷し、もしくは返還することができなくなったとき、または加工・改造によってこれを他の種類の物に変えたときは、解除権は消滅します。

練習問題（○×問題）

① 解除の意思表示は、いつでもその意思表示を撤回することができる。
② 債務が履行不能となった場合、債権者は、債務者に対して債務の履行を催告しなければ、契約を解除することができない。

解答

① × 解除の意思表示は、撤回することができません。
② × 履行不能の場合は、催告なしに解除することができます。

■ポイント

・一定の場合には、催告をしなくても契約を解除することができる。
・当事者が数人ある場合、契約の解除は、全員からまたは全員に対して行う。

2-18 弁済・相殺、その他の債権消滅原因

借入金の返済をすれば、借入金債務が消滅します。このように弁済は債務を消滅させる効果を持ちます。ここでは、弁済のほか、弁済と同様に債務を消滅させる効果を持つ供託や相殺などについて学びます。

1 弁済　　　　　　　　　　　　　　　　　重要度 ★★★

(1) 弁済の費用

　弁済の費用について当事者間に別段の定めがなされていない場合、弁済のための費用は、原則として債務者が負担しなければなりません。ただし、債権者が住所の移転その他の行為によって弁済の費用を増加させたときは、その増加額は、債権者の負担となります。

　なお、売買契約や利息付金銭消費貸借契約に関する費用は、当事者双方が等しい割合で負担します。

(2) 弁済の場所

　弁済をすべき場所について当事者間に別段の定めがなされていない場合、金銭債務等の弁済は債権者の現在の住所においてしなければなりません。例えば、金銭消費貸借契約おける借入金債務は、債権者である貸主の現在の住所で弁済をしなければなりません。

　なお、特定物（土地や建物など）の引渡しの場合には、別段の定めがなければ、債権発生の時にその物が存在した場所が弁済場所となります。

(3) 第三者の弁済

　債務の弁済は、第三者もすることができます。ただし、債務の性質から許されないとき、または、当事者が第三者の弁済を禁止・制限する旨の意思表示をしたときは、第三者による弁済はできません。例えば、金銭消費貸借契約において、当事者間に、借主以外の第三者（保証人を除く）による弁済を禁ずる旨の別段の定めがなされていた場合には、当事者が第三者の弁済を禁止・制限する旨の意思表示をしたといえるので、第三者による弁済はできません。

　また、弁済をするについて正当な利益を有する者でない第三者は、原則として、債務者・債権者の意思に反して弁済をすることができません。例えば、債務者の親・兄弟姉妹・友人などは、正当な利益を有しない第三者であるから、債務

者・債権者の意思に反して弁済することはできません。もっとも、債務者の意思に反することを債権者が知らなかったときは、その弁済は有効であるとされています。

> ● **第三者弁済が制限される場合**
> ・ 債務の性質から第三者による弁済が許されないとき
> ・ 当事者が第三者の弁済を禁止・制限する旨の意思表示をしたとき
> ・ 弁済をするについて正当な利益を有しない者が債務者・債権者の意思に反して弁済しようとするとき

(4) 弁済による代位

　第三者が弁済した場合には、第三者は債務者に対して求償権を取得します。この求償権を確保するため、債権者が債務者に対して持っていた債権や担保が弁済者に移転し、弁済者は債権者に代わって、求償の範囲内で、債権の効力および担保としてその債権者が有していた一切の権利を行使することができます。これを弁済による代位といいます。

　債務者のために弁済した者は、債権者に代位しますが、この場合、債権者の承諾は必要ありません。

(5) 受領権者としての外観を有する者に対する弁済

　弁済は本来ならば受領権者（債権者等）に対してすべきであり、受領権者以外の者に対する弁済は無効なはずです。

　しかし、弁済受領権限があるかのような外観を信頼して弁済した者を保護する必要があるため、例外的に、受領権者としての外観を有する者に対して善意かつ無過失で弁済したときは、その弁済は有効であるとされています。

(6) 受取証書の交付請求

　弁済をする者は、弁済と引換えに、弁済を受領する者に対して受取証書（領収書など）の交付を請求することができます。この弁済と受取証書の交付は同時に履行すべき関係にあります（→P157）から、弁済期が到来していても、受取証書の交付を受けるまでは弁済を拒むことができます。

(7) 債権証書の返還

　弁済をした者が全部の弁済をしたときは債権証書（借用証書など）の返還を請求することができます。ただし、受取証書の交付の場合とは異なり、弁済と

債権証書の返還は同時に履行すべき関係にはありませんので、債権証書の返還を受けるまでは弁済をしないと主張することはできません。

▼同時履行の関係にあるか否か

弁済と受取証書の交付	同時履行の関係にある
弁済と債権証書の返還	同時履行の関係にない

(8) 弁済の充当の指定

　債務者が同一の債権者に数個の債務を負担する場合、弁済額がすべての債務を消滅させるのに足りないときは、弁済者は、弁済する時に、その弁済を充当すべき債務を指定することができます。

　この指定を弁済者がしないときは、弁済を受領する者は、その受領の時に、その弁済を充当すべき債務を指定することができます。ただし、弁済者がその充当に対して直ちに異議を述べたときは、指定することができません。

(9) 元本、利息および費用を支払うべき場合の充当

　債務者が1つまたは数個の債務について元本のほか利息および費用を支払うべき場合で、弁済者がその債務の全部を消滅させるのに足りない給付をしたときは、これを費用、利息、元本の順に充当しなければなりません。もっとも、弁済の充当の順序に関する合意がある場合は、その順序に従い、その弁済を充当します。

(10) 弁済の提供の効果

　債務者は、弁済の提供の時から、債務を履行しないことよって生ずべき責任を免れます。

(11) 弁済の提供の方法

　弁済の提供は、債務の本旨に従って現実にしなければなりません。ただし、債権者があらかじめ受領を拒み、または債務の履行について債権者の行為を要するときは、弁済の準備をしたことを通知してその受領の催告をすれば足ります。

(12) 代物弁済

　弁済をすることができる者（以下「弁済者」という。）が、債権者との間で、債権者の負担した給付に代えて他の給付をすることにより債務を消滅させる契約をした場合において、その弁済者がその他の給付をしたときは、その給付は、弁済と同一の効力を有します。これを代物弁済といいます。

② 供託　　　　　　　　　　　　　　重要度 ★★

　債権者が弁済の受領を拒み、またはこれを受領することができないときは、弁済者は弁済の目的物を供託してその債務を免れることができます。弁済者の過失なく債権者が誰であるかを確知することができないときにも、供託所に供託をすることができます。

③ 相殺　　　　　　　　　　　　　　重要度 ★★★

(1) 相殺の概要

　債務者が債権者に債権を有するときは、その債権（自働債権）が弁済期にあれば、自己の債務（受働債権）とその債権を相殺することによって、対当額について債務を消滅させることができます。

　自働債権の弁済期が到来していれば、受働債権の弁済期が到来していない場合であっても、相殺することができます。自働債権とは、相殺する当事者側の債権のことであり、受働債権とは、相殺を受ける側の債権のことです。

　例えば、図のように金銭600万円を借り受けている者が、以前、貸主に対して自己所有の土地を売却し、その代金400万円の支払いをまだ受けていなかった場合、借主は相殺をすることで、対当額である400万円について債務が消滅し、残りの債務を200万円にまで減少させることができます。

▼相殺の事例

　上記のように、金銭債務と金銭債務とを相殺することが一般的です。相殺をするためには2人が互いに同種の目的を有する債務を負担する場合でなければならないとされているため、例えば、金銭債務と自動車の引渡債務とを相殺することはできません。

▼相殺の可否

相殺禁止の特約	相殺禁止制限の特約がある場合、第三者がこれを知り、または重大な過失によって知らなかったときに限り、その第三者に対抗できる
履行地が異なる場合	双方の債務の履行地が異なる場合でも、相殺をすることができる
時効と相殺	自働債権が時効で消滅した場合でも、その消滅以前に相殺に適するようになっていたときには相殺できる
不法行為等と相殺	次の債務の債務者（加害者）は相殺をもって債権者（被害者）に対抗することができない ①悪意による不法行為に基づく損害賠償の債務 ②人の生命・身体の侵害による損害賠償の債務 ※被害者側から損害賠償請求権を自働債権として相殺することはできます。
差押禁止債権と相殺	債権が差押えを禁じたものであるときは、その債務者は、相殺をもって債権者に対抗することはできない
差押えと相殺①	差押えを受けた債権を自働債権として相殺することは禁止されている
差押えと相殺② （差押えを受けた債権を受働債権とする場合）	差押えを受けた債権の第三債務者は、差押え後に取得した債権による相殺をもって差押債権者に対抗することはできないが、差押え前に取得した債権による相殺をもって差押債権者に対抗することができる もっとも、差押え後に取得した債権であっても、その債権が差押え前の原因に基づいて生じたものであるときは、その第三債務者は、その債権による相殺をもって差押債権者に対抗することができる。ただし、第三債務者が差押え後に他人の債権を取得したときは、相殺をもって差押債権者に対抗することはできない

(2) 相殺の方法および効力

　相殺は、当事者の一方から相手方に対する意思表示によって行います。相殺の意思表示には、条件または期限を付することができません。

　相殺の意思表示は、双方の債務が互いに相殺に適するようになった時にさかのぼってその効力を生じます。

4　更改　重要度 ★★

　更改とは、債務の要素を変更して、従来の債務を消滅させて新たな債務を生じさせることをいいます。更改は、契約（当事者双方の意思表示の合致）により行う必要があるため、一方的意思表示によって行うことはできません。

5 免除　　　　重要度 ★★

　免除とは、債権者が、債務者に対する一方的な意思表示によって債務を消滅させることをいいます。免除をする場合、債務者の同意は不要です。

6 混同　　　　重要度 ★★

　債権および債務が同一人に帰属したときは、混同により、その債権は消滅します。例えば、父親からお金を借りた後に父親（債権者）が死亡した場合、債務者は債権者の地位も相続し、債権者と債務者が同一人物となります。このとき、2つの地位を存続しておく必要はないため、債権は消滅するのです。

　ただし、債権が質権の目的となっている場合のように、その債権が第三者の権利の目的であるときは、消滅しません。

練習問題（○×問題）

① 債務者のために有効な弁済をした場合であっても、債権者の承諾を得たときでなければ、債権者に代位しない。

② 債権および債務が同一人に帰属したときは、その債権は、第三者の権利の目的であるときを除き、消滅する。

解答 ・・・

① × 債務者のために有効な弁済をした者は、債権者の承諾がなくても、債権者に代位します。

② ○ 設問の通りです。

■ポイント

・第三者による弁済は原則として自由である。ただし、例外がある。

・受取証書と債権証書の違いに注意しよう。

2-19 債権者代位権・詐害行為取消権

債権者には、自己の債権を保全するために、債権者代位権と詐害行為取消権が与えられています。ここでは、主に債権者代位権と詐害行為取消権の要件について学びます。

1 債権者代位権　重要度 ★★

(1) 債権者代位権

債権者代位権とは、債権者が債権の保全の必要性がある場合に、それを保全するため、債務者の持っている権利を債務者に代わって行使できる権利です。例えば、AがBに対して貸金債権を持っていた場合で、BがCに対して持っている売買代金債権を行使しないため、BのCに対する債権が時効によって消滅するおそれがあるときは、AがBに代わってCに対する債権を行使することで（請求するなどして）、その債権の時効消滅を回避することができます。

▼債権者代位権

(2) 債権者代位権の要件

債権者代位権の要件は、次の通りです。

① 被保全債権が弁済期にあること

原則として被保全債権（債権者が債務者に対して持つ保全されるべき債権）が弁済期になければなりませんが、保存行為（債務者の財産の現状を維持する行為）の場合には弁済期前であってもかまいません。

② 被保全債権が強制執行で実現可能であること

③ 保全の必要性があること

原則として債務者が無資力であることが必要です。

④ 被代位権利（代行使される権利）が一身専属権ではないこと

例えば、慰謝料請求権や財産分与請求権、遺留分減殺請求権などは一身専属

権（特定の権利者だけがその行使を許されている権利）であるため、代位行使することはできません。

⑤ **被代位権利が差押えを禁止されたものではないこと**

2　詐害行為取消権　　　　　　重要度 ★★

（1）詐害行為取消権

詐害行為取消権とは、債務者が債権者を害する行為（以下、「詐害行為」という）をする場合に、債権者がその詐害行為を取り消すことができる権利です。

例えば、債務者が土地以外の資産がないにもかかわらず土地を売却したような場合に、債権者はその売買契約を取り消します。

詐害行為取消権の行使は、裁判所でしなければならないとされています。

（2）詐害行為取消権の要件

詐害行為取消権の要件は次の通りです。

① **被保全債権が詐害行為時より前の原因に基づいて生じたものであること**

なお、被保全債権が弁済期にある必要はありません。

② **被保全債権が強制執行で実現可能であること**

③ **保全の必要性があること**

債務者が無資力であることが必要です。

④ **債務者が詐害の意思を持ち、かつ、受益者が悪意であること**

⑤ **財産権を目的とする行為であること**

練習問題（○×問題）

① 債務者が、その一身に専属する権利を行使しない場合、債権者は、債権者代位権を行使し、債務者の当該権利を行使することができる。

② 債権者は、裁判外において、詐害行為取消権を行使することができる。

解答

① ×　一身専属権について債権者代位権を行使することはできません。

② ×　詐害行為取消権は、裁判所においてのみ行使することができ、裁判外において行使することはできません。

■ポイント

- 債権者が債務者に代わって債務者の権利を行使できる場合がある。
- 一部の債権者に対する弁済や担保権設定行為は取り消されることがある。

2-20 不当利得

法律上の原因なく利益を得ている場合には、不当利得として、その返還を求められることがあります。ここでは、不当利得の概要と、不当利得返還請求が制限される場合を学びます。

1 不当利得の返還 重要度 ★★

法律上の原因なく他人の財産・労務によって利益を受け、そのために他人に損失を及ぼした者(以下、「受益者」という。)は、その利益の存する限度において、これを返還する義務を負います。例えば、元本や利息の支払いが完済したにもかかわらず、それを知らずに支払いを続けた場合、完済後に支払われた部分について、貸主は、借主に不当利得として返還する義務を負います。

悪意の受益者は、その受けた利益に利息を付して返還しなければなりません。また、この場合、その他人に損害があるときは、その賠償の責任を負います。

悪意とは、ある事実を知っていることをいいます。そのため、事実を知らない受益者は、利息を付して返還する必要はありません。

2 不当利得による返還請求の制限 重要度 ★★★

(1) 債務の不存在を知ってした弁済

債務の弁済として給付をした者は、その時において債務の存在しないことを知っていたときは、その給付したものの返還を請求することができません。

これに対して、債務の存在しないことを知らなかった場合には、原則の通り、その給付したものの返還を請求することができます。

(2) 期限前の弁済

債務者は、弁済期にない債務の弁済として給付をしたとき、その給付したものの返還を請求することができません。つまり、返済期限の前に返済した場合であっても、そのお金を返してとはいえないということです。

ただし、債務者が錯誤によってその給付をしたときは、債権者は、これによって得た利益を返還しなければなりません。

(3) 他人の債務の弁済

　債務者でない者が錯誤によって債務の弁済をした場合において、債権者が善意で証書を滅失させもしくは損傷し、担保を放棄し、または時効によってその債権を失ったときは、その弁済をした者は、返還の請求をすることができません。このときは、弁済をした者から債務者に対して求償権の行使をすることはできます。

(4) 不法原因給付

　不法な原因のために給付をした者は、その給付したものの返還を請求することができません。ただし、不法な原因が受益者についてのみ存したときは、返還を請求することができます。

練習問題（○×問題）

① 債務の弁済として給付をした者は、その時に債務の存在しないことを知らなかったとしても、その給付したものの返還を請求できない。

② 不法な原因のために給付をした者は、不法な原因が給付を受けた受益者についてのみ存した場合でも、その給付したものの返還を請求できない。

解答

① × 債務の存在しないことを知っていたときは返還請求できませんが、知らなかったときは返還請求できます。

② × 不法原因給付は原則として返還請求できませんが、不法な原因が受益者についてのみ存在する場合には返還請求できます。

■ポイント

・ 不当利得に対しては返還請求ができるが、一定の場合には制限がある。

・ 悪意の受益者は、利息を付けて返還し、損害があれば賠償責任を負う。

2-21 不法行為

他人の権利や利益を侵害した場合には不法行為が成立し、損害賠償責任を負うことがあります。ここでは、不法行為について貸金業務に関係の深い部分を学びます。

1 不法行為　　　　　　　　　　　　　　　　　　　　重要度 ★★

(1) 不法行為

　不法行為は、故意または過失によって他人の権利または法律上保護された利益を侵害し、これによって他人（被害者）に損害が生じた場合に成立する責任です。不法行為が成立した場合、加害者は被害者に対して損害賠償責任（損害賠償の支払義務）を負います。

　例えば、車の運転を誤って他人に重傷を負わせた場合に成立します。

(2) 使用者責任

　被用者（従業員）が使用者（雇い主）の事業の執行につき、第三者に損害を与えた場合、使用者は被害者に対して直接損害賠償責任を負うことがあります。

▼使用者責任

被用者

加害者

損害賠償責任

使用者

損害賠償責任

被害者

　例えば、取立ての際、貸金業者の従業員が、借主にけがをさせたり、精神的苦痛を与えたりした場合、加害者である従業員が被害者である借主に対して損害賠償責任を負うことは当然ですが、使用者である貸金業者も借主に対して損害賠償責任を負う可能性があります。ただし、使用者が被用者の選任およびその事業の監督について相当の注意をしたとき、または相当の注意をしても損害が生ずべきであったときは、責任を負いません。

(3) 共同不法行為

　数人が共同の不法行為によって他人に損害を加えたときは、各自が連帯してその損害を賠償する責任を負います。例えば、車同士が衝突して歩行者にケガを負わせた場合、運転者は連帯して歩行者に賠償責任を負います。それぞれが独立して責任を負うわけではありません。

(4) 注文者の責任

注文者は、請負人がその仕事について第三者に加えた損害を賠償する責任を負いません。ただし、注文または指図についてその注文者に過失があったときは、責任を負います。

例えば、建物の建築をある者に注文した場合において、その請負人が建築の際に誤って第三者に損害を加えたときは、請負人は責任を負いますが、注文者は責任を負いません。注文者が具体的に建築の方法等を指示して、その指示に過失があったような場合にだけ、注文者は責任を負います。

(5) 過失相殺

被害者にも過失がある場合には、損害賠償額が減額されることがあります。

(6) 不法行為による損害賠償請求権の消滅時効

被害者または法定代理人が損害および加害者を知った時から3年（人の生命・身体を害する不法行為の場合は5年）経過すれば、損害賠償請求権は時効によって消滅し、もはや賠償請求できなくなります。また、不法行為時から20年経過した場合も賠償請求はできません。

練習問題（○×問題）

① ある事業のために他人を使用する者は、被用者がその事業の執行について第三者に加えた損害を賠償する責任を負う。

② 不法行為に基づく損害賠償請求権は、被害者またはその法定代理人が損害および加害者を知った時から2年間行使しないときは、時効によって消滅する。

解答

① ○ 設問の通りです。

② × 不法行為による損害賠償請求権は、被害者またはその法定代理人が損害および加害者を知った時から3年間行使しない場合に、時効によって消滅します。

■ポイント

・ 使用者が不法行為による損害賠償責任を負うことがある。

・ 不法行為による損害賠償請求権は、損害・加害者を知った時から3年（生命・身体の侵害の場合は5年）、不法行為の時から20年で、時効により消滅する。

2-22 相続

相続は被相続人（遺産を残す者）の死亡によって開始し、相続人は被相続人の
プラス財産（不動産や債権など）とともに、マイナス財産（債務など）も承継し
ます。ここでは、相続について学びます。

① 相続人・相続分　　　　　　　　　　重要度 ★★★

（1）相続人

配偶者は常に相続人になります。その他の者は、次の順序に従って相続人に
なります。例えば、被相続人に子がいる場合には、子のみが相続人になれるの
であって、父母が相続人になることはできません。

> ● 相続人となる順位
> ① 被相続人の子（胎児や養子も含む）
> ② 被相続人の子がいなければ、被相続人の直系尊属（父母または祖父母）
> ③ 子も直系尊属もいなければ、被相続人の兄弟姉妹

（2）代襲相続

被相続人の子または兄弟姉妹が相続開始以前に死亡していた場合や、相続欠
格または相続人廃除があった場合には、その者の子（被相続人からみれば孫など）
が相続することになることを、代襲相続といいます。

なお、被相続人の子が相続放棄をした場合、代襲相続はありません。

（3）法定相続分

相続分（各相続人が相続を受ける割合）は、右のページの表の通りです。

例えば、被相続人に妻と子A・B・Cがいる場合、各相続人の相続分は、配偶
者が2分の1、子A・B・Cは各6分の1（子の相続分2分の1を3人で均等に分け
た割合）です。もし、被相続人の死亡以
前にAが死亡していた場合で、Aに子D
がいるときには、Dが代襲相続人とし
てAの相続分6分の1を取得します。

▼相続の事例

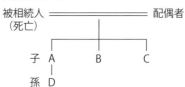

2
貸付けに関する法令と実務

▼法定相続分

子と配偶者が相続人の場合	配偶者：2分の1、子：2分の1
父母・祖父母と配偶者が相続人の場合	配偶者：3分の2、父母・祖父母：3分の1
兄弟姉妹と配偶者が相続人の場合	配偶者：4分の3、兄弟姉妹：4分の1

※ 子が数人いる場合は子の相続分を均分します。
※ 被相続人の兄弟姉妹が相続人となる場合、父母の一方のみを同じくする兄弟姉妹の相続分は、父母の双方を同じくする兄弟姉妹の相続分の2分の1です。

(4) 遺言による相続分の指定

　被相続人は、遺言で、法定相続分と異なる相続分を指定することもできます。

　被相続人が遺言で法定相続分と異なる相続分を指定していた場合であっても、被相続人の債権者は、各共同相続人に対し、その法定相続分に応じてその権利を行使することができます。

2　遺産の帰属・遺産の分割　　重要度 ★★

(1) 遺産分割前の遺産の帰属

　共同相続の場合（相続人が数人いる場合のこと）、遺産としての不動産や金銭は、相続人全員の共有になります。

　可分債権（金銭債権等）や可分債務（金銭債務等）は、各相続人に相続分に応じて当然に分割され、承継されます。例えば、金銭を借り受けた者が死亡し、その者に相続人として子2人がいる場合、金銭を貸し付けた者は、その子らに対して各2分の1について貸金の返還請求をすることができます。

　連帯債務者の1人が死亡した場合、その相続人は被相続人の債務の分割されたものを承継し、各自その承継した範囲で本来の債務者とともに連帯債務者となります。例えば、AとBが連帯して債務を負っており、Aが死亡した場合、Aの連帯債務はAの相続人間で当然に分割され、各相続人はその相続分に応じて承継し、その承継した範囲でBとともに連帯債務者となります。仮に、Aの相続人が子3人だけだったときは、各相続人は3分の1についてBとともに連帯債務者となるのです。各相続人が全額の連帯債務を負うわけではありません。

(2) 遺産の分割

　遺産の分割は、共同相続人全員の協議によって行われますが、協議が調わなければ、家庭裁判所に遺産分割の請求をすることもできます。

　遺産の分割は、相続開始の時にさかのぼってその効力を生じます。ただし、第三者の権利を害することはできません。

　共同相続人の1人が相続債務の全額を相続する旨の共同相続人間の協議が整った場合であっても、債権者はこの協議内容に拘束されず、各相続人に対して法定相続分に応じた債務の支払いを請求することができます。

③ 相続放棄・限定承認　　　　　　　　重要度 ★★★

(1) 相続放棄

　被相続人が多額の借金をしているような場合には、相続放棄や限定承認をすることで、相続人はその負担から免れることができます。

　相続放棄をした者は、はじめから相続人ではなかったとみなされます。そのため、権利も義務も一切承継しません。

　相続放棄は1人の相続人が単独でできます。

(2) 限定承認

　相続人は、相続によって得た財産の限度においてのみ被相続人の債務および遺贈を弁済すべきことを留保して、相続の承認をすることができます。この承認を「限定承認」といいます。

　限定承認は相続人全員が共同して行わなければならず、1人の相続人が単独で行うことはできません。

(3) 相続の承認・放棄の期間制限

　相続放棄や限定承認は、自己のために相続の開始があったことを知った時から3か月以内に家庭裁判所に申述して行わなければなりません。これをしない場合には、単純承認（無限に被相続人の権利・義務を承継することを承認すること）をしたものとみなされます。相続の承認や放棄をした後は、上記の期間内（3か月以内）であっても、これを撤回することはできません。

④ 遺言　　　　　　　　　　　　　　　重要度 ★

　15歳に達した者は、遺言をすることができます。

5 遺留分　　　　　　　　　　　　　重要度 ★★

(1) 遺留分

　遺族の生活保障などのため、必ず留保されなければならない遺産の割合（遺留分）が決められています。共同相続人の1人に遺産の全部を相続させる遺言があった場合でも、他の共同相続人は遺留分によって保護されるわけです。もっとも、遺留分に反する遺言も有効であり、遺留分権利者に遺留分侵害額の請求が認められているにすぎません。

　相続人（兄弟姉妹を除く）は、遺留分として、次に定める割合に相当する額を受けることができます。

▼遺留分の総額

原則	被相続人の財産の2分の1
直系尊属のみが相続人である場合	被相続人の財産の3分の1

(2) 遺留分侵害額請求権の期間制限

　遺留分侵害額の請求権は、遺留分権利者が、相続の開始および遺留分を侵害する贈与または遺贈があったことを知った時から1年間行使しないときは、時効によって消滅します。また、相続開始の時から10年以内にしない場合も権利行使が制限されます。

練習問題（○×問題）

① 限定承認または相続放棄は、原則として、自己のために相続の開始があった時から3か月以内にしなければならない。

② 兄弟姉妹が遺留分権利者になることはない。

解答 ••

① × 相続開始時から3か月以内ではありません。相続開始があったことを知った時から3か月以内です。

② ○ 兄弟姉妹には遺留分がありません。

■ポイント

・各相続人の相続分を計算できるようにしておこう。

・遺族は遺留分によって保護される。ただし、期間制限がある。

演習問題 2-1

■問1
（令和5年問題28）　✓✓✓

　意思能力及び行為能力に関する次の①～④の記述のうち、民法上、その内容が適切なものを1つだけ選び、解答欄にその番号をマークしなさい。

① 法律行為の当事者が意思表示をした時に意思能力を有しなかったときは、その法律行為は、取り消すことができる。

② 未成年者は、権利を得る法律行為をする場合にはその法定代理人の同意を得なければならないが、義務を免れる法律行為をする場合にはその法定代理人の同意を得る必要はない。

③ 成年被後見人の法律行為（日用品の購入その他日常生活に関する行為を除く。）は、あらかじめ成年後見人の同意を得ていた場合であっても、取り消すことができる。

④ 被保佐人は、あらかじめ保佐人の同意を得なくても、金銭の借入れ及びその返済をすることができる。

■問2
（令和5年問題36）　✓✓✓

　意思表示に関する次の①～④の記述のうち、民法上、その内容が<u>適切でない</u>ものを1つだけ選び、解答欄にその番号をマークしなさい。

① Aは、Bに甲建物を売却するつもりがないのに、Bと通謀して、甲建物をBに売却する旨の虚偽の売買契約を締結し、AからBへの甲建物の所有権移転登記を経た。この場合において、AとBが通謀して虚偽の売買契約を締結した事情を知らない第三者CがBから甲建物を買い受けたときは、Aは、AB間の契約は虚偽表示により無効である旨をCに対抗することができない。

② Aは、Bが所有する甲土地の近隣に鉄道の駅が新設される計画を知り、Bとの間で、甲土地を購入する旨の売買契約を締結した。しかし、当該駅新設の計画は、当該売買契約の締結前に既に中止となっていたが、Aはそれを知

らなかった。この場合において、Aは、当該駅新設が甲土地を購入する動機である旨をBに表示していなかったときは、Bに対し、当該売買契約を錯誤により取り消すことができない。

③ Aは、Bの詐欺により、Bとの間でBに甲絵画を売却する旨の売買契約を締結し、Bに甲絵画を引き渡した後、Bは、詐欺の事情を知らず、知らないことに過失のない第三者Cに甲絵画を売却した。その後、Aは、詐欺による意思表示を理由としてAB間の売買契約を取り消した場合、その取消しをCに対抗することができない。

④ Aは、Bの強迫により、Bとの間でBに甲土地を売却する旨の売買契約を締結し、AからBへの甲土地の所有権移転登記を経た後、Bは、強迫の事情を知らず、知らないことに過失のない第三者Cに甲土地を売却した。その後、Aは、強迫による意思表示を理由としてAB間の売買契約を取り消した場合、その取消しをCに対抗することができない。

■問3

（令和3年問題37）

　Aがその所有する甲自動車をBに売却する旨の委任に係る代理権（以下、本問において「本件代理権」という。）をCに付与する場合等に関する次の①〜④の記述のうち、民法上、その内容が適切でないものを1つだけ選び、解答欄にその番号をマークしなさい。

① Cは、本件代理権を付与された後、Aの代理人であることを示さないで、Bに甲自動車を売却する旨の売買契約を締結した。この場合において、Bが、CがAの代理人であることを知っていたときは、当該売買契約は、Aに対して直接にその効力を生ずる。

② Cは、本件代理権を付与されていた場合、Aの許諾を得たとき、又はやむを得ない事由があるときでなければ、復代理人を選任することはできない。

③ Cは、本件代理権を付与された後、本件代理権に係る代理行為をする前に、後見開始の審判を受け成年被後見人となった。この場合、本件代理権は消滅する。

④ Cは、Aから付与された本件代理権が消滅した後に、Aの代理人としてBに甲自動車を売却する旨の売買契約を締結した。この場合において、Bが、本件代理権の消滅の事実を知らなかったときは、知らないことに過失があったとしても、Aは、Bに対して、Cの行為についての責任を負う。

問4 （令和5年問題29）

　無効及び取消しに関する次の①〜④の記述のうち、民法上、その内容が適切なものを1つだけ選び、解答欄にその番号をマークしなさい。

① 無効な行為は、当事者がその行為の無効であることを知って追認をしたときは、初めから有効であったものとみなされる。

② 行為能力の制限によって取り消すことができる行為について、制限行為能力者は、その法定代理人、保佐人又は補助人の同意を得なければ、その行為を取り消すことができない。

③ 取り消すことができる行為は、取り消されるまで有効であり、取り消されたときに、取り消された時から将来に向かって無効となる。

④ 錯誤、詐欺又は強迫によって取り消すことができる行為の追認は、取消しの原因となっていた状況が消滅し、かつ、取消権を有することを知った後にしなければ、その効力を生じない。

問5 （令和5年問題30）

　時効に関する次の①〜④の記述のうち、民法上、その内容が適切なものを1つだけ選び、解答欄にその番号をマークしなさい。

① 債権は、債権者が権利を行使することができることを知った時から10年間行使しないとき、又は権利を行使することができる時から20年間行使しないときは、時効によって消滅する。

② 当事者は、あらかじめ時効の利益を放棄したときは、時効を援用することができない。

③ 時効の完成猶予又は更新は、完成猶予又は更新の事由が生じた当事者、その承継人及び当該時効の完成猶予又は更新により利害関係が生じるすべての者の間において、その効力を有する。

④ 確定判決又は確定判決と同一の効力を有するものによって確定した権利については、確定の時に弁済期の到来していない債権を除き、10年より短い時効期間の定めがあるものであっても、その時効期間は、10年とされる。

■問6

（令和5年問題38）

　質権及び抵当権に関する次の①～④の記述のうち、民法上、その内容が<u>適切でないもの</u>を1つだけ選び、解答欄にその番号をマークしなさい。

① 債権を目的とする質権の設定は、第三債務者への質権の設定の通知又は第三債務者の承諾がなければ、第三債務者に対抗することができない。

② 貸金債権を被担保債権として売買代金債権に質権を設定した場合、質権者は、売買代金債権の額が貸金債権の額を超えていても、売買代金債権の全部を直接に取り立てることができる。

③ 根抵当権者は、確定した元本並びに利息その他の定期金及び債務の不履行によって生じた損害の賠償の全部について、極度額を限度として、その根抵当権を行使することができる。

④ 根抵当権の被担保債権の元本の確定前においては、後順位の抵当権者その他の第三者の承諾を得ることなく、根抵当権の担保すべき債権の範囲の変更をすることができる。

■問7

（平成30年問題32改題）

　連帯債務に関する次の①～④の記述のうち、民法上、その内容が適切なものを1つだけ選び、解答欄にその番号をマークしなさい。なお、本問における連帯債務者各自の負担部分は等しいものとする。

① 連帯債務者の1人と債権者との間に混同があったときは、その連帯債務者は、弁済をしたものとみなされる。

② 連帯債務者の1人と債権者との間においてなされた更改は、連帯債務者全員の同意がなければ、他の連帯債務者に対してその効力を生じない。

③ 連帯債務者の1人のために消滅時効が完成したときは、他の連帯債務者の債務は、すべて時効によって消滅する。

④ 連帯債務者の1人に対してした債務の免除は、他の連帯債務者に対して、その効力を生ずる。

■問8　　　　　　　　　　　　（令和5年問題39）　　　✓ ✓ ✓

　保証に関する次の①〜④の記述のうち、民法上、その内容が<u>適切でないもの</u>を1つだけ選び、解答欄にその番号をマークしなさい。

① 保証人の負担が債務の目的又は態様において主たる債務より重いときは、主たる債務の限度に減縮されるため、保証人は、その保証債務についてのみ、違約金又は損害賠償の額を約定することはできない。

② 保証人は、主たる債務者と連帯して債務を負担したときは、民法第452条（催告の抗弁）及び同第453条（検索の抗弁）のいずれの権利も有しない。

③ 行為能力の制限によって取り消すことができる債務を保証した者は、保証契約の時にその取消しの原因を知っていた場合において、主たる債務が不履行となり又はその債務が取り消されたときは、これと同一の目的を有する独立の債務を負担したものと推定される。

④ 債務者が保証人を立てる義務を負う場合には、債権者が保証人を指名したときを除き、その保証人は、行為能力者であること及び弁済する資力を有することのいずれの要件も具備する者でなければならない。

■問9　　　　　　　　　　　　（令和5年問題32）　　　

　AのBに対する貸付金債権（以下、本問において「本件債権」という。）の譲渡に関する次の①〜④の記述のうち、民法上、その内容が<u>適切なもの</u>を1つだけ選び、解答欄にその番号をマークしなさい。

① 本件債権については、AとBとの間で、第三者への譲渡を禁止する旨の特約がなされていたにもかかわらず、Aは本件債権を第三者Cに譲渡した。この場合、本件債権の譲渡は無効であり、Cは、本件債権を取得することができない。

② Aは、本件債権をCに譲渡し、Cへの本件債権の譲渡についてBに対し確定日付のある証書によらない通知をした。この場合、Cは、本件債権の譲渡をBに対抗することができず、Bは、Cからの本件債権の弁済の請求を拒むことができる。

③ Aは、本件債権をCとDに二重に譲渡した。Bが、Cへの本件債権の譲渡について確定日付のある証書によらない承諾をした後、BからCに本件債権の弁済がなされる前に、Dへの本件債権の譲渡について、Aが確定日付のある

証書による通知をし、当該通知がBに到達した。この場合、Cは、本件債権の譲渡をDに対抗することができず、Bは、Cからの本件債権の弁済の請求を拒むことができる。

④ Aは、本件債権をCとDに二重に譲渡し、そのいずれについても確定日付のある証書によりBに通知をした。Dへの本件債権の譲渡についての通知は、Cへの本件債権の譲渡についての通知がBに到達するより早くBに到達したが、確定日付のある証書に付された日付は、Dへの譲渡についての日付よりCへの譲渡についての日付の方が早い日付であった。この場合、債権が二重に譲渡された場合の優劣は確定日付の先後で決せられるので、Bは、Cからの本件債権の弁済の請求を拒むことができない。

■ 問10 （令和5年問題31）

債権の目的及び効力に関する次の①〜④の記述のうち、民法上、その内容が適切なものを1つだけ選び、解答欄にその番号をマークしなさい。

① 債権の目的が特定物の引渡しであるときは、債務者は、その引渡しをするまで、契約その他の債権の発生原因及び取引上の社会通念に照らして定まる善良な管理者の注意をもって、その物を保存しなければならない。

② 債務の不履行に対する損害賠償の請求は、これによって通常生ずべき損害の賠償をさせることをその目的とし、特別の事情によって生じた損害については、損害賠償の対象とならない。

③ 債権者は、債務者が金銭債務の履行をしない場合、その不履行が不可抗力によるものであるときを除き、これによって生じた損害の賠償を請求することができる。

④ 債権者と債務者との間で金銭債務の不履行について賠償額の予定をしなかったときは、債権者は、その債務不履行による損害賠償については、その損害額を証明しなければならない。

■ 問11 （令和5年問題33）

AのBに対する金銭債権を「甲債権」とし、BのAに対する金銭債権を「乙債権」とする。甲債権と乙債権の相殺に関する次の①〜④の記述のうち、民法及び民事執行法上、その内容が適切なものを1つだけ選び、解答欄にその番号をマークしなさい。

① Aに対して金銭債権を有するCの申立てにより甲債権が差押えを受けた。この場合、Aは、甲債権と乙債権とを相殺することができる。

② 乙債権の弁済期は到来しているが、甲債権の弁済期は到来していない。この場合、Aは、甲債権と乙債権とを相殺することができない。

③ Aが甲債権を取得した後に、Bに対して金銭債権を有するDの申立てにより乙債権が差押えを受けた。この場合、Aは、甲債権と乙債権との相殺をもってDに対抗することができない。

④ 甲債権及び乙債権が相殺適状となった後、甲債権が時効により消滅した。この場合、Aは、甲債権と乙債権とを相殺することができない。

■問12

(令和5年問題40)

　Aは、配偶者B、子C及びD、並びにDの子でありAの孫であるEを遺して死亡した。この場合の相続に関する次の①～④の記述のうち、民法上、その内容が<u>適切でない</u>ものを1つだけ選び、解答欄にその番号をマークしなさい。

① B、C及びDが単純承認した場合は、C及びDの法定相続分はそれぞれ4分の1である。

② Aは、遺言で、共同相続人B、C及びDの相続分について法定相続分と異なる相続分を指定していた場合であっても、Aの債権者は、B、C及びDに対し、その法定相続分に応じてその権利を行使することができる。

③ Bは、相続財産の一部を費消したときは、単純承認をしたものとみなされる。

④ Dが相続放棄をしたときは、B、C及びEが共同相続人となる。

解　説

■問1

「2-2 制限行為能力者等」参照

　法律行為の当事者が意思表示をした時に意思能力を有しなかったときは、その法律行為は「無効」となります。よって、①は、「取り消すことができる」としている点が誤りです。

　未成年者は、単に権利を得る法律行為をする場合も義務を免れる法律行為をする場合も、法定代理人の同意を得る必要はありません。よって、②は誤りです。

　③は、設問の通りであり、正しい記述です。

　被保佐人は、あらかじめ保佐人の同意を得なければ、借財をすることはでき

ません。よって、④は誤りです。

【解答　③】

■問2　　　　　　　　　　　　　　　　　　　「2-3 意思表示」参照

　虚偽表示による無効は、善意の第三者に対抗することができません。よって、①は正しい記述です。

　動機の錯誤による意思表示は、その動機（その事情が法律行為の基礎となっていること）が表示されていた場合に限り、取り消すことができます。動機が表示されていなかった場合は取り消すことができません。よって、②は正しい記述です。

　詐欺による意思表示の取消しは、善意かつ無過失の第三者に対抗することができません。よって、③は正しい記述です。

　強迫による意思表示の取消しは、善意かつ無過失の第三者に対しても対抗することができます。よって、④は誤りです。

【解答　④】

■問3　　　　　　　　　　　　　　　　　　　　「2-4 代理」参照

　代理人が本人のためにすることを示さないでした意思表示は、自己（代理人）のためにしたものとみなされます。ただし、相手方が、代理人が本人のためにすることを知り、または知ることができたときは、本人に対して直接にその効力を生じます。①では、相手方Bが、代理人Cが本人Aの代理人であることを知っていたというのであるから、Aに対して直接にその効力を生じます。よって、①は正しい記述です。

　委任による代理人は、本人の許諾を得たとき、またはやむを得ない事由があるときでなければ、復代理人を選任することができません。よって、②は正しい記述です。

　代理人が後見開始の審判を受けた場合、代理権は消滅します。よって、③は正しい記述です。

▼代理権の消滅原因（民法上）

本人	死亡
代理人	死亡、破産手続開始の決定、後見開始の審判

　他人に代理権を与えた者は、代理権の消滅後にその代理権の範囲内において

その他人が第三者との間でした行為について、「善意かつ無過失の第三者」に対してその責任を負います。④では、代理権の消滅の事実を知らないことについて第三者Bに過失があったというのであるから、Cに代理権を与えたAは、Bに対して責任を負いません。よって、④は誤りです。

【解答　④】

■問4　　　　　　　　　　　「2-5 無効および取消し」参照

無効な行為は、当事者がその行為の無効であることを知って追認をしたときは、「新たな行為をしたもの」とみなされます。よって、①は、「初めから有効であったもの」としている部分が誤りです。

制限行為能力者は、法定代理人等の同意がなくても取り消すことができるため、②は誤りです。

取り消すことができる行為は、取り消されるまで有効ですが、取り消された場合は、「初めから」無効であったものとみなされます。よって、③は、「取り消された時から」無効としている点が誤りです。

④は、設問の通りであり、正しい記述です。

【解答　④】

■問5　　　　　　　　　　　　　　「2-7 時効」参照

債権は、債権者が権利を行使することができることを知った時から「5年間」行使しないとき、または権利を行使することができる時から「10年間」行使しないときは、時効によって消滅します。よって、①は誤りです。

時効の利益はあらかじめ放棄することができないため、時効の利益を放棄した場合であっても時効を援用することはできます。よって、②は誤りです。

時効の完成猶予または更新は、完成猶予または更新の事由が生じた「当事者およびその承継人の間においてのみ」、その効力を有します。よって、③は誤りです。

④は、設問の通りであり、正しい記述です。

【解答　④】

■問6　　　　　　　「2-9 担保物権」、「2-11 根抵当権」参照

①、③、④は、設問の通りであり、正しい記述です。

債権に質権を設定した場合において、債権の目的物が金銭であるときは、質

権者は、「自己の債権額に対応する部分に限り」、質権の目的である債権を直接
に取り立てることができます。そのため、貸金債権を被担保債権として売買代
金債権に質権を設定した場合、質権者の債権額は貸金債権の額であり、その額
に対応する部分に限り売買代金債権を取り立てることができるに過ぎません。
よって、②は、「売買代金債権の全部」を取り立てることができるとしている点
が誤りです。

【解答　②】

■問7　「2-12 連帯債務」参照

①は、設問の通りであり、正しい記述です。

連帯債務者の1人と債権者との間に更改があったときは、債権は、すべての
連帯債務者の利益のために消滅するとされています。よって、連帯債務者全員
の同意がなくても効力が生じるため、②は誤りです。

時効の完成や債務の免除は、他の連帯債務者に対して、その効力を生じませ
ん。よって、③と④は誤りです。

【解答　①】

■問8　「2-13 保証契約」参照

保証人の負担が債務の目的または態様において主たる債務より重いときは、こ
れを主たる債務の限度に減縮されます。もっとも、保証人は、その保証債務につ
いてのみ、違約金または損害賠償の額を約定することができます。よって、①は、
後半部分の記述が誤りです。

②～④は、設問の通りであり、正しい記述です。

【解答　①】

■問9　「2-15 債権譲渡・債務引受け」参照

債権者と債務者の間で、債権の譲渡を禁止する旨の特約を定めた場合でも、
債権の譲渡は「有効」であり、譲受人は債権を取得することができます。よって、
①は誤りです。

債権の譲渡は、譲渡人が債務者に通知をし、または債務者が承諾をすれば、
それが確定日付のある証書によるものでなくても、債務者に対抗することがで
きます。そのため、②において、債務者Bは、譲渡人Aから通知を受けた場合、
譲受人Cからの請求を拒むことはできません。よって、②は誤りです。

債権の譲渡について、「確定日付のある証書による」通知または承諾がなければ、債務者以外の第三者に対抗することはできません。債権が二重に譲渡された場合において、一方の債権譲渡については「確定日付のある証書による」通知・承諾がなされ、他方の債権譲渡については「確定日付による証書によらない」通知・承諾があるときは、「確定日付のある証書による」通知・承諾がなされた債権の譲受人が確定的に債権を取得します。③において、「確定日付のある証書によらない」承諾しか受けていないCは、Dに対抗できず、Bは、確定的に債権を取得したDからの請求を拒むことはできません。よって、③は正しい記述です。

債権が二重に譲渡され、いずれの債権譲渡についても確定日付のある証書による通知がなされた場合、その優劣はその通知の「到達の先後」で決せられます。④において、Dへの債権の譲渡についての通知（確定日付あり）が先にBに到達しているので、Dが優先し、Dが唯一の債権者となります。そのため、Bは、債権者ではないCからの請求を拒むことができます。よって、④は誤りです。

【解答　③】

■**問10**　「2-16 債務不履行」参照

①は、設問の通りであり、正しい記述です。

特別の事情によって生じた損害であっても、当事者がその事情を予見すべきであったときは、債権者は、その賠償を請求することができます。よって、②は、誤りです。

金銭債務の不履行による損害賠償については、債務者は不可抗力をもって抗弁とすることができず、債権者はその不履行が不可抗力による場合であっても損害賠償を請求することができます。よって、③は、「その不履行が不可抗力によるものであるときを除き」となっている部分が誤りです。

賠償額の予定の有無にかかわらず、金銭債務の不履行による損害賠償については、その損害額を証明する必要はありません。よって、④は誤りです。

【解答　①】

■**問11**　「2-18 弁済・相殺、その他の債権消滅原因」参照

差押えを受けた債権を自働債権（相殺する側の債権）として相殺することは禁止されています。①において、Aの甲債権が差押えを受けているため、Aは、相殺をすることができません。よって、①は誤りです。

自働債権の弁済期が到来していなければ、相殺をすることはできません。②において、Aの甲債権の弁済期が到来していないので、Aは、相殺をすることができません。よって、②は正しい記述です。

差押えを受けた債権の第三債務者は、差押え後に取得した債権による相殺をもって差押債権者に対抗することはできませんが、差押え前に取得した債権による相殺をもって差押債権者に対抗することができます。③において、Aは、差押え前に甲債権を取得しているので、相殺をもってDに対抗することができます。よって、③は誤りです。

自働債権が時効により消滅した場合でも、その消滅以前に相殺適状になっていたときは、相殺をすることができます。よって、④は誤りです。

【解答　②】

■問12　　　　　　　　　　　　　　　　「2-22 相続」参照

子および配偶者が相続人であるときは、配偶者の法定相続分は2分の1であり、子の法定相続分は2分の1です。そして、子が2人いる場合、子の法定相続分2分の1を2人で分けるため、子1人の法定相続分はそれぞれ4分の1となります。よって、①は正しい記述です。

被相続人が遺言で法定相続分と異なる相続分を指定していた場合であっても、被相続人の債権者は、各共同相続人に対し、その法定相続分に応じてその権利を行使することができます。よって、②は正しい記述です。

相続人は、相続財産の全部または一部を処分したときは、単純承認をしたものとみなされます。よって、③は正しい記述です。

被相続人の子または兄弟姉妹が相続開始以前に「死亡」していた場合や、「相続欠格」または「相続人廃除」があった場合には、その者の子がこれを代襲して相続人となります（代襲相続）。一方、「相続放棄」の場合は代襲相続の対象となりません。そのため、Dが相続放棄をした場合であっても、Dの子Eは相続人とはなりません。よって、④は誤りです。

【解答　④】

解答	問1　③	問2　④	問3　④	問4　④	問5　④
	問6　②	問7　①	問8　①	問9　③	問10　①
	問11　②	問12　④			

2-23 電子契約法

インターネットで商品を購入する際、申込み内容を確認するための画面が表示されます。電子契約法（電子消費者契約に関する民法の特例に関する法律）を学ぶことにより、確認画面が表示される理由がわかります。

1 錯誤の特例 　　　　　　　　　　　　　　　重要度 ★

（1）民法では

前述した（→ P165）ように、錯誤（書き間違えなど）による意思表示は取り消すことができますが、民法では、表意者に重大な過失があれば、原則として取り消すことはできないとされています。

（2）電子契約法では

電子契約法では、消費者が行う電子消費者契約の要素に特定の錯誤があった場合、原則として、消費者に重大な過失があるときであっても契約を取り消すことができるとされています。

電子消費者契約とは、消費者と事業者との間で電磁的方法により電子計算機の映像面を介して締結される契約をいい、インターネットでの商品購入がその典型例です。

▼消費者および事業者の定義

消費者	個人（事業としてまたは事業のために契約の当事者となる場合におけるものを除く。）
事業者	法人その他の団体および事業としてまたは事業のために契約の当事者となる場合における個人

このような契約では、消費者による操作ミスで、購入する物品の個数の入力を間違えたり、間違って申込みボタンを押したりすることも多いのですが、操作ミスの場合には消費者に重大な過失があるとして、「民法上、消費者は取り消すことができない」との主張が事業者側からなされるおそれがあります。

そこで、電子契約法では、消費者を救済するため、事業者側が申込み内容の確認画面を設けるなどの措置を講じていなければ、錯誤について消費者に重大な過失がある場合であっても消費者は取り消すことができるとしたのです。

▼錯誤による無効の主張

原則（民法上）	表意者に重過失がある場合は取り消すことができない
特例（電子契約法）	消費者に重過失がある場合でも取り消すことができる。ただし、確認画面を設けるなどの措置がなされていた場合で、消費者に重過失があるときは、取り消すことができない

▼ネットでの取引において

1個だけ
購入するつもり…

買主

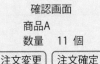

間違って
11個購入するところだった
数量を変更しよう!

買主

確認画面があることで注文確定前に注文内容を確認して訂正することができる。

練習問題（○×問題）

① 電子契約法における「事業者」には、法人その他の団体は含まれるが、事業としてまたは事業のために契約の当事者となる場合であっても個人は含まれない。

② 消費者が行う電子消費者契約の申込みの意思表示に錯誤があり、その錯誤が消費者の重大な過失によるものであった場合、事業者が確認画面等の措置を講じていたときは、消費者は契約を取り消すことはできない。

解答

① ×「事業者」には、法人その他の団体のほか、事業としてまたは事業のために契約の当事者となる場合における個人も含まれます。

② ○ 消費者の重大な過失による錯誤の場合、事業者が確認画面等の措置を講じていれば、消費者は取り消すことができません。

■ポイント

・ 電子消費者契約では、消費者に重大な過失がある場合でも、確認画面を設けるなどの措置を講じていなければ、消費者は錯誤を理由に取り消すことができる。

商法

商法は企業に関する法律です。企業が関与する取引では、迅速性が要求され、また、債務の履行確保の必要性が高いため、商法では、民法とは異なる特別な規定を定めています。ここでは、民法とは異なる商法の規定を学びます。

1 商法と民法との関係　　　　　重要度 ★

　商事（商売に関すること）については、まず商法が優先的に適用され、商法に定めがない事項については商慣習に従い、商慣習がないときは民法の規定に従います。

● **優先順位**
　商法→商慣習→民法

2 商行為および商人　　　　　重要度 ★

（1）商行為
　貸金業者が会社であれば、その貸付行為は商行為に該当します。
（2）商人
　「商人」とは、自己の名をもって商行為をすることを業とする者をいいます。

3 民法とは異なる規定　　　　　重要度 ★★

（1）契約の申込みを受けた者の諾否通知義務
　商人が平常取引をする者からその営業の部類に属する契約の申込みを受けたが、契約の申込みに対する諾否の通知を遅滞なく発しなかった場合、その商人は、その契約の申込みを承諾したものとみなされます。
（2）連帯債務
　数人が「商行為」となる行為によって債務を負担したときは、特約がなくても、その債務は連帯債務（→P194）となります。
（3）連帯保証
　保証人がある場合、債務が主たる債務者の「商行為」によって生じたものであるとき、または、保証が「商行為」であるときは、特約がなくても、連帯保証（→P200）となります。

(4) 報酬請求権

　民法上は、委任などにより他人のために行為をしても特約がなければ報酬を請求することはできません（→P159）が、商法では、「商人」が営業の範囲内において他人のために行為をしたときは相当な報酬を請求することができるとしています。

(5) 利息請求権

　民法上は、特約がなければ利息を請求することはできません（→P158）が、商法では、「商人間」において金銭の消費貸借をしたときは、利息を支払う旨の特約が

▼民法と商法の比較（特約がない場合）

	民法上	商法上
報酬	請求できない	請求できる
利息	請求できない	請求できる

なくても、貸主は法定利息を請求することができます。

(6) 商行為の代理

　民法上の代理では顕名が必要です（→P169）が、商法上は、商行為の代理人が本人のためにすることを示さないでこれをした場合でも（つまり、顕名がない場合でも）、その行為は、本人にその効力を生じるとされています。相手方が、代理人が本人のためにすることを知らなかったときは、代理人に対しても履行の請求をすることができます。

(7) 商行為の委任による代理権の消滅事由の特例

　商行為の委任による代理権は、本人の死亡によっては、消滅しません。

練習問題（○×問題）

① 商人が平常取引をする者からその営業の部類に属する契約の申込みを受けたが、契約の申込みに対する諾否の通知を遅滞なく発しなかった場合、商法上、契約の申込みを拒絶したものとみなされる。

② 商人間の金銭消費貸借契約において利息の約定がなされなかったときは、商法上、貸主は、借主に対して利息の支払を請求することができない。

解説

① ×　契約の申込みを承諾したものとみなされます。

② ×　商人間の金銭消費貸借においては、利息の特約がなくても、商法上は利息を請求することができます。

■ポイント

・ 商法は民法に優先して適用される。
・ 商法と民法との違いを明確に押さえておこう。

2-25 会社法

会社法では、会社の設立、組織、解散・清算等に関する事項を規定しています。ここでは、会社法のうち、試験範囲である組織形態、代表権に関する事項について学びます。

1 株式会社の組織・代表権 　　　　　　　　　重要度 ★

(1) 株主総会

　株主総会は原則として株式会社に関する一切の事項について決議をすることができますが、取締役会を設置している会社では、株主総会は、会社法に規定する事項および定款で定めた事項についてのみ決議をすることができます。

(2) 取締役および代表取締役

　取締役は、株主総会決議によって選任され、任期は原則として2年です。取締役会設置会社においては、取締役は3人以上でなければなりません。

　取締役が競業取引や利益相反取引を行う場合、会社に損害を及ぼす可能性が高いため、取締役は、株主総会（取締役会設置会社においては取締役会）において、その取引につき重要な事実を開示し、その承認を受けなければならないとされています。

> ● **競業および利益相反取引の制限**
>
> 　次の場合に承認が必要となります。
> ① 取締役が自己または第三者のために株式会社の事業の部類に属する取引をしようとするとき
> ② 取締役が自己または第三者のために株式会社と取引をしようとするとき
> ③ 株式会社が取締役の債務を保証すること、その他取締役以外の者との間で、株式会社とその取締役との利益が相反する取引をしようとするとき

(3) 取締役会

　取締役会は、すべての取締役で組織され、取締役の中から代表取締役を選定しなければなりません。

2

● **取締役会の職務**

① 取締役会設置会社の業務執行の決定

② 取締役の職務の執行の監督

③ 代表取締役の選定および解職

　取締役会は、次の事項など、重要な業務執行の決定を取締役に委任することはできません。つまり、これらの事項は取締役会の決議が必要となります。

● **取締役に委任できない事項（一部抜粋）**

・ 重要な財産の処分および譲受け

・ 多額の借財

・ 支配人その他の重要な使用人の選任および解任

・ 支店その他の重要な組織の設置、変更および廃止

（4）監査役

　監査役は、株主総会決議によって選任され、任期は原則として4年です。取締役の職務の執行を監査します。

　監査役の監査の範囲は、原則として会社の業務全般ですが、公開会社でない株式会社（監査役会設置会社および会計監査人設置会社を除く）では、その監査役の監査の範囲を会計に関するものに限定する旨を定款で定めることができます。

練習問題（○×問題）

① 取締役会は、取締役の中から代表取締役を選定しなければならない。

② 取締役会は、多額の借財その他の重要な業務執行の決定については、代表取締役に委任することができる。

解答

① ○　設問の通りです。

② ×　取締役会は、多額の借財その他の重要な業務執行の決定については、取締役（代表取締役を含む）に委任することはできません。

■ポイント

・ 各組織（株主総会、取締役、取締役会、監査役など）の役割を押さえよう。

・ ある重要な決定については、取締役会は取締役に委任できない。

2-26 手形法・小切手法

手形には、支払時期を先延ばしする役割や債権回収を確実にする役割があります。他方、小切手には、現金と同様の決済機能を果たす役割があります。ここでは、手形と小切手について学びます。

1 手形の種類および流れ　　　　　　　　重要度　★

（1）手形の種類

　手形には約束手形と為替手形がありますが、両者はほとんど異ならないため、約束手形を中心に説明します。

　約束手形とは、振出人自らが支払いを約束する手形をいい、為替手形とは、支払人に支払いを委託する手形をいいます。

（2）手形の流れ

　まず振出人が手形を発行し、それを受取人に交付します（振出し）。次に、手形の受取人は裏書によって手形を他人に譲渡します（裏書）。そして、手形の所持人は、振出人に手形の支払呈示をすることによって手形金の支払いを受けることができます。

▼手形の基本的な流れ

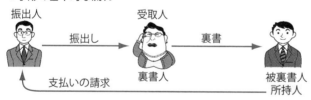

　例えば、売買契約で、代金支払義務を負う買主が売主に対して手形を振出した場合、買主が振出人、売主が受取人となります。売主は金融機関に対して裏書により手形を譲渡することで、手形の割引を受け、満期前に現金を受け取ることもできます。この場合、売主が裏書人、金融機関が被裏書人です。

2 手形の振出し　　　　　　　　　　　重要度　★★

　振出しは、手形を作成し、それを交付することによって行います。

　手形に記載すべき事項（必要的記載事項）が1つでも欠けている場合、その手

形は原則として効力を生じません。

> ● 約束手形の必要的記載事項
> ① 約束手形であることを示す文字
> ② 一定の金額（手形金額）を支払うべき旨の単純な約束
> ③ 手形金額
> ④ 満期の表示
> ⑤ 支払をなすべき地の表示
> ⑥ 支払を受けまたはこれを受ける者を指図する者（受取人）の名称
> ⑦ 手形の振出日の表示
> ⑧ 手形の振出地の表示
> ⑨ 手形を振り出す者（振出人）の署名

　例えば、手形に、上記②「一定金額を支払うべき旨の単純なる約束」（すなわち、無条件で支払う旨の約束）の記載がなければ、無効となります。そのため、手形に「商品の受領と引換えに手形金を支払う」、「手形金を分割して支払う」旨の記載がある場合、それは条件付での支払い約束であって、無条件で支払う旨の約束とはいえないため、その手形自体が無効となります。

　ただし、例外的に、上記④「満期」の記載を欠く手形は一覧払いの手形とみなすとされており、満期の記載がない場合でも、手形は有効です。

3 手形の裏書　　重要度 ★★★

（1）裏書譲渡

　裏書により、手形により生ずる一切の権利が裏書人から被裏書人に移転します。このような裏書による権利の譲渡を、裏書譲渡といいます。

（2）手形の善意取得等

　裏書の連続がある手形を所持する者は、手形上の権利者であると推定されます。裏書の連続とは、受取人から最後の被裏書人である所持人まで、裏書が間断なく連続していることをいいます。裏書の連続がある手形を譲り受けた者は、譲渡人が無権利であっても、無権利であることを知らず、かつ、知らないことに重大な過失がないときは、手形上の権利を取得できます。これを善意取得といいます。

（3）人的抗弁の切断

　手形により請求を受けた者（振出人など）は、所持人（被裏書人）が債務者を害することを知って手形を取得した場合でなければ、所持人の前者（裏書人）に対する人的抗弁をもってその所持人に対抗することはできません。これを人的抗弁の切断といいます。

　人的抗弁とは、特定の所持人に対してのみ対抗できる抗弁をいいます。例えば、買主が売主の詐欺・強迫により売主に対して手形を振り出した場合、買主は、売主に対しては手形行為取消しの抗弁をもって対抗することができます。

　買主（約束手形の振出人）が他の手形所持人から手形金の支払を請求された場合において、当該所持人が詐欺・強迫の事実を知らず、かつ知らないことに過失がなく裏書譲渡を受けていたときは、詐欺・強迫を理由とする手形行為取消しの抗弁をもって、当該所持人に対抗することができません。一方、詐欺・強迫の事実を知っていた所持人に対しては、手形行為取消しの抗弁をもって対抗することができます。

▼人的抗弁の切断の事例

④ 手形金の支払い　　　　　　　　重要度　★★★

（1）手形金の支払い

　手形所持人は、支払呈示期間内に手形を呈示することによって、手形金の支払いを受けることができます。

> ● **支払呈示期間**
> ・確定日払い、日付後定期払い、一覧後定期払いの場合
> 　→支払をなすべき日またはこれに次ぐ2取引日
> ・一覧払い（支払呈示をすれば直ちに支払いを受けられるもの）の場合
> 　→手形の呈示があるときに支払われます（原則として振出日より1年以内）。

（2）支払呈示の効果

　支払呈示期間内に支払呈示をすることにより遡求_{（そきゅう）}義務者（裏書人など）に対する遡求権を保全できます。遡求権とは、支払義務を負う者が支払わない場合に、さかのぼって支払いを請求できる権利のことです。例えば、振出人が支払わない場合、手形所持人は裏書人に対して支払いを請求することができます。

（3）支払免責

　裏書の連続のある手形の場合、無権利者に対する支払いであっても、支払いをした者に悪意または重大な過失がなければ、その者はその責任を免れます。

5　白地手形　　　　　　　　　重要度 ★

　未完成にて振り出した手形にあらかじめ当事者間でなされた合意と異なる補充がなされた場合であっても、その手形の振出人は、善意かつ重大な過失なく手形を取得した所持人に対して、合意に反して補充されたことを対抗することができません。一方、悪意または重過失のある所持人に対しては対抗できます。

6　小切手の特徴　　　　　　　重要度 ★

　小切手は、現金と同様の決済機能をもっており、必ず一覧払いでなければなりません。そのため、小切手の所持人が小切手を支払呈示すれば、いつでも支払いを受けることができます。ただし、小切手は振出しから10日以内に支払呈示をしなければなりません。

練習問題（○×問題）

① 所持人が重大な過失により手形を取得したときは、善意取得できない。
② 手形金の支払請求を受けた振出人は、振出人を害することを知って手形を取得した者に対しては、人的抗弁をもって対抗することができる。

解答
① ○　悪意または重大な過失がある場合には、善意取得できません。
② ○　設問の通りです。

■ポイント

- 約束手形の必要的記載事項は9つ、為替手形の必要的記載事項は10ある。
- 手形の善意取得、人的抗弁の切断は必ず押さえておこう。

2-27 電子記録債権法・不正競争防止法

電子記録債権法は、手形の紛失・盗難、偽造のリスクなどを回避するために成立した法律であり、手形法と似ている部分が多くあります。ここでは、電子記録債権法のほか、不正競争防止法についても学びます。

1 電子記録債権法 重要度 ★★★

(1) 電子記録債権の発生・譲渡

電子記録（発生記録）によって電子記録債権という債権が発生し、その電子記録債権の譲渡は電子記録（譲渡記録）によってその効力が発生します。

そのため、発生記録なしに当事者間の合意だけで電子記録債権を発生させることはできません。また、譲渡記録をしなければ、電子記録債権の譲渡の効力は生じません。このように、発生記録や譲渡記録は効力発生要件であって、対抗要件ではありません。

(2) 電子記録の請求

電子記録の請求は、原則として、電子記録権利者および電子記録義務者双方がしなければなりません。

(3) 電子記録の効力

電子記録債権の内容は、債権記録の記録により定まります。電子記録名義人は、電子記録債権についての権利を適法に有するものと推定されます。

(4) 善意取得

電子記録債権の譲受人として記録された者は、その電子記録債権を取得します。ただし、その者に悪意または重大な過失があるときは、取得できません。

(5) 人的抗弁の切断

発生記録における債務者または電子記録保証人（以下「電子記録債務者」という）は、電子記録債権の債権者に電子記録債権を譲渡した者に対する人的関係に基づく抗弁をもってその債権者に対抗することができません。ただし、その債権者が、その電子記録債務者を害することを知って電子記録債権を取得したときは、その債権者にも対抗できます。

(6) 支払免責

電子記録名義人に対してした電子記録債権についての支払いは、その電子記録名義人がその支払いを受ける権利を有しない場合であっても、有効です。た

だし、その支払いをした者に悪意または重大な過失があるときは、無効です。

(7) 消滅時効

電子記録債権は、3年間行使しないときは、時効によって消滅します。

(8) 記録事項の変更

電子記録債権またはこれを目的とする質権の内容の意思表示による変更は、原則として、変更記録をしなければ、その効力を生じません。

(9) 電子記録債権の質入れ

電子記録債権を目的とする質権の設定は、質権設定記録をしなければ、その効力を生じません。

(10) 電子記録債権の分割

電子記録債権は、分割をすることができます。

② 不正競争防止法　　　　　　　　　　重要度 ★

(1) 不正競争防止法の目的

不正競争の防止および不正競争に係る損害賠償に関する措置等を講ずることで、国民経済の健全な発展に寄与することを目的としています。

(2) 不正競争

不正競争とは、「他人の商品・営業と誤認されるような表示行為」や「営業秘密を不正な手段によって取得・使用・開示する行為」などをいいます。

練習問題（○×問題）

① 電子記録債権の譲渡は、債権譲渡の契約をすれば、その効力を生じる。

② 電子記録債権の内容の意思表示による変更は、当事者の意思表示の合致によりその効力を生じる。

解答

① × 電子記録債権の譲渡は、譲渡記録をしなければ、効力は発生しません。

② × 変更記録をしなければその効力を生じません。

■ポイント

・ 電子記録債権法では、電子記録を重視する。

・ 不正競争防止法には、差止請求・損害賠償請求、信用回復措置、罰則がある。

2-28 民事訴訟法・民事調停法

裁判所で民事紛争を解決する代表的な手続きとして、民事訴訟と民事調停があります。ここでは、民事訴訟の手続きのほか、民事調停の特徴を学びます。

1 手続きの概要　　　　　　　　　　　　　　重要度 ★

　誰かを訴えたい場合、まず、訴状を裁判所に提出して、訴えを提起します（「訴えの提起」の段階）。次に、裁判所において当事者双方の言い分を聞き、証拠調べを行います（「口頭弁論」の段階）。そして、裁判所は最終的な結論として判決を言渡します（「判決」の段階）。

　民事訴訟では、裁判所に訴えを提起する者を原告といい、訴えられる者を被告といいます。例えば、貸金の返還を求める訴訟では、貸主が原告、借主が被告となります。他方、借主が債務不存在確認訴訟（返済等によって自己の債務が存在しないことの確認を求める訴訟）を提起する場合は、その訴訟では、借主が原告、貸主が被告となります。

▼民事訴訟の手続き

2 訴えの提起　　　　　　　　　　　　　　　重要度 ★★

（1）どこの裁判所に訴えを提起すればよいのか（土地管轄）

　訴えは、原則として被告の普通裁判籍の所在地の裁判所に対して行わなければなりませんが、財産権上の訴えの場合には、義務履行地の裁判所に対して訴えを提起することもできます。例えば、貸主が借主を訴える場合、被告である借主の住所の裁判所に訴えを提起することができますが、その訴えは財産上の訴えなので、義務履行地（当事者間に別段の定めがなければ、債権者である貸主の現在の住所→P212）の裁判所に対しても訴えを提起することもできます。

　当事者は、訴えについて法令に専属管轄の定めがある場合を除き、第一審に限り、合意により管轄裁判所を定めることができます。

(2) どの裁判所に訴えを提起すればよいのか（事物管轄）

　訴訟の目的の価額が140万円を超える場合は地方裁判所に、140万円以下の場合は簡易裁判所に対して訴えを提起します。利息や遅延損害金の価額は訴訟の目的の価額に算入しませんので、請求する元本残高が140万円以下であれば簡易裁判所に訴えを提起します。

▼事物管轄

訴額が140万円を超える場合	地方裁判所
訴額が140万円以下の場合	簡易裁判所

　簡易裁判所は、訴訟がその管轄に属する場合でも、相当と認めるときは、申立てによりまたは職権で、訴訟の全部または一部をその所在地を管轄する地方裁判所に移送することができます。

　なお、訴訟代理人は原則として弁護士でなければなりませんが、簡易裁判所においては、その裁判所の許可を得て、弁護士でない者を訴訟代理人とすることができます。訴訟代理人とは、当事者に代わって訴訟を行う者をいいます。

　登記された支配人は、民事訴訟における訴訟代理人となることができます。

(3) 訴状の提出・審査・送達

　訴えの提起は、訴状を裁判所に提出して行わなければなりません。ただし、簡易裁判所に訴えを提起する場合には、書面によらずに口頭で訴えを提起することもできます。

　訴状が裁判所に提出されると、裁判長が訴状を審査し、訴状に不備があれば、原告に対して相当の期間内に不備を補正すべきことを命じます。これに対して原告が不備を補正しないときは、裁判長が、命令で訴状を却下します。

　訴状に不備がなければ、訴状が被告に送達されます。同時に口頭弁論の期日が指定され、当事者を裁判所に呼び出します。

(4) 反訴

　訴えられた訴訟手続を利用して、被告が原告に対して訴えを提起することもできます。この訴えを反訴といいます。

3 口頭弁論　　　　　　　　　　　　　　　重要度　★

(1) 口頭弁論

　口頭弁論とは、原告および被告の当事者双方が裁判官の面前で弁論することをいいます。

　原告または被告が最初の口頭弁論の期日に出頭しない場合、裁判所に提出された準備書面（訴状・答弁書等）に記載した事項を陳述したものとみなされます。

(2) 証拠調べ

　意見が食い違う部分については、証拠調べが行われます。証人尋問、当事者尋問、鑑定、書証、検証といったものが証拠調べになります。

4 判決等　　　　　　　　　　　　　　　　重要度　★

(1) 請求認容判決と請求棄却判決

　判決の言渡しは、判決書の原本に基づいて行います。原告の請求を認める判決を請求認容判決といい、請求を認めない判決を請求棄却判決といいます。

(2) 終局判決

　その審級における訴訟を完結する判決を、終局判決といいます。

(3) 判決によらない訴訟の終了

　和解や請求の放棄・認諾によっても訴訟は終了します。和解または請求の放棄・認諾を調書に記載したときは、その記載は確定判決と同一の効力を有します。

　請求の放棄とは、原告が請求に理由がないことを認めることです。これに対して請求の認諾とは、被告が請求に理由があることを認めることです。これらの場合には、裁判所が判決をする必要はないため、訴訟が終了します。

5 控訴・上告　　　　　　　　　　　　　　重要度　★

(1) 控訴

　判決書（ある特定の調書を含む）の送達を受けた日から2週間の不変期間内であれば、第一審の終局判決に対して控訴することができます。控訴とは、第一審判決に対する不服申し立てのことです。

(2) 上告

第二審（控訴審）の判決に不服があれば、第二審の判決書の送達を受けた日から2週間の不変期間内に、上告を行います。

6 判決の確定　　　　　　　　　　　重要度　★

控訴期間や上告期間が経過すれば、判決は確定します。

7 民事調停法　　　　　　　　　　　重要度　★★

民事調停は、第三者（調停委員会）の関与のもと、当事者間の合意の成立によって紛争解決を目指す手続きであり、非公開で行われます。第三者の意見を聴きながら紛争の当事者同士が歩み寄り、紛争の解決を目指します。

民事調停は、原則として、相手方の住所・居所、営業所等を管轄する簡易裁判所に申立てをしなければなりません。民事調停法上の調停手続については、調停の対象となる紛争の価額の上限が定められていません。そのため、例えば、紛争の価額が140万円を超える場合でも、民事調停の対象となります。

調停が成立した場合、その合意の内容を記載した調停調書は、確定判決と同じ効力を有します。

練習問題（○×問題）

① 訴えは、原告の普通裁判籍の所在地の裁判所に対して行わなければならない。
② 控訴は、判決書の送達を受けた日から1週間の不変期間内に提起しなければならない。

解答

① ×　原告の普通裁判籍ではなく、被告の普通裁判籍の所在地の裁判所に対して訴えを提起しなければなりません。
② ×　2週間の不変期間内であれば控訴を提起することができます。

■ポイント

・民事訴訟手続の概要と用語の意味を理解しよう。
・簡易裁判所での手続きの特殊性に注意しよう。

2-29 手形訴訟・少額訴訟

手形訴訟や少額訴訟は、通常の民事訴訟より簡易・迅速な手続きによって行われる訴訟であり、反訴の禁止、証拠調べの制限、控訴の禁止などの特徴があります。ここでは、手形訴訟や少額訴訟の特徴について学びます。

1 手形訴訟 　　　　　　　　　　　　　　　　　　重要度 ★

　手形による金銭の支払いの請求およびこれに付帯する法定利率による損害賠償の請求を目的とする訴えについては、手形訴訟による審理および裁判を求めることができます。

▼手形訴訟の特徴

反訴の禁止	・反訴を提起することができない
証拠調べの制限	・証拠調べは、書証のみすることができる ・文書の提出の命令または送付の嘱託はできない ・文書の成立の真否または手形の提示に関する事実については、申立てにより、当事者本人を尋問することができる
通常の手続きへの移行	原告は、口頭弁論の終結に至るまで、被告の承諾を要しないで、訴訟を通常の手続きに移行させる旨の申述をすることができる
控訴の禁止	終局判決に対して控訴をすることは、原則として、できない
異議の申立て	判決書等の送達を受けた日から2週間の不変期間内に、判決をした裁判所に異議の申立てができる。適法な異議があれば、通常の手続きにより審理および裁判を行う

2 少額訴訟 　　　　　　　　　　　　　　　　　　重要度 ★

（1）少額訴訟の要件

　簡易裁判所においては、訴訟の目的の価額が60万円以下の金銭の支払いの請求を目的とする訴えについて、少額訴訟による審理および裁判を求めることができます。ただし、同一の簡易裁判所において年10回を超えて少額訴訟を求めることはできません。

▼少額訴訟の特徴

反訴の禁止	反訴を提起することができない
一期日審理の原則	特別の事情がなければ、最初の口頭弁論の期日において、審理を完了しなければならない
証拠調べの制限	証拠調べは、即時に取り調べることができる証拠のみすることができる
通常の手続きへの移行	被告は、訴訟を通常の手続きに移行させる旨の申述をすることができる。ただし、被告が最初の口頭弁論の期日において弁論をし、またはその期日の終了後はできない
即日判決の原則	判決の言渡しは、原則として、口頭弁論の終結後直ちに行う
判決による支払の猶予	請求を認容する判決の言渡しの日から3年を超えない範囲内で、支払い時期または分割払いの定めをすることができる
仮執行の宣言	請求を認容する判決については、裁判所は、職権で、担保を立てて、または立てないで仮執行をすることができることを宣言しなければならない
控訴の禁止	終局判決に対して控訴をすることはできない
異議の申立て	判決書等の送達を受けた日から2週間の不変期間内に、判決をした裁判所に異議の申立てができる。適法な異議があれば、通常の手続きにより審理および裁判を行う

練習問題（○×問題）

① 手形訴訟においては、終局判決に対して控訴をすることができる。

② 訴訟の目的の価額が30万円以下でなければ、少額訴訟はできない。

解答 ･･･

① × 手形訴訟では控訴が禁止されています。

② × 少額訴訟は訴額が60万円以下の金銭の支払請求を対象としています。

■ポイント

・ 手形訴訟や少額訴訟では、反訴や控訴が禁止されるが、異議申立てはできる。

・ 手形訴訟や少額訴訟における証拠調べの制限について、押さえておこう。

2-30 支払督促

支払督促は、訴訟をせずに簡易・迅速に債務名義を取得することのできる手続きです。債権者は債務名義を取得することで直ちに強制執行ができるようになります（→P 260）。ここでは主に支払督促の手続きについて学びます。

1 支払督促の要件　　重要度 ★

支払督促は、金銭その他の代替物または有価証券の一定の数量の給付を目的とする請求についてのみ、発することができます。

2 支払督促の手続き　　重要度 ★★

（1）支払督促の申立て

支払督促の申立ては、債権者が、債務者の普通裁判籍の所在地を管轄する簡易裁判所の裁判所書記官に対して行います。

（2）支払督促の発付・送達

支払督促の申立てがなされると、裁判所書記官は債務者に対して支払督促を発します。支払督促の効力は債務者に送達された時に生じます。

（3）督促異議の申立て

債務者は、支払督促に対し、これを発した裁判所書記官の所属する簡易裁判所に督促異議の申立てをすることができます。

（4）仮執行宣言付支払督促

債務者が支払督促の送達を受けた日から2週間以内に督促異議の申立てをしない場合、裁判所書記官は、債権者の申立てにより、支払督促に手続きの費用額を付記して仮執行の宣言をしなければなりません。

（5）期間の徒過による支払督促の失効

支払督促を申し立てた債権者が仮執行の宣言の申立てをすることができる時から30日以内にその申立てをしない場合、支払督促は、その効力を失います。

（6）仮執行の宣言後の督促異議

仮執行宣言付支払督促の送達を受けた日から2週間の不変期間を経過したときは、債務者は、督促異議の申立てをすることができなくなります。

2

（7）督促異議の申立てによる訴訟への移行

　適法な督促異議の申立てがあったときは、支払督促の申立ての時に、訴えの提起があったものとみなされ、以後、通常の訴訟手続が行われることになります。

❸　支払督促の効力　　　　　　　重要度　★

　仮執行宣言付支払督促に対し督促異議の申立てがないとき、または督促異議の申立てを却下する決定が確定したときは、支払督促は、確定判決と同一の効力を有します。つまり、仮執行宣言付支払督促は債務名義となるのです。

▼支払督促の手続き

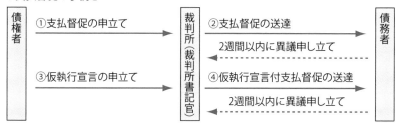

※ 適法な異議申立てがあれば訴訟に移行します。

練習問題（○×問題）

① 支払督促の申立ては、債権者の普通裁判籍の所在地を管轄する地方裁判所の裁判所書記官に対して行う。
② 仮執行宣言付支払督促の送達を受けた日から2週間の不変期間を経過したときは、債務者は、督促異議の申立てをすることができない。

解答 ....
① ×　債権者の普通裁判籍ではなく、債務者の普通裁判籍です。また、地方裁判所の裁判所書記官ではなく、簡易裁判所の裁判所書記官です。
② ○　設問の通りです。

■ポイント

・ 支払督促の手続きは、簡易裁判所の裁判所書記官が中心となって行う。
・ 異議の申立ては2週間以内に行わなければならない。

2-31 民事執行法

民事執行法は、判決などで確定した権利を実現するための手続きを定めた法律です。ここでは、民事執行の典型である強制執行を中心に学びます。

1 民事執行法における手続きの種類　　重要度 ★★

民事執行法の定める手続きには、次の種類があります。

> ● **手続きの種類**
> ① 強制執行（不動産執行・動産執行・債権執行等）　←債務名義が必要
> ② 担保権（抵当権など）の実行　　　　　　　　　　←債務名義が不要
> ③ 形式的競売
> ④ 財産開示手続き

2 強制執行の実施　　重要度 ★★★

（1）債務名義

強制執行は、執行文の付与された債務名義の正本に基づいて実施されます。

> ● **債務名義の種類**
> ① 確定した給付判決
> ② 仮執行宣言付きの判決
> ③ 抗告によらなければ不服を申し立てることができない裁判
> ④ 仮執行宣言付きの支払督促
> ⑤ 訴訟・和解・執行の費用の負担等の額を定める裁判所書記官の処分
> ⑥ 執行証書
> ⑦ 確定した執行判決のある外国裁判所の判決
> ⑧ 確定した執行決定のある仲裁判断
> ⑨ 確定判決と同一の効力を有するもの（和解調書、請求認諾調書、調停調書等）
>
> ※ 執行証書とは、強制執行認諾文言付きの公正証書のことで、貸金業法における特定公正証書（→P86）と同じものです。

(2) 執行文の付与

　原則として債務名義に執行文が付与されていなければ強制執行はできないのですが、次の場合には、執行文の付与は必要ありません。

● 執行文の付与が不要となる場合
① 少額訴訟における確定判決に表示された当事者に対し、またはその者のためにする強制執行
② 仮執行の宣言を付した少額訴訟の判決または支払督促に表示された当事者に対し、またはその者のためにする強制執行

　執行文の付与は裁判所書記官（執行証書以外の場合）または公証人（執行証書の場合）によって行われます。
　執行文の付された債務名義の正本が数通必要であるとき、またはこれが滅失したときは、再度執行文の付与を受けることができます。

● 執行文の種類
① 単純執行文
② 条件成就執行文（停止条件の成就、不確定期限の到来により付与される執行文）
③ 承継執行文（債務名義に表示された債権者・債務者から地位を承継した場合に付与される執行文）

(3) 債務名義の送達

　債務名義または確定により債務名義となるべき裁判の正本または謄本が、あらかじめ、または同時に、債務者に送達されなければ、強制執行は開始しません。

3 請求異議の訴え・第三者異議の訴え　　　重要度 ★

(1) 請求異議の訴え

　債務名義に係る請求権の存在または内容について異議のある債務者は、その債務名義による強制執行の不許を求めるために、「請求異議の訴え」を提起することができます。
　例えば、貸金返還請求権について債務名義が作成され、その作成から強制執行までの間に弁済がなされた場合、その請求権は消滅します。債務者は、その

請求権が不存在であることを理由に、強制執行を止めるために請求異議の訴えを提起することができるのです。

(2) 第三者異議の訴え

　強制執行の目的物について所有権その他目的物の譲渡または引渡しを妨げる権利を有する第三者は、債権者に対し、その強制執行の不許を求めるために、「第三者異議の訴え」を提起することができます。

　本来、強制執行は債務者の財産に対して行われるべきものですが、誤って第三者の財産に対して強制執行が行われてしまうことがあります。その強制執行を止めるために第三者は第三者異議の訴えを提起することができるのです。

④ 動産執行（動産に対する強制執行）　　重要度 ★★

　動産執行は執行官の目的物に対する差押えにより開始し、債務者の占有する動産の差押えは執行官がその動産を占有して行います。

　次に掲げる動産は、差し押さえることができません。

● **差押禁止動産**

① 債務者等の生活に欠くことができない衣服、寝具、家具、台所用具等
② 債務者等の1月間の生活に必要な食料および燃料
③ 標準世帯の2月間の必要生計費として政令で定める額（66万円）の金銭
④ 農業を営む者の農業に欠くことができない器具・肥料等
⑤ 漁業を営む者の水産物の採捕または養殖に欠くことができない漁具等
⑥ 技術者、職人、労務者等の業務に欠くことができない物
⑦ 実印その他の印で職業または生活に欠くことができないもの
⑧ 仏像、位牌その他礼拝または祭祀に直接供するため欠くことができない物
⑨ 債務者に必要な系譜、日記、商業帳簿およびこれらに類する書類
⑩ 債務者またはその親族が受けた勲章その他の名誉を表章する物
⑪ 債務者等の学校その他の教育施設における学習に必要な書類および器具
⑫ 発明または著作に係る物で、まだ公表していないもの
⑬ 債務者等に必要な義手、義足その他の身体の補足に供する物
⑭ 建物その他の工作物について、災害の防止または保安のため法令の規定により設備しなければならない消防用の機械または器具、避難器具等
　※上記は、いずれも生活に最低限必要なものです。

5　債権執行（債権に対する強制執行）　重要度 ★★★

(1) 差押命令

　債権執行（金銭の支払いを目的とする債権に対する強制執行など）は、執行裁判所の差押命令により開始します。

　差押命令では、債務者に対し債権の取立てその他の処分を禁止し、第三債務者に対し債務者への弁済を禁止します。この差押命令は債務者および第三債務者に送達され、この差押えの効力は差押命令が第三債務者に送達された時に生じます。

▼債権執行

※債権執行の対象となる債権は、差押債権者の債務者に対する債権ではなく、債務者の第三債務者に対する債権です。債務者と第三債務者との関係でみれば、第三債務者にとって債務者が債権者になります。

(2) 債権証書の引渡し

　差押えに係る債権について証書（債権証書→P99）があるときは、債務者は、差押債権者に対し、その証書を引き渡さなければなりません。差押債権者が、債務者の第三債務者に対する債権を行使することになるためです。

(3) 差押禁止債権

　次に掲げる債権は、差し押さえることができません。

> ● 差押禁止債権
> ① 債務者が国および地方公共団体以外の者から生計を維持するために支給を受ける継続的給付に係る債権の4分の3（その額が月額33万円を超えるときは、月額33万円）
> ② 給料、賃金、俸給、退職年金および賞与ならびにこれらの性質を有する給与に係る債権の4分の3（その額が月額33万円を超えるときは、月額33万円）

③ 退職手当およびその性質を有する給与に係る債権の4分の3

※ ①②の場合、給付額が44万円以内のときはその4分の3が差押え禁止、給付
額が44万円を超える場合は一律33万円が差押え禁止になります。そのため、
試験の問題文に「すべてについて差押え禁止」、「4分の3まで差押え可能」、「33
万円まで差押え可能」という記述があれば、それは誤りです。

(4) 配当要求

　執行力のある債務名義の正本を有する債権者および文書により先取特権を有
することを証明した債権者は、配当要求をすることができます。

※ 配当要求とは、差押債権者以外の債権者が手続きに加わり、自己に対しても弁済・
配当をなすよう要求することをいいます。

(5) 差押債権者の金銭債権の取立て

　金銭債権を差し押さえた債権者は、債務者に対して差押命令が送達された日
から1週間を経過した時は、その債権を取り立てることができます。ただし、差
押債権者の債権および執行費用の額を超えて支払いを受けることができません。

(6) 第三債務者の供託

　第三債務者は、差押えに係る金銭債権の全額に相当する金銭を債務の履行地
の供託所に供託することができます（権利供託）。

　第三債務者は、取立訴訟の訴状の送達を受ける時までに、差押えに係る金銭
債権のうち差し押さえられていない部分を超えて発せられた差押命令、差押処
分または仮差押命令の送達を受けた時はその債権の全額に相当する金銭を、配
当要求があった旨を記載した文書の送達を受けた時は差し押さえられた部分に相
当する金銭を、債務の履行地の供託所に供託しなければなりません（義務供託）。

※ 取立訴訟とは、差押債権者が第三債務者に対し、差し押さえた債権に係る給付を
求める訴えをいいます。

(7) 転付命令

　執行裁判所は、差押債権者の申立てがあれば、転付命令（支払いに代えて券
面額で差し押さえられた金銭債権を差押債権者に転付する命令）を発します。

　差押命令および転付命令が確定した場合、差押債権者の債権および執行費用
は、転付命令に係る金銭債権が存する限り、その券面額で、転付命令が第三債
務者に送達された時に弁済されたものとみなされます。つまり、債務者の第三
債務者に対する債権を差押債権者に移転させることで、差押債権者の債務者に

対する債権が弁済されたとみなされるのです。

　例えば、差押債権者Aが債務者Bに対して600万円の債権を有しており、さらに債務者Bが第三債務者Cに対して500万円の債権を有している場合、転付命令によってBのCに対する債権はAに移転し、その債権の券面額（500万円）で、AのBに対する債権が弁済されたとみなされます。600万円のうち500万円が弁済されたことになるので、AのBに対する残債権額は100万円となります。

▼債権執行

●転付命令後

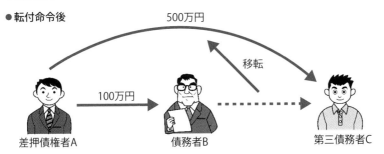

500万円

移転

100万円

差押債権者A　　　　　　債務者B　　　　　　第三債務者C

● 強制執行と民事訴訟・民事保全との関係

　強制執行は債務名義に基づいて実施されますが、債務名義は複数（→P260①〜⑨）ありますので、民事訴訟による確定判決を経なくても他の債務名義があれば強制執行を申し立てることができます。

　また、債務名義がある限り、民事保全の手続き（仮差押え）をしなくとも、強制執行を申し立てることはできます。

練習問題（○×問題）

① 公正証書はすべて債務名義となる。
② 担保権の実行は、執行文の付与された債務名義の正本に基づいて実施される。

解答

① × 強制執行認諾文言が付いていない公正証書は、債務名義ではありません。
② × 担保権の実行では、債務名義は必要ありません。

■ポイント

- 強制執行の場合には、執行文の付与された債務名義が必要である。
- 担保権を実行する場合には、債務名義は必要ない。

2-32 民事保全法

民事保全法は、将来の強制執行等に備えるため、民事訴訟（本案）により確定される権利の実現を保全するための手続きを規定しています。ここでは、民事保全の種類と手続きを学びます。

1 民事保全の意義　　　重要度 ★

　民事訴訟では判決が出るまで時間がかかるため、判決がなされるまでの間に債務者による財産の処分・隠匿などがなされるおそれがあり、債権者が勝訴判決を得て強制執行をしても現実に債権の回収ができないなどの不都合が生じることがあります。そこで、裁判前でも、裁判中でも、民事保全が認められます。

● 権利実現までの流れ
民事保全（権利実現の保全）→民事訴訟（権利の確定）→民事執行（権利の実現）

2 民事保全の種類　　　重要度 ★

　民事保全には仮差押えと仮処分があり、仮処分は「係争物に関する仮処分」と「仮の地位を定める仮処分」に分かれます。

▼民事保全の種類

仮差押え		将来の強制執行に備えて、金銭債権（金銭の支払いを目的とする債権）の執行を保全するための手続き
仮処分	係争物に関する仮処分	不動産の登記請求権や建物収去土地明渡請求権などの執行を保全するため、現状の変更を防ぐ手続き。「処分禁止の仮処分」や「占有移転禁止の仮処分」などがある
	仮の地位を定める仮処分	役員（取締役など）の職務執行停止の仮処分や代行者選任の仮処分、解雇された者が従業員としての地位を保全するために行う仮処分などがある

3 民事保全手続　　　重要度 ★★

（1）民事保全手続の流れ

　債権者から書面での申立てがあれば、裁判所は、まず、民事保全をするかどうかの判断を行います（保全命令手続）。そして、保全命令手続によって保全命

令（仮差押え命令または仮処分命令）が発せられた場合には、保全命令の内容を実現する手続きを行います（保全執行手続）。なお、民事保全手続に関する裁判は、口頭弁論を経ないで行うことができます。

● **民事保全手続の流れ**
　保全命令手続 → 保全執行手続

(2) 保全命令手続

　保全命令手続は、保全すべき権利・権利関係および保全の必要性を確認し、保全命令を発する手続きです。申立人は、保全すべき権利・権利関係および保全の必要性を疎明しなければなりません。

※ 疎明とは、一応確からしいという程度の心証を抱かせることです。証明（合理的な疑いを差し挟まない程度の確信を抱かせること）との対比で使われます。

(3) 保全執行手続

　保全執行手続は、保全命令の正本に基づいて実施され、原則として執行文の付与は不要です。ただし、保全命令に表示された当事者以外の者に対し、またはその者のためにする保全執行は、執行文の付された保全命令の正本に基づいて実施します。

練習問題（○×問題）

① 係争物に関する仮処分命令は、金銭債権について、強制執行が不可能または著しい困難を生ずるおそれがあるときに発することができる。
② 保全すべき権利または権利関係および保全の必要性は、証明しなければならない。

解答
① × 設問は仮差押え命令の説明です。「係争物に関する仮処分命令」の部分を「仮差押え命令」に変更すれば、正しい内容になります。
② × 疎明をすれば足ります。証明までは不要です。

■ポイント

・ 仮差押えと係争物に関する仮処分の違いに注意しよう。
・ 保全すべき権利・権利関係および保全の必要性は疎明しなければならない。

2-33 破産法・会社法（特別清算）

倒産処理のための法的な整理として、破産、特別清算、民事再生、会社更生があります。ここでは、倒産処理の分類をした後、清算型手続である破産法と会社法（特別清算）について学びます。

1 倒産処理手続の分類　　重要度 ★★

(1) 清算型手続

破産や特別清算は、債務者の全財産を換価（お金に換えること）し、債権者に平等に弁済する手続きであり、清算型手続といわれています。会社であれば、手続きによってその会社は消滅します。

(2) 再建型手続

民事再生や会社更生は、生活または事業の再生を図る手続きであり、再建型手続といわれています。会社であれば、事業の維持を前提に手続きが進められます。

2 破産法　　重要度 ★★★

(1) 破産法の目的

破産法は、債務者の財産等の適正かつ公平な清算を図るとともに、債務者について経済生活の再生の機会の確保を図ることを目的としています。

これらの目的を果たすために、破産法では、支払不能または債務超過にある債務者の財産等の清算に関する手続きを定めること等が規定されています。

> ● 破産手続の流れ
> 　申立て→開始決定→破産債権の届出・調査・確定→破産財団の管理・換価→配当・終結

(2) 破産手続開始の申立て

破産手続開始の申立ては、債権者または債務者が行うことができます。法人の破産手続の場合には、さらに取締役なども申立てを行うことができます。

債権者が申立てをするときには、その債権の存在および破産手続開始原因となる事実を疎明しなければなりません。

破産手続開始原因は破産者が個人の場合と法人の場合とで異なります。

▼破産手続開始原因

債務者が個人の場合	支払不能
債務者が法人の場合	支払不能または債務超過

(3) 破産手続開始の決定とその効果

破産手続開始の原因がある場合、破産手続開始の申立てにより、破産手続開始の決定がなされます。

破産手続開始の決定の時から、債務者は破産者となり、財産の管理処分権を失い、破産管財人にその管理処分権が専属することになります。なお、開始決定後でも、破産管財人は、裁判所の許可を得て、破産者の事業を継続することができます。

また、開始決定後は、債権者は原則として破産手続によらなければ権利を行使することができず、強制執行等の手続は失効・禁止されます。

破産者が双務契約（例えば、売買契約）を締結していた場合で、破産者もその相手方もまだその履行を完了していないときは、破産管財人は、契約の解除をし、または破産者の債務を履行して相手方に債務の履行を請求することができます。

(4) 破産債権の届出・調査・確定

破産債権（破産者に対する債権）は、破産手続にしたがい、配当によって弁済を受けますが、配当をするためには各破産債権者の債権額等を確定しなければなりません。そのため、債権の届出・調査・確定の手続きが行われます。

破産債権者が自己の債権額等を裁判所に届け出た後、裁判所が債権を調査します。そして、破産管財人が認め、かつ、届出をした他の破産債権者が異議を述べなければ、債権は確定します。

▼破産債権・財団債権の定義

破産債権	破産者に対し破産手続開始前の原因に基づいて生じた財産上の請求権であって、財団債権に該当しないもの
財団債権	破産手続によらないで破産財団から随時弁済を受けることができる債権

※利息請求権については、破産手続開始後の利息であっても、財団債権であるものを除き、破産債権に含まれます。

(5) 破産財団の管理・換価

破産財団（破産者の財産）の管理・換価を行い、配当のための準備をします。

破産手続開始決定前に破産者が破産債権者を害することを知ってした行為（例

えば財産の売却行為）などは、破産管財人が否認することができ、この権利を否認権といいます。破産者の行為によって失われた財産を、否認権の行使によって破産財団に回復することができるのです。

抵当権者や相殺できる状態にある者は、破産手続によらないで、権利を行使できます。

▼別除権・相殺権

別除権	担保権（特別の先取特権、質権、抵当権）は、破産手続開始後、別除権として扱われ、破産手続によらないで、行使することができる
相殺権	破産債権者は、破産手続開始の時において破産者に対して債務を負担するときは、破産手続によらないで、相殺をすることができる

（6）同時廃止

裁判所は、破産財団で破産手続の費用を支払うのに不足するときは、原則として、破産手続開始の決定と同時に、破産手続廃止の決定をしなければなりません。ただし、その費用を支払うのに足りる金額の予納があった場合は、破産手続廃止の決定をする必要はありません。

（7）免責

個人である債務者（破産手続開始の決定後にあっては、破産者）は、破産手続開始の申立てがあった日から破産手続開始の決定が確定した日以後1か月を経過する日までの間に、破産裁判所に対し、免責許可の申立てをすることができます。その申立てがなされた場合、免責不許可事由がなければ免責許可決定がなされます。

● **免責不許可事由（一部抜粋）**
① 浪費・賭博等の射幸行為によって著しく財産を減少させ、または過大な債務を負担したこと
② 以前に免責等を受けてから7年以内に免責許可の申立てがあったこと
※ 免責不許可事由に該当する場合でも、裁判所は、破産手続開始の決定に至った経緯その他一切の事情を考慮して免責を許可することが相当であると認めるときは、免責許可の決定をすることができます（裁量免責）。

免責許可の決定が確定したときは、破産者は、破産手続による配当を除き、破産債権について責任を免れます。つまり、これによって借金等がゼロになるわけです。ただし、租税や罰金、破産者が悪意で加えた不法行為に基づく損害

賠償請求権などの責任を免れることはできないとされています。

　免責許可の決定は、保証人に影響を与えません。そのため、破産者が免責を受けても、保証人は免責されません。

(8) 復権

　免責許可の決定が確定したときは、破産者は復権します。

3　会社法（特別清算）　　　　　　　　　　　　重要度　★

(1) 特別清算

　特別清算手続とは、解散した株式会社に債務超過の疑いがあるときなどに、会社法の規定により、裁判所の監督のもとに行われる清算手続です。

(2) 特別清算開始の申立て

　特別清算開始の申立ては、債権者、清算人、監査役、株主が行うことができます。債務超過の疑いがあるときは、清算人は手続開始の申立てをしなければなりません。

(3) 特別清算開始の命令とその効果

　特別清算開始の原因がある場合、特別清算開始の申立てにより、特別清算開始の命令がなされます。特別清算開始後は、清算人が清算事務を行い、債権者による強制執行等は禁止されます。また、清算人は、債権者、清算株式会社および株主に対し、公平かつ誠実に清算事務を行う義務を負います。

練習問題（○×問題）

① 債権者が破産手続開始の申立てを行うことはできない。

② 主たる債務者の免責許可決定が確定した場合、保証人も免責される。

解答

① ×　破産手続開始の申立ては、債務者のほか、債権者も行うことができます。

② ×　免責許可の決定は、保証人に影響を与えません。

■ポイント

・ 破産や特別清算は、清算型手続である。

・ 個人の破産者と法人の破産者とでは、破産手続での扱いが多少異なる。

2-34 民事再生法・会社更生法・特定調停法

民事再生や会社更生は、再建型手続であるため、利害関係者（債権者等）の多数の同意を得て、それぞれ再生計画、更生計画を定めます。ここでは、民事再生法・会社更生法のほか、特定調停法についても学びます。

1 民事再生法

重要度 ★★★

(1) 民事再生法の目的

民事再生法は、経済的に窮境にある債務者の事業または経済生活の再生を図ることを目的としています。この目的を果たすために、民事再生法では、経済的に窮境にある債務者について、その債権者の多数の同意を得、かつ、裁判所の認可を受けた再生計画を定めること等を規定しています。

再生手続は再生計画を定める点で、破産手続とは異なります。

● **再生手続の流れ**

申立て→再生手続開始前の保全処分→開始決定→再生債権の届出・調査・確定→再生債務者の財産の調査・確保→再生計画の決議・認可→再生計画の遂行

(2) 再生手続開始の申立て

再生手続開始の申立ては、債権者または債務者が行うことができます。

申立てをするときには、再生手続開始原因となる事実を疎明しなければなりません。債権者が申立てをするときには、再生手続開始原因となる事実のほか、さらに債権の存在を疎明しなければなりません。

● **再生手続開始原因**

① 債務者に破産手続開始の原因となる事実の生ずるおそれがある場合

② 債務者が事業の継続に著しい支障を来すことなく弁済期にある債務を弁済することができない場合

※ 債務者は、①または②の場合に、申立てをすることができます。

※ 債権者は、①の場合にのみ、申立てをすることができます。

(3) 再生手続開始前の保全処分

　再生債務者の生活や事業再生のためには、再生計画にしたがって財産の処分や弁済がなされる必要があります。そこで、再生手続開始の申立てから開始決定までの間、裁判所は、必要があれば、強制執行の禁止や訴訟手続の中止等を命ずることができ、これによって再生債務者の財産が保全されます。

※再生手続では、債務者のことを再生債務者、債権者のことを再生債権者といいます。頭に「再生」が付いても特別な意味はありません。

(4) 再生手続開始の決定とその効果

　再生手続開始の原因がある場合、前述の再生手続開始の申立てにより、再生手続開始の決定がなされます。

　再生手続開始後も、原則として再生債務者はその業務を遂行し、その財産の管理処分権を有します。ただし、管財人が選任された場合には、再生債務者の業務・財産の管理は管財人が行います。

　開始後は、再生債権者は原則として再生計画にしたがって弁済を受けなければならず、強制執行等は禁止されます。

(5) 再生債権の届出・調査・確定

　再生手続でも、破産手続と同様に、再生債権の届出・調査・確定が行われます。

(6) 再生債務者の財産の調査・確保

　再生手続では、再生債務者の財産の調査・確保が行われます。

　再生手続でも、破産手続と同様に、否認権の制度があります。

　再生手続開始後も、抵当権等の担保権は別除権として扱われ、再生手続によらずに行使することができます。なお、担保権の実行手続の中止命令や担保権消滅許可制度があります。

(7) 再生計画の決議・認可

　再生債務者等は、再生計画案を作成し、裁判所に提出した後、それを債権者集会の決議にかけます。再生計画案を可決するためには、議決権者の過半数の同意、かつ、議決権者の議決権の総額の2分の1以上の議決権を有する者の同意が必要です。

　再生計画案が可決された場合、不認可事由がなければ、裁判所は再生計画認可の決定を行います。

　再生計画認可の決定が確定したときは、再生債務者は、再生計画の定めまたは租税等以外のすべての再生債権について、その責任を免れます。

(8) 再生計画の遂行

　再生計画認可の決定が確定したときは、再生債務者等は、速やかに、再生計画を遂行しなければなりません。

　再生計画にしたがって再生債権者への弁済等がなされます。

② 会社更生法　　　　　　　　　　　　重要度　★★

(1) 会社更生法の目的

　会社更生法は、窮境にある株式会社の事業の維持更生を図ることを目的としています。この目的を果たすために、更生計画の策定およびその遂行に関する手続き等を規定しています。

(2) 更生手続開始の申立て

　更生手続開始の申立ては、株式会社または一定の債権者や株主が行うことができます。

> ● 更生手続開始原因
> ① 破産手続開始の原因となる事実が生ずるおそれがある場合
> ② 弁済期にある債務を弁済することとすれば、その事業の継続に著しい支障を来すおそれがある場合
> ※ 株式会社は、①または②の場合に、申立てをすることができます。
> ※ 一定の債権者や株主は、①の場合にのみ、申立てをすることができます。

(3) 更生手続開始の効果

　更生手続開始後は、会社の事業経営権と財産の管理処分権は管財人に専属します。

(4) 担保権の取扱い

　更生手続開始後、担保権は更生担保権として扱われ、更生手続にしたがうことになります。更生手続では、担保権の実行が禁止されています。

③ 特定調停法　　　　　　　　　　　　重要度　★

(1) 特定調停法の目的

　特定調停法は、支払不能に陥るおそれのある債務者等の経済的再生に資するため、民事調停法（→P255）の特例として特定調停の手続きを定めることにより、

債務者が負っている金銭債務に係る利害関係の調整を促進することを目的としています。

(2) 特定調停手続開始の申立て

特定債務者は、特定債務等の調整に係る調停の申立てをするときは、特定調停手続により調停を行うことを求めることができます。

> ● **特定債務者**
> ・ 金銭債務を負っている者で、支払不能に陥るおそれのあるもの、または事業の継続に支障を来すことなく弁済期にある債務の弁済が困難なもの
> ・ 債務超過に陥るおそれのある法人

(3) 当事者の責務・文書等の提出

当事者は、調停委員会に対し、債権または債務の発生原因および内容、弁済等による債権または債務の内容の変更および担保関係の変更等に関する事実を明らかにしなければなりません。

(4) 特定調停の不成立

特定調停も調停手続である以上、その成立には調停の相手方である債権者の同意が必要です。したがって、全債権者の個別的な同意がなく、合意が成立する見込みがない場合には、裁判所は事件を終了することができます。

練習問題 (○×問題)

① 民事再生法の再生手続を個人が利用することはできない。
② 再生計画案についてすべての再生債権者の同意を得なければならない。

解答 ・・・・・・・・・・・・・・・・・・・・・・・・・・・・・・・・・・・・・・

① × 法人だけではなく、個人も再生手続を利用することができます。
② × すべての再生債権者の同意を得ることまでは要求されていません。

■ポイント

・ 民事再生や会社更生は、再建型手続であり、計画を定める。
・ 特定調停は、民事調停の特例であり、当事者間の合意により成立する。

2-35 犯罪収益移転防止法

金融機関等がテロ資金供与やマネーロンダリングに利用されることを防ぐ目的で、犯罪収益移転防止法が成立されました。ここでは、犯罪収益移転防止法により貸金業者が負う義務について学びます。

1 犯罪収益移転防止法の概要 重要度 ★★★

特定事業者（貸金業者等）は、次の義務を負います。

● **特定事業者の義務**
- 取引時確認、その記録の作成・保存
  （確認を行った場合、直ちに記録を作成。契約終了日から7年間保存）
- 取引記録等の作成・保存
  （取引を行った場合、直ちに記録等を作成。取引日から7年間保存）
- 疑わしい取引の届出

2 取引時確認 重要度 ★★★

(1) 取引時確認が必要となる取引

貸金業者が、金銭の貸付けまたは金銭の貸借の媒介（手形の割引、売渡担保その他これらに類する方法によってする金銭の交付またはその方法によってする金銭の授受の媒介を含む。）を内容とする契約を締結するときは、取引時確認が必要となります。ただし、すでに確認済みの顧客等との間で取引するときは、確認は不要です。

※ 確認が必要となる取引の範囲は、貸金業法の「貸付け」(→P18) と同じです。

なりすましている疑いがある取引や、取引時確認事項を偽っていた疑いがある顧客等との取引は、「厳格な顧客管理を行う必要性が特に高いと認められる取引」とされています。

(2) 確認事項

取引時確認として確認しなければならない事項は次の通りです。

① 本人特定事項

② 取引を行う目的

③ 自然人の場合は職業、法人の場合は事業の内容

④ 法人の場合は実質的支配者の本人特定事項

※ 事業の内容は、定款、登記事項証明書またはその写し等で確認します。

※ 株式会社の場合、実質的支配者とは、その株式会社の議決権の総数の4分の1を超える議決権を有している者（他の者が当該法人の議決権の総数の2分の1を超える議決権を有している場合を除く。）をいいます。

▼本人特定事項

自然人	氏名、住居および生年月日
法人	名称および本店または主たる事務の所在地

※ なお、性別や本籍地は本人特定事項ではありません。

(3) 特定事業者の免責

　顧客等や代表等が取引時確認に応じない場合には、貸金業者は、顧客等が取引時確認に応じるまでの間、取引に係る義務の履行を拒むことができます。

③ 取引記録等の作成　　　　　　　　　　　　重要度 ★★★

　貸金業者が、特定業務に係る取引を行った場合、取引記録等を作成しなければなりません。ただし、少額の取引等のときは、その作成は不要です。

④ 疑わしい取引の届出　　　　　　　　　　　重要度 ★★★

　特定業務で収受した財産が犯罪による収益である疑いがあり、または顧客等が組織的犯罪処罰法・麻薬特例法所定の罪に当たる行為を行っている疑いがある場合、速やかに、一定の事項を行政庁に届け出なければなりません。

　この届出を行おうとすることまたは行ったことを漏らしてはなりません。

練習問題（○×問題）

① 取引時確認記録は、取引に係る契約終了から5年間保存しなければならない。

② 自然人の本人特定事項は、氏名、住居、本籍地および生年月日である。

解答 ••

① × 取引時確認記録は、契約の終了から7年間保存しなければなりません。

② × 自然人の本人特定事項は、氏名、住居および生年月日です。

▌ポイント

・貸金業者が貸金業法の「貸付け」を行う場合には、取引時確認が必要となる。

・確認記録や取引記録の保存期間は7年である。

2-36 暴力団対策法

市民生活の安全と平穏の確保を図る目的で、暴力団対策法（暴力団員による不当な行為の防止等に関する法律）が成立しました。ここでは、暴力的要求行為などについて学びます。

1 暴力的要求行為の禁止　　　重要度 ★

　暴力団員は、その者の所属するまたはその系列上位の指定暴力団等の威力を示して「暴力的要求行為」をすることは禁止されています。

　どんな人であっても、指定暴力団員に対し、暴力的要求行為をすることを要求し、依頼し、またはそそのかしてはいけません。また、指定暴力団員が暴力的要求行為をしている現場に立ち会って、暴力的要求行為をすることを助けることも禁止されています。

● **暴力的要求行為**

- 口止め料を要求すること
- 金品等の贈与を強要すること
- 請負、委任の発注者・受注者に対し、受注の受入れ等を強要すること
- 縄張内での営業者に対し、営業を容認への金品等の供与を要求すること
- 縄張内での営業者に対し、入場券等の購入、用心棒代を要求すること
- 利息制限を超える利息の支払等を要求すること
- 人から依頼を受け、不当な取立て行為をすること
- 人に対し、債務の免除または履行の猶予をみだりに要求すること
- 金銭貸付業者に対し、金銭の貸付けを強要し、または著しく有利な条件による貸付けを要求すること
- 株式会社またはその子会社に対し、株式の買取り等を強要すること
- 正当に建物・敷地を利用している者に対し、明渡しを強要すること
- 土地や建物の明渡し料等を要求すること
- 人から依頼を受け、示談交渉を行い、損害賠償金を要求すること
- 交通事故や商品の欠陥等がないのに損害賠償金を要求すること

---

② 準暴力的要求行為の要求等の禁止　　　重要度　★

　指定暴力団員は、人に対し、所属する指定暴力団等またはその系列上位指定暴力団等に係る準暴力的要求行為（暴力団員以外の者が指定暴力団等の威力を示して「暴力的要求行為」をする行為）をすることを要求し、依頼し、またはそそのかしてはいけません。

③ 暴力的要求行為等に対する措置・罰則　　　重要度　★

　暴力的要求行為等に対して、公安委員会は、中止命令等の措置を講ずることができ、中止命令等の違反者には、刑罰が科せられます。

練習問題（○×問題）

① 利息制限法の利息の制限額を超える利息の支払いを、債務者に対して要求することは、暴力的要求行為に該当する。

② 金銭貸付業者に対してその者が拒絶しているにもかかわらず金銭の貸付けを要求し、または金銭貸付業者に対してその者が金銭の貸付けの条件として示している事項に反して著しく有利な条件による金銭の貸付けを要求することは、暴力的要求行為に該当する。

③ 暴力的要求行為に該当すれば当然に刑罰が科せられる。

解答

① ○　設問の通りです。

② ○　設問の通りです。

③ ×　暴力的要求行為に該当したからといって当然に刑罰が科せられるわけではありません。公安委員会による中止命令等に違反した場合にはじめて、刑罰が科せられます。

■ポイント

- 暴力的要求行為は必ず押さえておこう。
- 暴力団員の暴力的要求行為を利用することも禁止されている。
- 公安委員会の中止命令等に違反した場合に、刑罰が科せられる。

演習問題 2-2

問　題

■問1
（平成25年問題40）

　取締役会設置会社に関する次の①～④の記述のうち、その内容が適切でない ものを1つだけ選び、解答欄にその番号をマークしなさい。なお、本問におけ る取締役会設置会社は委員会設置会社ではないものとする。

① 取締役会設置会社においては、取締役は、3人以上でなければならない。
② 取締役が自己又は第三者のために株式会社の事業の部類に属する取引をし ようとする場合には、当該取締役は、取締役会において、当該取引につき 重要な事実を開示し、その承認を受けなければならない。
③ 取締役会は、取締役の中から代表取締役を選定しなければならない。
④ 取締役会は、多額の借財その他の重要な業務執行の決定については、代表 取締役に委任しなければならない。

■問2
（令和5年問題41）

　手形法及び電子記録債権法に関する次の①～④の記述のうち、その内容が適 切でないものを1つだけ選び、解答欄にその番号をマークしなさい。

① 詐欺によって振り出された約束手形を裏書により譲り受けた所持人は、当 該事情を知らず、かつ知らないことにつき過失がなかった。この場合、当 該約束手形の振出人は、当該所持人から手形金の支払を請求されたときは、 詐欺を理由とする手形行為取消しの抗弁をもって、当該所持人に対抗する ことができる。
② 裏書が連続している約束手形の所持人は、正当な権利者と推定されるため、 正当な権利者であることを証明しなくても手形上の債務者に対し手形金の 支払を求めることができる。

③ 電子記録債権は、保証記録に係るもの及び電子記録保証をした者が電子記録債権法第35条第1項の規定により取得する特別求償権を除き、発生記録をすることによって生ずる。

④ 電子記録名義人に対してした電子記録債権についての支払は、その支払をした者に悪意又は重大な過失がない限り、当該電子記録名義人がその支払を受ける権利を有しない場合であっても、その効力を有する。

■問3 （令和5年問題42）

民事訴訟法に関する次の①〜④の記述のうち、その内容が<u>適切でない</u>ものを1つだけ選び、解答欄にその番号をマークしなさい。

① 当事者は、訴えについて法令に専属管轄の定めがある場合を除き、第一審に限り、合意により管轄裁判所を定めることができる。

② 地方裁判所における訴えの提起は、訴状を裁判所に提出してしなければならないが、簡易裁判所においては、訴えは口頭で提起することができる。

③ 商業登記簿に支配人として登記された支配人は、民事訴訟における訴訟代理人となることができる。

④ 地方裁判所に提起された民事訴訟において、当事者は、口頭弁論の続行の期日に裁判所に出頭しなかったとしても、準備書面を裁判所に提出している場合には、口頭弁論において当該準備書面に記載した事項を陳述したものとみなされる。

■問4 （令和3年問題35）

強制執行手続に関する次の①〜④の記述のうち、その内容が適切なものを1つだけ選び、解答欄にその番号をマークしなさい。

① 債権者が自己の貸金返還請求権につき執行証書(注)を有する場合における強制執行は、執行証書の正本に基づいて実施され、執行証書に執行文が付されていることを要しない。

② 不動産（登記することができない土地の定着物を除く。）に対する強制執行は、強制競売又は強制管理の方法により行われ、これらの方法は、併用することができない。

③ 動産に対する強制執行は、執行裁判所の差押命令により開始する。

④ 債務者が会社から受ける給料（毎月25日払い、月額28万円であるものとする。）に係る債権は、その支払期に受けるべき給付の4分の3に相当する部分は、差し押さえることができない。

（注）執行証書とは、金銭の一定の額の支払又はその他の代替物もしくは有価証券の一定の数量の給付を目的とする請求について公証人が作成した公正証書で、債務者が直ちに強制執行に服する旨の陳述が記載されているものをいう。

■ 問5
（令和3年問題41）

破産法に関する次の①～④の記述のうち、その内容が<u>適切でない</u>ものを1つだけ選び、解答欄にその番号をマークしなさい。

① 破産債権とは、破産者に対して破産手続開始前の原因に基づいて生じた財産上の請求権であって、財団債権に該当しないものをいい、破産債権は、破産法に特別の定めがある場合を除き、破産手続によらなければ、行使することができない。

② 破産債権者の共同の利益のためにする裁判上の費用の請求権は、財団債権に該当し、破産手続によらないで、破産財団から随時弁済を受けることができる。

③ 別除権とは、破産手続開始の時において破産財団に属する財産につき特別の先取特権、質権又は抵当権を有する者がこれらの権利の目的である財産について行使することができる権利をいい、別除権は、破産手続によらなければ、行使することができない。

④ 破産債権者は、破産手続開始の申立てがあった時より1年以上前に生じた原因に基づき破産者に対して債務を負担するときは、破産手続によらないで、相殺をすることができる。

■問6

（平成30年問題42）　

　犯罪による収益の移転防止に関する法律についての次の①～④の記述のうち、その内容が<u>適切でない</u>ものを1つだけ選び、解答欄にその番号をマークしなさい。

① 貸金業者が、自然人（「本邦内に住居を有しない外国人で政令で定めるもの」ではないものとする。）である顧客の取引時確認として確認しなければならない本人特定事項は、氏名、住居及び生年月日である。

② 貸金業者が、株式会社（「外国に本店又は主たる事務所を有する法人」ではないものとする。）である顧客の取引時確認として確認しなければならない事項である事業の内容の確認方法には、当該取引時確認をする日前6か月以内に作成された当該株式会社の設立の登記に係る登記事項証明書又はその写しを確認する方法がある。

③ 貸金業者は、特定業務に係る取引のうち、少額の取引その他の政令で定める取引を行った場合、直ちに、主務省令で定める方法により、顧客等の交渉記録を検索するための事項、当該取引の期日及び内容その他の主務省令で定める事項に関する記録（以下、本問において「取引記録」という。）を作成しなければならない。貸金業者は、取引記録を、当該取引に係る契約が終了した日その他の主務省令で定める日から、7年間保存しなければならない。

④ 貸金業者は、取引時確認を行った場合には、直ちに、主務省令で定める方法により、当該取引時確認に係る事項、当該取引時確認のためにとった措置その他の主務省令で定める事項に関する記録（以下、本問において「確認記録」という。）を作成しなければならない。貸金業者は、確認記録を、特定取引等に係る契約が終了した日その他の主務省令で定める日から、7年間保存しなければならない。

解　説

■問1

「2-25 会社法」参照

①～③は、設問の通りであり、正しい記述です。

取締役会は、多額の借財その他の重要な業務執行の決定については、取締役（代表取締役を含む）に委任することはできません。よって、④は誤りです。

【解答　④】

■問2

「2-26 手形法・小切手法」、
「2-27 電子記録債権法・不正競争防止法」参照

手形により請求を受けた者は、所持人が債務者を害することを知って手形を取得した場合でなければ、所持人の前者に対する人的抗弁をもってその所持人に対抗することはできないとされています。①において、所持人は詐欺の事情を知らず、かつ知らないことに過失がなかったというのであるから、手形により請求を受けた振出人は、詐欺を理由とする人的抗弁（手形行為取消しの抗弁）を、その所持人に対抗することはできません。よって、①は誤りです。

②～④は、設問の通りであり、正しい記述です。

【解答　①】

■問3

「2-28 民事訴訟法・民事調停法」参照

①～③は、設問の通りであり、正しい記述です。

原告または被告が「最初の」口頭弁論の期日に出頭しない場合、裁判所に提出された準備書面に記載した事項を陳述したものとみなされますが、口頭弁論の「続行期日」（2回目以降の口頭弁論期日）に出頭しない場合には陳述したものとみなされません。よって、④は、「続行の期日」で「陳述したものとみなされる」としている点が誤りです。

【解答　④】

■問4

「2-31 民事執行法」参照

強制執行は、執行文の付された債務名義の正本に基づいて実施します。このことは執行証書による場合であっても同じであり、執行文が付与されていることが必要です。よって、①は誤りです。

不動産に対する強制執行は、強制競売または強制管理の方法により行われ、これらの方法は、併用することができます。よって、②は誤りです。

動産に対する強制執行は、執行官の目的物に対する差押えにより開始します。よって、③は誤りです。

給料等の債権については、その支払期に受けるべき給付の4分の3に相当する部分 (その額が33万円を超えるときは、月額33万円) は、差し押さえてはなりません。よって、④は正しい記述です。

【解答　④】

「2-33 破産法・会社法 (特別清算)」参照

■問5

①、②、④は、設問の通りであり、正しい記述です。

別除権は、破産手続によらないで、行使することができます。よって、③は誤りです。

【解答　③】

「2-35 犯罪収益移転防止法」参照

■問6

本人特定事項とは、自然人では「氏名」、「住居」、「生年月日」をいいます。よって、①は正しい記述です。

事業の内容の確認方法の1つとして、法人の設立登記に係る登記事項証明書 (6か月以内に作成されたもの) またはその写しを確認する方法があります。よって、②は正しい記述です。

貸金業者は、特定業務に係る取引を行った場合、原則として取引記録を作成し、7年間保存しなければなりません。ただし、特定業務に係る取引のうち「少額の取引その他の政令で定める取引」を行ったときは、取引記録を作成する必要はありません。よって、③は誤りです。

貸金業者は、取引時確認を行った場合、直ちに、確認記録を作成し、確認記録を、特定取引等に係る契約が終了した日等から「7年間」保存しなければなりません。よって、④は正しい記述です。

【解答　③】

解答　問1　④　問2　①　問3　④　問4　④　問5　③
問6　③

「直ちに」と「遅滞なく」はどう違う？

犯罪収益移転防止法の問題として、次のような問題が出題されたことがあります。

> 貸金業者は、取引時確認を行った場合には、遅滞なく、当該取引時確認に係る事項、当該取引時確認のためにとった措置その他の主務省令で定める事項に関する記録（以下、本問において「確認記録」という。）を作成しなければならない。また、貸金業者は、確認記録を、当該取引時確認を行った日から、10年間保存しなければならない。

この問題文は誤った内容を含んでいます。では、どこが誤っているのでしょうか。誤っている部分は2つあります。

まず、確認記録は7年間保存しなければならないので、問題文の「10年間保存」となっている部分が誤りです。

もう1つの誤りは、「遅滞なく」という部分です。取引時確認を行った場合には、「直ちに」、確認記録を作成しなければなりません。

このように、「直ちに」と「遅滞なく」とを入れ替えて誤りの選択肢が作られることがよくあります。

「直ちに」は、一切の遅滞が許されない場合に使われます。一方、「遅滞なく」は、「直ちに」に比べれば即時性は弱く、正当なまたは合理的な理由による遅れは許される場合に使われます。

例えば、貸金業法において、受取証書の交付は、弁済を受けたら「直ちに」行わなければなりません。受取証書（領収証）は、弁済したことを証明するものですから、直ちに交付されなければ弁済者は困ります。一方、債権証書の返還は、全部の弁済を受けたら「遅滞なく」行わなければなりません。貸金業者が全部弁済を受けたなら、貸金業者の手元に債権証書（契約書など）を残しておく必要はないので、遅滞なく弁済者に返してくださいという意味です。

本書を読み返すときは、「直ちに」や「遅滞なく」という言葉に注目してみてください。

第3章

資金需要者等の保護

3-1 個人情報保護法

貸金業者は、契約の締結や返済能力の調査などあらゆる場面で個人情報を扱います。ここでは、個人情報保護法における個人情報取扱事業者の義務を中心に学びます。

1 個人情報保護法の目的　　　重要度 ★★

　個人情報保護法は、個人情報の有用性に配慮しつつ、個人の権利利益を保護することを目的としています。この目的を果たすため、個人情報保護法では、個人情報を取り扱う事業者の遵守すべき義務等を定めています。

　なお、個人情報保護法には、個人情報の適正な取扱いに関して、国および地方公共団体の責務等を明らかにする事項も定められています。

2 個人情報保護法の概要　　　重要度 ★★★

　個人情報保護法（以下「法」という）の具体的な中身に入る前に、定義と個人情報取扱事業者の義務の概要を押さえておきましょう。

▼定義（ガイドラインの内容を含む）

項目	定義
個人情報	生存する個人に関する情報であって、次のいずれかに該当するもの ①その情報に含まれる氏名、生年月日その他の記述等により特定の個人を識別することができるもの ②個人識別符号が含まれるもの 　（例：指紋、マイナンバー、運転免許証番号） ※個人情報には、他の情報と容易に照合することで特定の個人を識別することができることとなるものも含みます。 ※「個人」には、外国人も当然に含まれます。 ※携帯電話番号やクレジット番号は個人識別符号に該当しません。
要配慮個人情報	本人の人種、信条、社会的身分、病歴、犯罪の経歴、犯罪により害を被った事実その他本人に対する不当な差別、偏見その他の不利益が生じないようにその取扱いに特に配慮を要するものとして政令で定める記述等が含まれる個人情報
個人情報データベース等	個人情報を含む情報の集合物であって、次のいずれかに該当するもの ①特定の個人情報を電子計算機を用いて検索することができるように体系的に構成したもの 　（例：パソコンで検索できる顧客名簿）

項目	定義
個人情報データ ベース等 （つづき）	②特定の個人情報を、目次、索引等で容易に検索することができる ように体系的に構成したもの （例：五十音順で整理された紙製の顧客名簿）
個人情報取扱 事業者	個人情報データベース等を事業の用に供している者 ※取り扱う個人情報の量（数）に関係なく、「個人情報データベース等」 を事業で利用している者は、個人情報取扱事業者に該当します。
個人データ	個人情報データベース等を構成する個人情報 ※個人情報データベース等から記録媒体へダウンロードされたもの および紙面に出力されたもの（そのコピーを含む）も含まれます。
保有個人データ	個人情報取扱事業者が、開示、内容の訂正、追加または削除、利用 の停止、消去および第三者への提供の停止のすべてに応じることが できる権限を有する個人データ ※その存否が明らかになることにより公益その他の利益が害される もの以外のものでなければなりません。
本人	個人情報によって識別される特定の個人
個人関連情報	生存する個人に関する情報であって、個人情報、仮名加工情報およ び匿名加工情報のいずれにも該当しないもの

● 個人情報取扱事業者の義務

・利用目的の特定　・利用目的による制限　・不適正な利用の禁止

・適正な取得　・取得に際しての利用目的の通知等

・データ内容の正確性の確保　・安全管理措置　・従業者および委託先の監督

・第三者提供の制限等　・保有個人データに関する事項の公表等

・開示・訂正・利用停止等　・苦情の処理

3 利用目的　　　　　　　　　　　　重要度 ★★

（1）利用目的の特定（法17条）

　個人情報を取り扱う場合には、その利用目的をできる限り特定しなければなりません。

　利用目的を変更する場合は、変更前の利用目的と関連性を有すると合理的に認められる範囲を超えて行ってはなりません。

（2）利用目的による制限（法18条）

　あらかじめ本人の同意を得ないで、利用目的の達成に必要な範囲を超えて個人情報を取り扱うことは、原則としてできません。また、合併その他の事由に

より他の事業者から事業を継承することに伴って、個人情報を取得した場合は、あらかじめ本人の同意なく、承継前の利用目的の達成に必要な範囲を超えて個人情報を取り扱うことは、原則としてできません。

④ 個人情報の取得　重要度 ★★

(1) 不適正な利用の禁止（法19条）

違法または不当な行為を助長し、または誘発するおそれがある方法により個人情報を利用してはなりません。

(2) 適正な取得（法20条）

偽りその他不正な手段により個人情報を取得してはなりません。

また、法令に基づくときなどを除き、あらかじめ本人の同意を得ずに要配慮個人情報を取得してはなりません。

(3) 取得に際しての利用目的の通知等（法21条）

個人情報を取得した場合、あらかじめその利用目的を公表している場合を除き、速やかにその利用目的を本人に通知し、または公表しなければなりません。また、本人との間で契約を締結することに伴って契約書その他の書面（電磁的記録を含む。）に記載された当該本人の個人情報を取得する場合、その他本人から直接書面に記載された当該本人の個人情報を取得する場合、原則として、あらかじめ、本人に対し、その利用目的を明示しなければなりません。さらに、利用目的を変更した場合、原則として、変更された利用目的について、本人に通知し、または公表しなければなりません。

ただし、取得状況からみて利用目的が明らかであると認められるなどの場合には、通知・公表・明示は不要です。

⑤ 個人データの管理　重要度 ★★★

(1) データ内容の正確性の確保等（法22条）

個人データを正確かつ最新の内容に保つとともに、利用する必要がなくなったときには、その個人データを遅滞なく消去するよう努めなければなりません。

(2) 安全管理措置（法23条）

個人データの漏えい、滅失または毀損の防止その他の個人データの安全管理のために必要かつ適切な措置を講じなければなりません。

（3）従業者および委託先の監督（法24条、25条）

　個人データの安全管理が図られるよう、従業者および委託を受けた者に対する必要かつ適切な監督をしなければなりません。

（4）第三者提供の制限（法27条）

　あらかじめ本人の同意を得ずに個人データを「第三者」に提供することは、原則としてできません。

> **●「第三者」に該当しない者（法27条5項）**
>
> 　次のいずれかの場合は、個人データの提供を受ける者は第三者に該当しません。
>
> ① 個人情報取扱事業者が利用目的の達成に必要な範囲内において個人データの取扱いの全部または一部を委託する場合
> ② 合併その他の事由による事業の承継に伴って個人データが提供される場合
> ③ 個人データを特定の者との間で共同して利用する場合であって、その旨並びに共同して利用される個人データの項目、共同して利用する者の範囲、利用する者の利用目的およびその「個人データの管理について責任を有する者」の氏名または名称について、あらかじめ、本人に通知し、または本人が容易に知り得る状態に置いているとき
> ※「個人データの管理について責任を有する者」は、共同して利用する者において、第一次的に苦情の受付・処理、開示、訂正等を行う権限を有する者をいいます（ガイドラインより）。

　ただし、第三者に提供される個人データについて、本人の求めに応じて、その本人が識別される個人データの第三者への提供を停止することとしている場合で、次の事項について、あらかじめ、本人に通知し、または本人が容易に知り得る状態に置くとともに、個人情報保護委員会に届け出たときにも、例外的に、本人の同意を得ずに個人データを第三者に提供することができます（法27条2項。オプトアウト）。ただし、要配慮個人情報はオプトアウトにより第三者へ提供することはできません。

- 第三者への提供を行う個人情報取扱事業者の氏名または名称および住所ならびに法人にあっては、その代表者（法人でない団体で代表者・管理人の定めのあるものは、その代表者・管理人）の氏名

- 第三者への提供を利用目的とすること
- 第三者に提供される個人データの項目
- 第三者への提供の方法
- 本人の求めに応じてその本人が識別される個人データの第三者への提供を停止すること
- 本人の求めを受け付ける方法
- その他個人の権利利益を保護するために必要なものとして個人情報保護委員会規則で定める事項

※「本人が容易に知り得る状態」とは、本人が知ろうと思えば、時間的にも、その手段においても、簡単に知ることができる状態をいいます（ガイドラインより）。

(5) 第三者提供に係る記録の作成等（法29条）

個人データを第三者に提供したときは、個人データを提供した年月日、当該第三者の氏名・名称その他の個人情報保護委員会規則で定める事項に関する記録を作成しなければなりません。この場合、その記録を、作成日から一定期間保存しなければなりません。

(6) 第三者提供を受ける際の確認等（法30条）

第三者から個人データの提供を受けるに際は、「当該第三者の氏名・名称および住所ならびに法人にあっては、その代表者の氏名」「当該第三者による当該個人データの取得の経緯」の確認を行わなければなりません。その記録を、作成日から一定期間保存しなければなりません。

⑥ 保有個人データの公表・開示等　　重要度　★★

(1) 保有個人データに関する事項の公表等（法32条）

個人情報取扱事業者の氏名、利用目的等について、本人の知り得る状態に置かなければなりません。

本人から、当該本人が識別される保有個人データの利用目的の通知を求められたときは、原則として、これを通知しなければなりません。

(2) 開示（法33条）

本人から、保有個人データの開示を求められたときは、原則として、遅滞なく保有個人データを開示しなければなりません。

(3) 訂正等（法34条）

保有個人データの内容が事実ではないという理由で、本人から訂正、追加、削除を求められた場合には、利用目的の達成に必要な範囲において、遅滞なく調査を行い、その結果に基づき訂正等を行わなければなりません。

(4) 利用停止等（法35条）

「利用目的による制限」もしくは「不適正な利用の禁止」に違反している、または、個人情報が不正に取得されたものであるという理由で、本人から保有個人データの利用の停止、消去を求められた場合には、違反を是正するために必要な限度で、遅滞なく利用停止等を行わなければなりません。

(5) 理由の説明（法36条）

本人から求められた措置の全部または一部について、その措置をとらない旨を通知する場合またはその措置と異なる措置をとる旨を通知する場合は、本人に対し、その理由を説明するよう努めなければなりません。

練習問題（○×問題）

① 要配慮個人情報については、本人の同意の有無を問わず、取得することができない。

② 個人情報取扱事業者は、原則として、あらかじめ本人の同意を得ないで、個人データを第三者に提供してはならない。

解答
① × 要配慮個人情報も、本人の同意を得ることで取得できます。
② ○ 設問の通りです。

■ポイント

- 個人情報取扱事業者の義務は、おおよそ常識でわかる。
- どのような場合に本人の同意が不要となるのかについて押さえておこう。

3-2 個人情報保護に関するガイドライン

個人情報保護に関するガイドラインは、個人情報保護法（以下「法」という）をより具体化したものです。ここでは、個人情報保護法についてのガイドラインのほか、金融分野における個人情報保護に関するガイドラインについて学びます。

1 定義 重要度 ★★★

(1) 個人に関する情報

　「個人に関する情報」とは、氏名、住所、性別、生年月日、顔画像等個人を識別する情報に限られず、個人の身体、財産、職種、肩書等の属性に関して、事実、判断、評価を表す全ての情報であり、評価情報、公刊物等によって公にされている情報や、映像、音声による情報も含まれ、暗号化等によって秘匿化されているかどうかを問いません。そのため、暗号化等によって秘匿化されている場合も、「個人に関する情報」に該当することがあります。

(2) 個人情報データベース等

　「個人情報データベース等」とは、特定の個人情報をコンピュータを用いて検索することができるように体系的に構成した、個人情報を含む情報の集合物をいいます。また、コンピュータを用いていない場合であっても、紙面で処理した個人情報を一定の規則（例えば、五十音順等）に従って整理・分類し、特定の個人情報を容易に検索することができるよう、目次、索引、符号等を付し、他人によっても容易に検索可能な状態に置いているものも該当します。

● **個人情報データベース等に該当しない事例**

- 従業者が、自己の名刺入れに他人が自由に閲覧できる状況に置いていても、他人には容易に検索できない独自の分類方法により分類した状態である場合
- アンケートの戻りはがきが、氏名、住所等により分類整理されていない状態である場合
- 市販の電話帳、住宅地図、職員録、カーナビゲーションシステム等

---

(3) 個人データ

「個人データ」とは、個人情報データベース等を構成する個人情報をいいます。

> ● **個人データに該当する事例**
> ・ 個人情報データベース等から外部記録媒体に保存された個人情報
> ・ 個人情報データベース等から紙面に出力された帳票等に印字された個人情報

> ● **個人データに該当しない事例**
> ・ 個人情報データベース等を構成する前の入力用の帳票等に記載されている個人情報

(4) 事業

「事業の用に供している」の「事業」とは、一定の目的をもって反復継続して遂行される同種の行為であって、かつ社会通念上事業と認められるものをいい、営利・非営利の別は問いません。

(5) 本人に通知

「本人に通知」とは、本人に直接知らしめることをいい、事業の性質および個人情報の取扱状況に応じ、内容が本人に認識される合理的かつ適切な方法によらなければなりません。

> ● **本人への通知に該当する事例**
> ・ ちらし等の文書を直接渡すことにより知らせること
> ・ 口頭または自動応答装置等で知らせること
> ・ 電子メール、FAX等の送信、または郵便等による文書の送付で知らせること

(6) 公表

「公表」とは、広く一般に自己の意思を知らせること（不特定多数の人々が知ることができるように発表すること）をいい、公表には、事業の性質および個人情報の取扱状況に応じ、合理的かつ適切な方法によらなければなりません。

● **公表に該当する事例**
- 自社ホームページのトップページから1回程度の操作で到達する所への掲載
- 自社の店舗や事務所等、顧客が訪れることが想定される場所におけるポスター等の掲示、パンフレット等の備置き・配布
- （通信販売の場合）通信販売用のパンフレット・カタログ等への掲載

(7) 本人の同意

「本人の同意」とは、本人の個人情報が、個人情報取扱事業者によって示された取扱方法で取り扱われることを承諾する旨の当該本人の意思表示をいいます（当該本人であることを確認できていることが前提です）。

(8) 提供

「提供」とは、個人データ、保有個人データまたは匿名加工情報（以下、「個人データ等」という）を、自己以外の者が利用可能な状態に置くことをいいます。個人データ等が、物理的に提供されていない場合であっても、ネットワーク等を利用することにより、個人データ等を利用できる状態にあれば（利用する権限が与えられていれば）、「提供」に該当します。

2　利用目的　　　　重要度　★★

(1) 利用目的の特定（法17条関連）

利用目的の特定に当たっては、利用目的を単に抽象的、一般的に特定するのではなく、個人情報が最終的にどのような事業の用に供され、どのような目的で個人情報を利用されるのかが、本人にとって一般的かつ合理的に想定できる程度に具体的に特定することが望ましいとされています。

● **利用目的の特定がなされていない例**
- 「事業活動に用いるため」
- 「マーケティング活動に用いるため」
- 「自社の所要の目的で用いる」

③ 個人情報の取得　　　　　　重要度 ★★

（1）利用目的の通知または公表（法21条1項関係）

例えば、次の場合、本人への通知または公表が必要です。

> ① インターネット上で本人が自発的に公にしている個人情報を取得した場合
> ② インターネット、官報、職員録等から個人情報を取得した場合
> ③ 個人情報の第三者提供を受けた場合
> ※ 単にインターネットや官報等を閲覧しただけの場合は通知・公表は不要です。

（2）直接書面等による取得（法21条2項関係）

例えば、次の場合、本人に対し、その利用目的を明示しなければなりません。

> ① 本人の個人情報が記載された申込書・契約書等を本人から直接取得する場合
> ② アンケートに記載された個人情報を直接本人から取得する場合
> ③ 自社が主催するキャンペーンへの参加希望者が、参加申込みのために自社のホームページの入力画面に入力した個人情報を直接本人から取得する場合

> ● 利用目的の明示に該当する事例
> ・ 利用目的を明記した契約書等を相手方である本人に手渡し・送付する場合
> ・ ネットワーク上において、利用目的を、本人がアクセスした自社のホームページ上に明示し、または本人の端末装置上に表示する場合

④ 個人データの管理　　　　　重要度 ★★★

（1）安全管理措置（法23条関係）

取り扱う個人データの漏えい、滅失・毀損の防止その他の個人データの安全管理のため、「必要かつ適切な措置」を講じなければなりません。「必要かつ適切な措置」は、組織的安全管理措置、人的安全管理措置、物理的安全管理措置、技術的安全管理措置および外的環境の把握を含むものでなければなりません。

　安全管理措置は、個人データが漏えい、滅失・毀損等をした場合に本人が被る権利利益の侵害の大きさを考慮し、事業の性質、個人データの取扱状況および個人データを記録した媒体の性質等に起因するリスクに応じたものとします。

　例えば、不特定多数者が書店で随時に購入可能な名簿で、事業者で全く加工をしていないものは、個人の権利利益を侵害するおそれは低いと考えられることから、それを処分するために文書細断機等による処理を行わずに廃棄し、または廃品回収に出したとしても、安全管理措置の義務違反にはなりません。

▼各安全管理措置の定義

安全管理措置	定義
組織的安全管理措置	個人データの安全管理措置について従業者の責任と権限を明確に定め、安全管理に関する規程等を整備・運用し、その実施状況の点検・監査を行うこと等の、個人情報取扱事業者の体制整備および実施措置
人的安全管理措置	従業者との個人データの非開示契約等の締結および従業者に対する教育・訓練等を実施し、個人データの安全管理が図られるよう従業者を監督すること
物理的安全管理措置	個人データを取り扱う区域の管理、機器および電子媒体等の盗難の防止、電子媒体等を持ち運ぶ場合の漏えい等の防止ならびに機器および電子媒体等の廃棄等の個人データの安全管理に関する物理的な措置
技術的安全管理措置	個人データおよびそれを取り扱う情報システムへのアクセス制御および情報システムの監視等の、個人データの安全管理に関する技術的な措置

(2) 従業者の監督（法24条関係）

　「従業者」とは、個人情報取扱事業者の組織内にあって直接または間接に事業者の指揮監督を受けて事業者の業務に従事している者をいい、雇用関係にある従業者のみならず、事業者との間の雇用関係にない者も含まれます。

(3) 委託先の監督（法25条関係）

　「委託」には、契約の形態や種類を問わず、個人情報取扱事業者が他の者に個人データの取扱いを行わせることを内容とする契約の一切を含みます。

(4) 第三者提供の制限（法27条関係）

　第三者提供についての同意を得る際には、原則として、書面（電磁的記録を含む）によることとし、その書面における記載を通じて、「個人データを提供する第三者」「提供を受けた第三者における利用目的」「第三者に提供される情報の内容」を本人に認識させた上で同意を得ることとされています。

● **第三者提供とされる事例**（ただし、法27条5項各号の場合を除く）
- 親子兄弟会社、グループ会社の間で個人データを交換する場合
- フランチャイズ組織の本部と加盟店の間で個人データを交換する場合
- 同業者間で、特定の個人データを交換する場合

● **第三者提供とされない事例**（ただし、利用目的による制限がある）
- 同一事業者内で他部門へ個人データを提供する場合

　個人信用情報機関に対して個人データが提供される場合には、個人信用情報機関を通じて当該機関の会員企業にも情報が提供されることとなるため、個人信用情報機関に個人データを提供する金融分野における個人情報取扱事業者が本人の同意を得ることとされています。

　また、個人信用情報機関から得た資金需要者の返済能力に関する情報については、その返済能力の調査以外の目的に使用することのないよう、慎重に取り扱うこととされています。

練習問題（○×問題）

① 「自社の所要の目的で用いる」といった利用目的も、特定されているといえる。
② 親子会社の間で個人データを交換する場合は、第三者提供に該当しないとされている。

解答

① × 「自社の所要の目的で用いる」といった利用目的は抽象的であり、利用目的が特定されているとはいえません。
② × 親子会社の間で個人データを交換する場合も、第三者提供に該当します。

■ポイント

- 本ガイドラインも、おおよそ常識でわかる。常識だけではわからない部分を重点的に押さえておこう。
- ガイドラインに関する問題も、個人情報保護法の理解があれば、解答できることがある。

消費者契約法

消費者と事業者との間で契約が締結される場合、消費者と事業者とでは情報の質および量、交渉力に格差があるため、消費者の利益が不当に害されるおそれがあります。ここでは、消費者を保護するための仕組みを学びます。

1 消費者契約法の概要   重要度 ★★★

(1) 消費者契約法の目的

　消費者契約法は、消費者の利益の擁護を図り、もって国民生活の安定向上と国民経済の健全な発展に寄与することを目的としています。

　この目的を果たすために、消費者契約法は次の3点について規定しています。

▼消費者契約法の規定

・消費者が誤認・困惑した場合の契約の取消し
・消費者の利益を不当に害する契約条項の無効
・適格消費者団体による差止請求

※クーリング・オフに関する規定はありません。

(2) 消費者契約

　消費者契約とは、消費者と事業者との間で締結される契約をいいます。

　ある契約が消費者契約に該当しなければ、その契約が消費者契約法に基づき取り消されたり、無効になったりすることはありません。

▼消費者および事業者の定義

消費者	個人（事業としてまたは事業のために契約の当事者となる場合におけるものを除く）
事業者	法人その他の団体、および事業としてまたは事業のために契約の当事者となる場合における個人

▼消費者契約である場合

消費者　　契約　　事業者

▼消費者契約ではない場合

事業者　　契約　　事業者

② 消費者契約の取消し　　　重要度　★★★

(1) 誤認による場合

　事業者が消費者契約の締結について勧誘をする際に、消費者に対して一定の行為をし、勧誘を受けた消費者が一定の誤認をしていた場合、消費者は消費者契約の申込みまたはその承諾の意思表示を取り消すことができます。つまり、契約を取り消すことができるわけです。

▼事業者の行為（消費者が誤認した場合）

種類	事業者の行為	消費者の誤認
①不実の告知	重要事項について事実と異なることを告げること	告げられた内容が事実であるとの誤認
②断定的判断の提供	物品、権利、役務その他の消費者契約の目的となるものに関し、将来におけるその価額、将来において消費者が受け取るべき金額その他の将来における変動が不確実な事項につき断定的判断を提供すること	提供された断定的判断の内容が確実であるとの誤認
③不利益事実の不告知	消費者に対して重要事項または重要事項に関連する事項について消費者の利益となる旨を告げ、かつ、重要事項について消費者の不利益となる事実を故意または重大な過失によって告げなかったこと	不利益となる事実が存在しないとの誤認

※ 例えば、②は土地の値段が確実にあがるといって売りつけるような場合であり、③は消費者が食いつくような話だけをして、損する事実をいわない場合です。

(2) 困惑による場合

　事業者が消費者契約の締結について勧誘をするに際し、消費者に対して特定の行為をし、勧誘を受けた消費者が困惑していた場合、消費者は消費者契約の申込みまたはその承諾の意思表示を取り消すことができます。

▼事業者の行為（消費者が困惑した場合）

種類	事業者の行為
①不退去	消費者が事業者に対し、その住居またはその業務を行っている場所から退去すべき旨の意思を示したにもかかわらず、事業者がそれらの場所から退去しないこと
②退去妨害	勧誘をしている場所から消費者が退去する旨の意思を示したにもかかわらず、その場所から当該消費者を退去させないこと

※ 例えば、①は家や職場から出て行って欲しいのに帰ってくれない場合であり、②は帰りたいのに帰らせてくれない場合です。

（3）取り消しうるその他の勧誘行為

前述のほか、デート商法等（恋愛感情等の不当な利用）、霊感商法等（霊感等による知見を用いた告知）、過量契約（通常の量を著しく超える物の購入の勧誘）なども、一定の要件のもとで取り消すことができます。

（4）取消権の行使期間

取消権は、追認をすることができる時から1年間（霊感商法等の場合は3年間）行わないときは、時効によって消滅します。消費者契約の締結の時から5年（霊感商法等の場合は10年間）を経過したときも同様です。

③ 消費者契約の条項の無効　　重要度　★★★

（1）事業者の責任を免除する条項（第8条）

「事業者の責任を全部免除する条項」や「故意または重過失の事業者の責任を一部免除する条項」は、原則として、無効となります。

（2）消費者の解除権を放棄させる条項（第8条の2）

消費者の解除権を放棄させ、または事業者に解除権の有無を決定する権限を付与する条項は、無効となります。

（3）消費者が支払う損害賠償の額を予定する条項（第9条）

契約解除に伴う損害賠償の額を予定し、または違約金と定める条項で、契約の解除に伴い事業者に発生する平均的な損害を超えるものは、その「超える部分」が無効となります。当該条項そのものが無効となるわけではありません。

また、消費者が支払いを遅滞した場合における損害賠償の額を予定し、または違約金を定める条項で、遅延損害金の額が年利14.6％を超えるとするものも、その「超える部分」が無効となります。当該条項そのものが無効となるわけではありません。

消費者契約法では契約の条項または「超える部分」が無効となるのであって、消費者契約法に基づき契約全体が無効になることはありません。他方、貸金業法では、貸付けに係る契約全体が無効となることがあります（→P137）。

（4）消費者の権利を一方的に害する条項（第10条）

法令中の公の秩序に関しない規定と比較して、消費者の権利を制限し、または消費者の義務を加重する消費者契約の条項で、信義則（民法第1条第2項）に

反して消費者の権利を一方的に害する条項は、無効となります。

　例えば、商品を勝手に消費者に送りつけて購入しない旨の連絡がなければ購入するものとみなすとする条項など、消費者の不作為をもってその消費者が新たな消費者契約の申込みまたはその承諾の意思表示をしたものとみなす条項は、無効です。

④ 他の法律の適用　　　　　重要度 ★★

　消費者契約法に規定されていないことについては、民法および商法が適用されます。例えば、詐欺や強迫については消費者契約法で規定されていませんが、だまされて契約をした場合、民法に基づき契約を取り消すことができます（→P166）。

　また、民法および商法以外の他の法律に別段の定めがあるときは、その法律の規定が優先的に適用されます。

⑤ 差止請求　　　　　重要度 ★

　内閣総理大臣の認定を受けた「適格消費者団体」が、事業者に対し、その事業者の行為の停止、予防等を請求できる場合があります。

　なお、適格消費者団体には、消費者契約の取消権は認められていません。

練習問題（○×問題）

① 個人であっても、事業としてまたは事業のために契約の当事者となる場合には、「事業者」に該当する。
② 消費者契約において、事業者の債務不履行により消費者に生じた損害を賠償する責任の全部を免除する条項が定められた場合、その契約は無効となる。

解答
① ○ 設問の通りです。
② × その条項は無効ですが、契約が無効となるわけではありません。

■ポイント

・ 誤認・困惑等の場合、取り消すことができるが無効ではない。
・ 一方的に事業者に有利で消費者に不利な条項は、無効となる場合がある。

3-4 不当景品類及び不当表示防止法

景品表示法（不当景品類及び不当表示防止法）は、不当な景品類および表示による顧客の誘引を防止する法律です。ここでは、景品表示法のほか、「消費者信用の融資費用に関する不当な表示」の運用基準について学びます。

1 景品表示法　　　　　　　　　　　　　　重要度 ★★★

（1）景品表示法の目的

　景品表示法は、商品・役務の取引に関連する不当な景品類および表示による顧客の誘引を防止し、一般消費者の利益を保護することを目的としています。

　この目的を果たすために、景品表示法では、一般消費者による自主的かつ合理的な選択を阻害するおそれのある行為の制限および禁止について定めています。

▼景品表示法

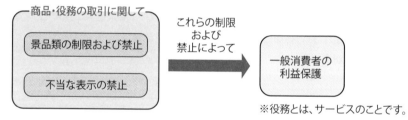

（2）景品類の制限および禁止（第4条）

　「景品類」とは、顧客誘引の手段として、事業者が商品・役務の取引に付随して提供する経済上の利益で、内閣総理大臣が指定するものをいいます。顧客誘引の方法が直接的であるか間接的であるかにかかわらず、また、くじの方法によるかどうかにかかわらず、商品・役務の取引に付随して提供する経済上の利益であれば、景品類に該当します。

　内閣総理大臣は、必要があれば、景品類の価額の最高額、総額、種類、提供の方法等を制限し、または景品類の提供を禁止することができます。

（3）不当な表示の禁止（第5条）

　「表示」とは、顧客誘引の手段として、事業者が商品・役務の内容または取引条件その他これらの取引に関する事項について行う広告その他の表示で、内閣

総理大臣が指定するものをいいます。

　事業者が不当な表示をすることは禁止されています。

● 不当な表示

① 商品・役務の内容（品質・規格等）について、一般消費者に対し、実際のものよりも著しく優良であると示し、または事実に相違してその事業者と同種もしくは類似の商品もしくは役務を供給している他の事業者に係るものよりも著しく優良であると示す表示で、不当に顧客を誘引し、一般消費者による自主的かつ合理的な選択を阻害するおそれがあるもの（優良誤認表示）

② 商品・役務の取引条件（価格等）について、実際のものまたはその事業者と同種もしくは類似の商品もしくは役務を供給している他の事業者に係るものよりも、取引の相手方に著しく有利であると一般消費者に誤認される表示で、不当に顧客を誘引し、一般消費者による自主的かつ合理的な選択を阻害するおそれがあるもの（有利誤認表示）

③ 商品・役務の取引に関する事項について、一般消費者に誤認されるおそれがある表示で、不当に顧客を誘引し、一般消費者による自主的かつ合理的な選択を阻害するおそれがあるとして内閣総理大臣が指定するもの

※③に関して、「消費者信用の融資費用に関する不当な表示」が指定されており、それによって不当な表示に該当するか否かが判断されます。

（4）公聴会等

　次の場合には、内閣総理大臣は、公聴会を開き、関係事業者および一般の意見を求めるとともに、消費者委員会の意見を聴かなければなりません。

● 公聴会を開く必要がある場合

① 「景品類」「表示」「不当な表示（上記③）」について内閣総理大臣が指定するとき

② 内閣総理大臣が景品類の制限や禁止をするとき

③ ①②について変更や廃止をするとき

（5）違反行為に対する措置

　「景品類の制限および禁止」または「不当表示の禁止」に違反する行為があ

った場合、内閣総理大臣は、違反事業者に対して、「措置命令」（行為の差止命令、再発防止措置命令、公示など）を行うことができます。この措置命令は、違反行為がすでになくなっている場合にも行うことができ、措置命令に違反した場合には刑罰が科せられます。

※ 措置命令は違反行為が行われた場合に出される命令ですので、違反すると「疑われる」程度の段階で措置命令を出すことはできません。つまり、「あの事業者はあやしい」という疑いだけで措置命令が出されることはないのです。

　内閣総理大臣は、措置命令に関し、事業者がした表示が第5条第1号（優良誤認表示）に該当するか否かを判断するため必要があると認めるときは、その表示をした事業者に対し、期間を定めて、その表示の裏付けとなる合理的な根拠を示す資料の提出を求めることができます。この場合において、事業者がその資料を提出しないときは、措置命令の規定の適用については、その表示は「優良誤認表示」に該当する表示とみなされます。

(6) 課徴金

　第5条（不当な表示の禁止）に違反する行為をした場合、事業者は、内閣総理大臣から、課徴金の納付を命じられます。

(7) 景品類の提供および表示の管理上の措置

　内閣総理大臣は、事業者が正当な理由がなくて第26条（事業者が講ずべき景品類の提供および表示の管理上の措置）第1項の規定に基づき事業者が講ずべき措置を講じていないと認めるときは、その事業者に対し、必要な措置を講ずべき旨の勧告をすることができます。

　内閣総理大臣は、事業者がその勧告に従わないときは、その旨を公表することができます。

(8) 報告の徴収および立入検査等

　内閣総理大臣は、措置命令を行うため必要があると認めるときは、その事業者等に対し、その業務・財産に関して報告をさせ、もしくは帳簿書類等の提出を命じ、またはその職員に、その事業者等の事務所等に立ち入り、帳簿書類等を検査させ、もしくは関係者に質問させることができます。

(9) 事業者による協定・規約

　事業者または事業者団体は、景品類または表示に関する事項について、内閣総理大臣および公正取引委員会の認定を受けて、不当な顧客の誘引を防止し、一般消費者による自主的かつ合理的な選択および事業者間の公正な競争を確保するための協定・規約を締結し、または設定・変更することができます。

❷ 「消費者信用の融資費用に関する不当な表示」の運用基準
重要度 ★

（1）消費者信用の融資費用に関する不当な表示（告示）

消費者信用の融資費用に関する不当な表示とは、消費者信用におけるアドオン方式（→P314）による利息、手数料その他の融資費用の率の表示などであって、実質年率が明瞭に記載されていないものをいいます。

※ 融資費用とは、一般消費者（借主）から受ける金銭のすべてをいいます。利息や手数料のほか、信用調査費、集金費、保証料、保険料なども、融資費用です。

（2）「消費者信用の融資費用に関する不当な表示」の運用基準（通達）

（1）の告示の運用基準は次のとおりであり、消費者信用の表示を行う事業者（金融機関、貸金業者、割賦販売業者、ローン提携販売業者、割賦購入あっせん業者等）が告示の適用を受けます。

● 運用基準（抜粋）

「実質年率」の表示方法について

実質年率は、少なくとも0.1パーセントの単位まで示すものとし、告示各号の表示に併記する場合は、その表示と同等以上の大きさの文字を用いるものとします。

練習問題（○×問題）

① 景品表示法上の「表示」に当たるものを、公正取引委員会が指定する。

② 違反行為がすでになくなっている場合、措置命令をすることはできない。

解答 ••

① × 「表示」に当たるものを指定するのは、内閣総理大臣です。

② × 措置命令は、違反行為がすでになくなっている場合にも行うことができます。

■ポイント

・ 景品表示法は、景品類の制限および禁止、不当な表示の禁止を定めている。

・ アドオン方式による融資費用の表示は、原則として不当な表示に該当する。

資金需要者等の保護

3

3-5 広告・勧誘に関する規制

広告・勧誘に関する規制は、貸金業法等のほか、自主規制基本規則等にも定めがあります。ここでは、自主規制基本規則等に規定されている規制について学びます。

① 広告に関する規制　　　　　　　　　重要度 ★★★

(1) 広告審査

　日本貸金業協会に加入している貸金業者（以下、「協会員」という。）は、個人向け貸付けの契約に係る広告（①テレビCM、②新聞および雑誌広告、③電話帳広告に限る。）を出稿するに当たり、協会が設ける審査機関から承認を受けなければなりません。

※インターネットによる広告、チラシによる広告、看板広告などについては、審査機関の承認を受ける必要はありません。

(2) 比較広告の禁止

　協会員は、個人向け貸付けの契約に係る広告を出稿するに当たっては、その表現内容に関し、比較広告（一定の借換えに関する広告を除く。）を行わないことに留意しなければなりません。

(3) ギャンブル専門紙等への出稿禁止

　協会員は、新聞、雑誌または電話帳へ個人向け貸付けの契約に係る広告を出稿するに当たっては、ギャンブル専門紙およびギャンブル専門誌、風俗専門紙および風俗専門誌へ掲出してはなりません。

② 勧誘に関する規制　　　　　　　　　重要度 ★★★

　協会員は、債務者等に対して貸付けの契約に係る勧誘を行うに際しては、当該債務者等から当該勧誘を行うことについての承諾を得なければなりません。当該承諾の取得方法としては、例えば次の方法が考えられます。

3

資金需要者等の保護

● **承諾の取得方法**

① 店頭窓口において口頭での承諾の事実を確認し、当該承諾に係る記録を作成および保管する方法

② 協会員のホームページを用いて承諾を取得する方法

③ 自動契約機または現金自動設備などのタッチパネル上において承諾を取得する方法

④ 電話通信の方法により承諾を取得する方法

⑤ 書面により承諾を取得する方法

※ ②〜③の方法により承諾を受けた場合には、当該承諾の事実を事後に確認できるよう記録・保存しなければなりません。

　協会員は、資金需要者等が身体的・精神的な障害等により契約の内容が理解困難なことを認識した場合、貸付けの契約の締結に係る勧誘を行ってはなりません。

　協会員は、勧誘リスト等を作成するに当たっては、当該勧誘リストに個人信用情報の記載等をすることがないよう留意しなければなりません。

練習問題（○×問題）

① 協会員は、貸付けの契約の締結の勧誘に際し、資金需要者等が身体的・精神的な障害等により契約の内容が理解困難なことを認識した場合、当該資金需要者等に対し、契約内容を丁寧に説明し十分にその内容を理解させるように努めなければならない。

② 協会員は、個人向け貸付けの契約に係る電話帳広告を出稿するに当たっては、当該審査機関から承認を得る必要はない。

解答 ……………………………………………………………………

① × 資金需要者等が契約の内容が理解困難なことを認識した場合、そもそも勧誘を行ってはなりません。

② × 個人向け貸付けの契約に係る電話帳広告を出稿する場合にも、審査機関から承認を得る必要があります。

ポイント

・ 広告審査の対象は、テレビCM、新聞・雑誌広告、電話帳広告である。

・ 勧誘を行う際には、債務者等から勧誘を行うことの承諾を得る必要がある。

演習問題3

■問1　　　　　　　　　（令和5年問題43）　　☑☑☑

　個人情報の保護に関する法律についての次の①〜④の記述のうち、その内容が適切なものを1つだけ選び、解答欄にその番号をマークしなさい。

① 取得時に生存する特定の個人を識別することができなかった情報は、取得後に新たな情報が付加され、又は照合された結果、生存する特定の個人を識別できるに至っても、個人情報に該当しない。

② 個人データとは、氏名、生年月日など複数の情報を含む個人情報の集合体をいい、個人情報データベース等を構成するものに限られない。

③ 特定の個人の身体の一部の特徴を電子計算機の用に供するために変換した文字、番号、記号その他の符号であって、当該特定の個人を識別することができるもののうち、政令で定めるものは、個人識別符号に該当し、生存する個人に関する情報であって、個人識別符号が含まれるものは個人情報となる。

④ 個人関連情報とは、生存する個人に関する情報であって、個人情報、仮名加工情報及び匿名加工情報のいずれかに該当するものをいう。

■問2　　　　　　　　　（令和5年問題44）　　☑☑☑

　消費者契約法に関する次の①〜④の記述のうち、その内容が適切なものを1つだけ選び、解答欄にその番号をマークしなさい。

① 適格消費者団体は、事業者が、消費者契約の締結について勧誘をするに際し、不特定かつ多数の消費者に対して重要事項について事実と異なることを告げる行為を現に行い又は行うおそれがあるときは、その事業者に対し、当該行為の停止もしくは予防又は当該行為に供した物の廃棄もしくは除去その他の当該行為の停止もしくは予防に必要な措置をとることを請求することができる。

② 事業者が消費者契約の締結について勧誘をするに際し、当該事業者に対し、消費者が、その住居又はその業務を行っている場所から退去すべき旨の意思を示したにもかかわらず、当該事業者がそれらの場所から退去しないことにより困惑し、それによって当該消費者契約の申込み又はその承諾の意思表示をしたときは、当該消費者契約は、無効となる。

③ 消費者契約において、消費者の不作為をもって当該消費者が新たな消費者契約の申込み又はその承諾の意思表示をしたものとみなす条項その他の法令中の公の秩序に関しない規定の適用による場合に比して消費者の権利を制限し又は消費者の義務を加重する消費者契約の条項であって、民法第1条第2項に規定する基本原則に反して消費者の利益を一方的に害するものが含まれている場合、当該消費者は、当該消費者契約を取り消すことができる。

④ 消費者契約法に基づき消費者に認められる取消権は、追認をすることができる時から6か月間行わないときは、時効によって消滅する。当該消費者契約の締結の時から5年を経過したときも、同様とする。

■ 問3 （令和5年問題46）

次の①〜④の記述のうち、不当景品類及び不当表示防止法（以下、本問において「景品表示法」という。）上、その内容が<u>適切でない</u>ものを1つだけ選び、解答欄にその番号をマークしなさい。

① 事業者が、商品の価格その他の取引条件について、実際のものよりも取引の相手方に著しく有利であると一般消費者に誤認される表示（有利誤認表示）をしたおそれがある場合、内閣総理大臣は、当該事業者に対して、期間を定めて、当該表示の裏付けとなる合理的な根拠を示す資料の提出を求めることができ、当該資料の提出を求めたにもかかわらず、当該事業者がその期間内に当該資料を提出しないときは、当該表示は、景品表示法第5条（不当な表示の禁止）第2号に規定する、不当な表示とみなされる。

② 内閣総理大臣は、景品表示法第4条（景品類の制限及び禁止）の規定による制限もしくは禁止もしくは第5条第3号の規定による指定をし、又はこれらの変更もしくは廃止をしようとするときは、内閣府令で定めるところにより、公聴会を開き、関係事業者及び一般の意見を求めるとともに、消費者委員会の意見を聴かなければならない。

③ 表示とは、顧客を誘引するための手段として、事業者が自己の供給する商品又は役務の内容又は取引条件その他これらの取引に関する事項について行う広告その他の表示であって、内閣総理大臣が指定するものをいう。

④ 景品類とは、顧客を誘引するための手段として、その方法が直接的であるか間接的であるかを問わず、くじの方法によるかどうかを問わず、事業者が自己の供給する商品又は役務の取引（不動産に関する取引を含む。）に付随して相手方に提供する物品、金銭その他の経済上の利益であって、内閣総理大臣が指定するものをいう。

解　説

■問1
「3-1 個人情報保護法」参照

取得時に生存する特定の個人を識別することができなかったとしても、取得後、新たな情報が付加され、または照合された結果、生存する特定の個人を識別できる場合は、その時点で個人情報に該当します。よって、①は誤りです。

「個人データ」とは、個人情報データベース等を構成する個人情報をいいます。よって、②は、「個人情報データベース等を構成するものに限られない」としている点が誤りです。

③は、設問の通りであり、正しい記述です。

「個人関連情報」とは、生存する個人に関する情報であって、個人情報、仮名加工情報および匿名加工情報の「いずれにも該当しない」ものをいいます。よって、④は誤りです。

【解答　③】

■問2
「3-3 消費者契約法」参照

①は、設問の通りであり、正しい記述です。

事業者が消費者契約の締結について勧誘をするに際し、当該事業者に対し、消費者が、その住居またはその業務を行っている場所から退去すべき旨の意思を示したにもかかわらず、当該事業者がそれらの場所から退去しないことにより困惑し、それによって当該消費者契約の申込みまたはその承諾の意思表示をしたときは、当該消費者は、当該消費者契約を「取り消す」ことができます。よって、②は、「無効となる」としている点が誤りです。

消費者契約において、消費者の不作為をもって当該消費者が新たな消費者契約の申込みまたはその承諾の意思表示をしたものとみなす条項その他の法令中の公の秩序に関しない規定の適用による場合に比して消費者の権利を制限しまたは消費者の義務を加重する消費者契約の条項であって、民法第1条第2項に規定する基本原則に反して消費者の利益を一方的に害するものが含まれている場合、「当該条項は無効」となります。よって、③は、「当該消費者契約を取り消すことができる」としている点が誤りです。

消費者契約法に基づき消費者に認められる取消権は、追認をすることができる時から「1年間」（霊感商法等の場合は、3年間）行わないときは、時効によって消滅します。当該消費者契約の締結の時から5年（霊感商法等の場合は、10年）を経過したときも、同様です。④は、「6か月間」となっている部分が誤りです。

【解答　①】

■問3　　　　　　　　　　　　「3-4 不当景品類及び不当表示防止法」参照

内閣総理大臣は、景品表示法第7条（措置命令）第1項の規定による命令に関し、事業者がした表示が同法第5条（不当な表示の禁止）第1号に該当する表示「（優良誤認表示）」か否かを判断するため必要があると認めるときは、当該表示をした事業者に対し、期間を定めて、当該表示の裏付けとなる合理的な根拠を示す資料の提出を求めることができます。この場合において、当該事業者が当該資料を提出しないときは、同法第7条第1項の規定の適用については、当該表示は「優良誤認表示」とみなされます。よって、①は、「有利誤認表示」となっている点が誤りです。

②～④は、設問の通りであり、正しい記述です。

【解答　①】

解答　　問1　③　　問2　①　　問3　①

● 補足　アドオン方式

　アドオン方式とは、貸付け当初の元本額に対する利息を計算し、この利息額と元金との合計額を均等に分割返済させる方式です。毎回の返済によって元本残高が徐々に減少しているにもかかわらず、アドオン方式では、その減少を考慮せずに、当初の元本額を基礎に利息を計算するわけです。

　このように元本が減少しないことを前提に利息を計算するため、アドオン方式の年率は、同じ利息の負担であっても、実質年率による場合よりもかなり低い利率で表示されます。つまり、アドオン方式の場合、消費者（借主）に対して利息の負担が軽いという誤解を与えるおそれが高いといえます。

　そこで、アドオン方式による利率の表示をする場合には、あわせて実質年率を表示することが求められているのです。

第4章

財務および会計

4-1 家計収支の考え方

家計収支の考え方は、返済能力の調査の基礎となる部分です。ここでは、総務省統計局が家計調査を行う際の分類や用語を参考にして、収支項目、可処分所得、貯蓄・負債について学びます。

1 収支項目 重要度 ★

(1) 受取項目（収入等）

受取項目は、実収入、実収入以外の受取、繰入金から構成されています。

▼受取項目

実収入	世帯主を含む世帯員全員の現金収入（税込み）を合計したもので、主として勤労や事業の対価として新たに家計へ入る収入であり、「経常収入」と「特別収入」から成る **・経常収入** 家計の消費行動に大きな影響を与える定期性あるいは再現性のある収入であり、勤め先収入、事業・内職収入、農林漁業収入、他の経常収入から成る **・特別収入** 定期性または再現性のない特別な収入であり、受贈金（結納金・香典など）が含まれる
実収入以外の受取	預貯金引出し、財産売却、保険取金、借入金など手元に現金が入るが、一方で資産の減少または負債の増加を生じるもの
繰入金	前月からの手持ち現金の繰入金

(2) 支払項目（支出等）

支払項目は、実支出、実支出以外の支払、繰越金から構成されています。

なお、「実収入」から「実支出」を差し引いた額がプラスであれば黒字、マイナスであれば赤字となります。

▼支払項目

実支出	「消費支出」と「非消費支出」から成る **・消費支出** 日常の生活を営むに当たり必要な商品やサービスを購入して支払った現金支出、カード、商品券などを用いた支出。いわゆる生活費だが、仕送り金や贈与金などの移転的支出も含まれる

▼支払項目（続き）

実支出	・非消費支出 勤労所得税、個人住民税などの直接税、社会保険料などの世帯の自由にならない支出および消費支出に含まれない移転的支出
実支出以外の支払	預貯金の預け入れ、投資、資産購入、借金返済など手元から現金が支出されるが、一方で資産の増加、あるいは負債の減少を生じる支出
繰越金	翌月への手持ち現金の繰越金

2 可処分所得　　重要度 ★★★

　可処分所得とは、個人の収入から直接税と社会保険料を控除したものをいいます。可処分所得は手取り収入であり、自由に処分できる所得といえます。

● 可処分所得の算式

可処分所得＝収入（実収入）－税金・社会保険料（非消費支出）

3 貯蓄と負債　　重要度 ★

　貯金には、金融機関への預貯金のほか、社内預金や国債・地方債なども含まれます。

　負債には、銀行等からの借入金のほか、クレジットカードを利用した場合の残高や割賦購入した場合の残高も含まれます。

練習問題（○×問題）

① 公的年金給付などの社会保障給付は、受取（収入）に含まれる。

② 可処分所得とは、個人の収入から税金を控除したものをいう。

解答

① ○　公的年金給付などの社会保障給付は、受取（収入）に含まれます。

② ×　可処分所得とは、収入から税金と社会保険料を控除したものをいいます。

■ポイント

- 社会保障給付は収入に含まれ、税金や社会保険料は支出に含まれる。
- 可処分所得とは、収入から税金と社会保険料を控除したものをいう。

4-2 個人の所得と関係書類

個人の所得に対して課す税金を所得税といいます。所得税の仕組みや関係書類の読み方を学ぶことは、個人の返済能力の調査に役立ちます。ここでは、所得のほか、個人顧客の資力を明らかにする書面の種類について学びます。

1 所得　重要度 ★★

(1) 所得税額の算出方法

収入から必要経費等を差し引いた（給与所得者であれば給与所得控除を行った）金額が、所得金額です。その所得金額から所得控除を行い、所得控除後の金額に税率をかけた金額が、所得税額となります。

※所得税額からさらに税額控除を行うことで、申告納税額が決まります。

(2) 所得の種類

所得には、次の10種類があります。

> ● 所得の種類
> ① 利子所得 ……預貯金の利子などの所得
> ② 配当所得 ……剰余金の配当などの所得
> ③ 不動産所得 …不動産などの貸付けにより生じる所得
> ④ 事業所得 ……自営業などから生ずる所得
> ⑤ 給与所得 ……給料、賞与などの所得
> ⑥ 退職所得 ……退職金などの所得
> ⑦ 山林所得 ……山林（立木）の譲渡などによる所得
> ⑧ 譲渡所得 ……不動産や株式などを譲渡したことによる所得
> ⑨ 一時所得 ……生命保険の一時金などの所得
> ⑩ 雑所得 ………①～⑨のいずれにも当たらない所得（原稿料、公的年金など）

▼確定申告書

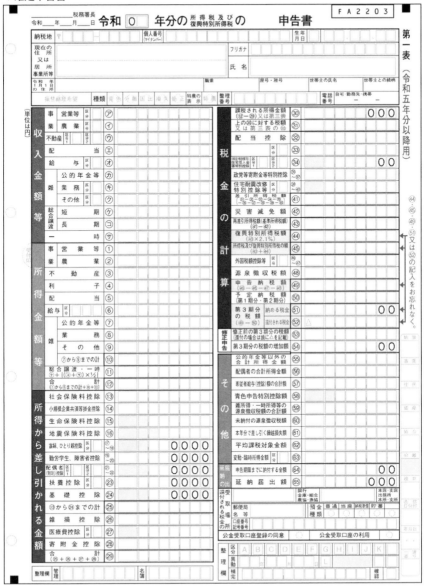

※ 確定申告書では、収入や所得金額の欄はそのまま「収入金額等」「所得金額」と表記
されていますが、所得控除の欄は「所得から差し引かれる金額」、所得控除後の金
額は「課税される所得金額」という表記になっていますので、確定申告書を読む際
には注意が必要です。

(3) 所得控除の種類

所得控除には、生命保険料控除、基礎控除などがあります。

2　源泉徴収票　　　　　　　　　　重要度　★★★

(1) 給与所得者

給与所得者の所得税は源泉徴収されますので、給与所得者であれば、通常は、確定申告の必要はありませんが、給与の年間収入金額が2,000万円を超える場合や給与所得・退職所得以外の所得の金額の合計額が20万円を超える場合には、原則として確定申告をしなければならないとされています。

(2) 源泉徴収票

源泉徴収票をみれば、給与所得者の年収や源泉徴収された所得税の額を知ることができます。この源泉徴収票は、雇用主が作成・交付します。

▼源泉徴収票のポイント

作成者	雇い主（事業主・会社）が作成・交付する
支払金額	年収であって、源泉徴収税額その他の控除の額を差し引く前の額。差し引いた後の額ではない
源泉徴収税額	源泉徴収された所得税の合計額。住民税の額は含まれない
控除対象配偶者	控除対象配偶者とは、その年の12月31日の現況で、①民法の規定による配偶者であること（婚姻の届出はしていないが事実上婚姻関係と同様の事情にある者は該当しない。）、②納税者と生計を一にしていること、③年間の合計所得金額が48万円以下であること（給与のみの場合は給与収入が103万円以下）などの条件すべてを満たす者をいう
控除対象扶養親族の数	控除対象扶養親族とは、扶養親族のうち、16歳以上の人をいう。「特定」には、扶養親族のうち、19歳以上23歳未満の人の数を記載する。「老人」には、扶養親族のうち、70歳以上の人の数を記載する。配偶者は控除対象扶養親族の数に含まない
障害者の数	本人はその数に含まない
社会保険料等の金額	給与所得者等が負担した社会保険料等（健康保険料、介護保険料、厚生年金保険料等）の額。雇い主（会社）が負担した社会保険料等は含まない
生命保険料の控除額	生命保険料、介護医療保険料、個人年金保険料の控除合計額
地震保険料の控除額	すべての損害保険の保険料が控除されるわけではなく、地震保険料部分のみが控除対象となる
住宅借入金等特別控除の額	いわゆる住宅ローン等控除の額のことで、所得税額から控除される
中途就・退職	中途で就職した場合、中途で退職した場合に、その年月日を記載する

▼給与所得の源泉徴収票

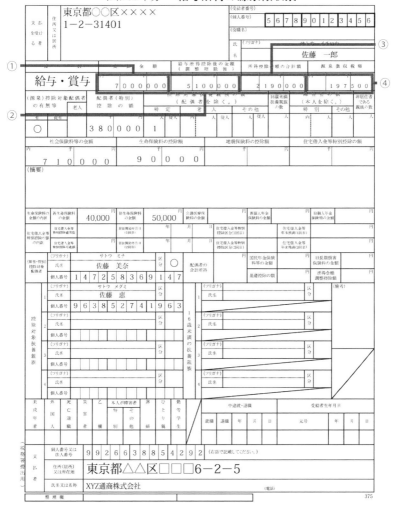

源泉徴収票の読み方

①「支払金額」：1月から12月までの年収です。

②「給与所得控除後の金額」：支払金額から給与所得控除額を差し引いた額です。

③「所得控除の額の合計額」：社会保険料控除などの所得控除の合計額です。

④「源泉徴収税額」：②から③を差し引いた額に税率をかけた額であり、給与等から源泉徴収された所得税の合計額になります。

4

財務および会計

3 青色申告決算書　　　　重要度 ★★

(1) 青色申告決算書

　青色申告決算書は、損益計算書と貸借対照表で構成されています。

(2) 青色申告決算書における損益計算書

　その年の「売上（収入）金額」から「売上原価」を差し引いた額を、「差引金額」の欄に記載します。その差引金額から「経費」の合計を差し引くなどして「所得金額」が計算されます。そのため、「売上金額」は、その年の収入金額であって、売上原価および諸経費を差し引く前の金額です。一方、「所得金額」は、売上原価および諸経費を差し引いた後の金額になります。

▼青色申告決算書（一般用）の損益計算書（1ページ目）

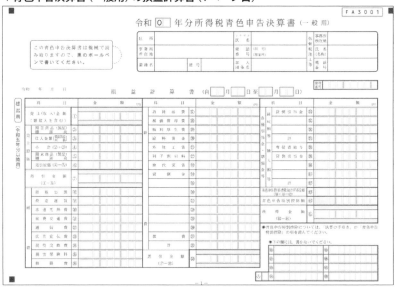

出典：国税庁ホームページ

(https://www.nta.go.jp/taxes/shiraberu/shinkoku/yoshiki/01/shinkokusho/pdf/ro5/10.pdf)

4 個人顧客の資力を明らかにする書面　　　　重要度 ★★★

(1) 個人顧客の資力を明らかにする書面

　貸金業法が規定する「個人顧客の収入または収益その他の資力を明らかにする事項を記載した書面（→P65）」には、次のものがあります。

● 個人顧客の資力を明らかにする書面

① 源泉徴収票　　　② 支払調書　　　　③ 給与の支払明細書

④ 確定申告書　　　⑤ 青色申告決算書　⑥ 収支内訳書

⑦ 納税通知書　　　⑧ 納税証明書　　　⑨ 所得証明書

⑩ 年金証書　　　　⑪ 年金通知書

⑫ 個人顧客の配偶者に係る①〜⑪に掲げるもの

※ ③⑩以外は、直近の期間に係るものでなければなりません。

※ ③は、直近の2か月分以上のものでなければなりません。

※ ⑨には、根拠法令なく、行政サービスの一環として、地方公共団体が交付する所得・課税証明書も含まれます。

(2) 個人顧客の資力に変更があった場合

　個人顧客の勤務先に変更があるなど、書面が明らかにする個人顧客の資力に変更があったと認められる場合には、変更後の資力を明らかにする書類でなければなりません。もっとも、変更後の勤務先が確認されており、かつ、その変更後の勤務先で2か月分以上の給与の支払いを受けていない場合には、変更前の資力に関する書面等も利用できるとされています。

練習問題（○×問題）

① 源泉徴収票の源泉徴収税額は所得税額および住民税額の合計額である。

② 源泉徴収票の「社会保険料等の金額」の欄には、事業主（会社）が負担した社会保険料が記載される。

解答

① × 「源泉徴収税額」には、住民税額は含まれません。

② × 事業主（会社）が負担した社会保険料は記載されません。

■ポイント

・ 所得の種類や資力を明らかにする書面の種類は確実に押さえよう。

・ 確定申告書や源泉徴収票を読めるようにしておこう。

4-3 企業会計の考え方（企業会計原則）

企業会計原則（大蔵省企業会計審議会発表）は、企業が会計において従うべき基準です。ここでは、企業会計原則を構成する一般原則、貸借対照表原則、損益計算書原則について学びます。

1 企業会計原則の概要　　　　　重要度 ★★

　企業会計原則は、法令そのものではありませんが、必ずしも法令によって強制されないでも、すべての企業がその会計を処理するに当たって従わなければならない基準であるとされています。

　また、企業会計原則は、公認会計士が財務諸表の監査をなす場合において従わなければならない基準であり、将来において企業会計に関係ある諸法令が制定改廃される場合において尊重されなければならないとされています。

2 一般原則　　　　　重要度 ★★★

　一般原則には、次の7つの原則があります。

▼一般原則

①真実性の原則	企業会計は、企業の財政状態および経営成績に関して、真実な報告を提供するものでなければならない
②正規の簿記の原則	企業会計は、すべての取引につき、正規の簿記の原則に従って、正確な会計帳簿を作成しなければならない
③資本取引・損益取引区分の原則	資本取引と損益取引とを明瞭に区別し、特に資本剰余金と利益剰余金とを混同してはならない
④明瞭性の原則	企業会計は、財務諸表によって、利害関係者に対し必要な会計事実を明瞭に表示し、企業の状況に関する判断を誤らせないようにしなければならない
⑤継続性の原則	企業会計は、その処理の原則および手続きを毎期継続して適用し、みだりにこれを変更してはならない
⑥保守主義の原則	企業の財政に不利な影響を及ぼす可能性がある場合には、これに備えて適当に健全な会計処理をしなければならない
⑦単一性の原則	株主総会提出のため、信用目的のため、租税目的のため等種々の目的のために異なる形式の財務諸表を作成する必要がある場合、それらの内容は、信頼しうる会計記録に基づいて作成されたものであって、政策の考慮のために事実の真実な表示をゆがめてはならない

3 貸借対照表原則　　　　重要度 ★★

貸借対照表の本質として、「貸借対照表は、企業の財政状態を明らかにするため、貸借対照表日におけるすべての資産、負債および資本を記載し、株主、債権者その他の利害関係者にこれを正しく表示するものでなければならない」と定めています。

貸借対照表原則には、総額主義の原則（資産の項目と負債または資本の項目とを相殺することの禁止）などがあります。

4 損益計算書原則　　　　重要度 ★★

損益計算書の本質として、「損益計算書は、企業の経営成績を明らかにするため、一会計期間に属するすべての収益とこれに対応するすべての費用とを記載して経常利益を表示し、これに特別損益に属する項目を加減して当期純利益を表示しなければならない」と定めています。

損益計算書原則には、発生主義の原則、総額主義の原則（費用の項目と収益の項目とを直接に相殺することの禁止）、費用収益対応の原則などがあります。

練習問題（○×問題）

① 正規の簿記の原則は、「企業会計は、その処理の原則および手続きを毎期継続して適用し、みだりにこれを変更してはならない」と定義されている。

② 損益計算書原則には、「費用および収益は、総額によって記載することを原則とし、費用の項目と収益の項目とを直接に相殺することによってその全部または一部を損益計算書から除去してはならない」という原則がある。

解答

① × 設問は継続性の原則の定義です。

② ○ 総額主義の原則の定義です。

■ポイント

- 7種類の一般原則は確実に押さえておこう。
- 貸借対照表や損益計算書の構成は、企業会計原則を基礎としている。

財務および会計

4

4-4 財務諸表

財務諸表は、企業が株主や債権者などの利害関係人に対して一定期間の経営成績や財務状態等を明らかにするために作成する書類です。一般に決算書と呼ばれています。ここでは、財務諸表のほか、会計帳簿などついて学びます。

1 財務諸表の種類　　　　　　　　　　　　重要度 ★★

一般に決算書と呼ばれているものが、財務諸表です。

貸借対照表、損益計算書、キャッシュ・フロー計算書、株主資本等変動計算書が、財務諸表に含まれます。

財務諸表は、会社法などで作成が義務づけられています。

2 貸借対照表　　　　　　　　　　　　　　重要度 ★★★

貸借対照表とは、一定時点における企業の財政状態を表す書類をいいます。

▼貸借対照表の構成（勘定式）

資産の部	負債の部
流動資産 　現金・預金、受取手形、売掛金、未収収益、前払金、前払費用（1年以内のものに限る）、短期貸付金等 **固定資産** ・**有形固定資産**：土地・建物等 ・**無形固定資産**：のれん（営業権）、借地権（地上権を含む）、特許権、商標権、ソフトウェア ・**投資その他の資産**：投資有価証券、出資金、長期貸付金等 **繰延資産** 　開業費等	**流動負債** 　支払手形、買掛金、未払金、未払費用、前受金、前受収益、リース債務・引当金（1年以内のものに限る）、短期借入金等 **固定負債** 　社債、長期借入金等の長期債務
	負債合計
	純資産の部[1]
	株主資本（資本金、新株式申込証拠金、資本剰余金、利益剰余金、自己株式、自己株式申込証拠金） 評価・換算差額等 新株予約権
	純資産合計
資産合計	**負債および純資産合計**

※1：純資産の部の欄は、株式会社における区分の例です。

● **間違えやすい勘定科目**
- まだ回収していないもの（受取手形、売掛金、未収収益など）→流動資産
- 前払いしたもの（前払金、1年以内の前払費用など）　　　→流動資産
- まだ支払っていないもの（支払手形、買掛金、未払費用など）→流動負債
- 前払いしてもらったもの（前受金、前受収益など）　　　→流動負債

　貸借対照表は、資産、負債および純資産（資本）により構成されています。資産は、さらに流動資産、固定資産、繰延資産に区分され、負債は、さらに流動負債、固定負債に区分されています。

③ 損益計算書　　　　　　　　　　　　重要度 ★★★

（1）損益計算書の構成
　損益計算書とは、一定期間における企業の経営成績を表す書類をいいます。
　損益計算書は、収益および費用により構成され、企業の一定期間における収益から費用を控除し、その差額を利益あるいは損失として表示します。

（2）損益計算書の利益区分
　損益計算書に記載される利益には、次の5種類があります。

● **損益計算書の利益区分（5つ）**
① 売上総利益＝売上高－売上原価
② 営業利益＝売上総利益－（販売費および一般管理費）
③ 経常利益＝営業利益＋営業外収益－営業外費用
④ 税引き前当期純利益＝経常利益＋特別利益－特別損失
⑤ 当期純利益＝税引き前当期純利益－（法人税、住民税および事業税）

（3）損益計算書原則における損益計算書の区分
　損益計算書には、営業損益計算、経常損益計算および純損益計算の区分を設けなければなりません。

▼損益計算書の区分

営業損益計算の区分	当該企業の営業活動から生ずる費用および収益を記載して、「営業利益」を計算する。2つ以上の営業を目的とする企業にあっては、その費用および収益を主要な営業別に区分して記載する
経常損益計算の区分	営業損益計算の結果を受けて、利息および割引料、有価証券売却損益その他営業活動以外の原因から生ずる損益であって特別損益に属しないものを記載し、「経常利益」を計算する
純損益計算の区分	経常損益計算の結果を受けて、前期損益修正額、固定資産売却損益等の特別損益を記載し、「当期純利益」を計算する

4 キャッシュ・フロー計算書　重要度 ★★★

　キャッシュ・フロー計算書とは、企業の一会計期間における資金（現金および現金同等物）の流れ、あるいは資金の増減（収入・支出）を一定の活動区分別に表示する報告書をいいます。

　企業活動を「営業活動」「投資活動」「財務活動」に区分し、各区分の資金の収入・支出を表示します。

　上場企業ではキャッシュ・フロー計算書の作成および保存が義務づけられていますが、すべての企業にこれらの義務が課されているわけではありません。

▼キャッシュ・フロー計算書

営業活動によるキャッシュ・フロー	営業利益または営業損失の計算の対象となった取引に係るキャッシュ・フロー、ならびに、投資活動および財務活動以外の取引に係るキャッシュ・フローが掲記される
投資活動によるキャッシュ・フロー	有価証券の取得および売却による収支、有形固定資産の取得および売却による収支、投資有価証券の取得および売却による収支、貸付けおよび貸付金の回収による収支等に係るキャッシュ・フローが掲記される
財務活動によるキャッシュ・フロー	短期借入れおよびその返済による収支、長期借入れおよびその返済による収支、社債の発行および償還による収支、株式の発行および自己株式の取得による収支等に係るキャッシュ・フローが掲記される

5 会計帳簿　重要度 ★

（1）会計帳簿

　会計帳簿は会計処理のために作成される帳簿であり、会計帳簿（仕訳帳や総勘定元帳など）に基づいて計算書類を作成することになります。

> ● 計算書類の作成までの流れ
>
> 会計帳簿の作成→計算書類の作成

(2) 会計帳簿の作成・保存の義務

会社法や商法では、会社（株式会社・持分会社）や商人に対して、正確な会計帳簿の作成を義務づけています。また、会計帳簿の閉鎖の時から10年間、その会計帳簿およびその事業に関する重要な資料を保存しなければならないとしています。

6 計算書類等　　　　　　　　　　　　重要度 ★

株式会社は、法務省令で定めるところにより、各事業年度に係る計算書類および事業報告、ならびにこれらの附属明細書を作成しなければなりません。

※「計算書類」とは、貸借対照表、損益計算書その他株式会社の財産および損益の状況を示すために必要かつ適当なものとして法務省令で定めるものをいいます。

練習問題（○×問題）

① 貸借対照表は、収益および費用により構成される。

② 損益計算書は、企業の一定期間における収益から費用を控除し、その差額を利益あるいは損失として表示した報告書であり、企業の一定期間の経営成績を示すものである。

③ キャッシュ・フロー計算書は、企業の一会計期間における現金のみの流れ、あるいはその増減を一定の活動区分別に表示するものである。

解答

① × 貸借対照表は、資産、負債および純資産により構成されています。

② ○ 設問の通りです。

③ × キャッシュ・フロー計算書では、現金の増減だけでなく、現金同等物（定期預金等）の増減も表示します。

■ポイント

- 貸借対照表と損益計算書との違いに注意しよう。
- 各財務諸表の作成および保存の義務について押さえておこう。

演習問題4

問　題

■問1
（令和5年問題48）

　企業会計原則（大蔵省企業会計審議会発表）の一般原則に関する次の①～④の記述のうち、その内容が適切なものを1つだけ選び、解答欄にその番号をマークしなさい。

① 株主総会提出のため、信用目的のため、租税目的のため等、種々の目的のために異なる形式の財務諸表を作成してはならない。これを一般に単一性の原則という。

② 自己資本と他人資本とを明確に区別し、純資産と負債とを混同してはならない。これを一般に総資本区分の原則という。

③ 企業会計は、その処理の原則及び手続を毎期継続して適用し、みだりにこれを変更してはならない。これを一般に継続性の原則という。

④ 企業の財政状態に影響を及ぼす多額の取引については、その取引の内容をできる限り詳細かつ正確に注記しなければならない。これを一般に正確性の原則という。

■問2
（令和3年問題48）

　会社計算規則に規定する貸借対照表等^(注)に関する次のa～dの記述のうち、その内容が適切なものの個数を①～④の中から1つだけ選び、解答欄にその番号をマークしなさい。

a 貸借対照表等は、資産、負債及び純資産の各部に区分して表示しなければならない。

b 負債の部は、流動負債、固定負債及び繰延負債に区分して表示しなければならない。

c 前受金（受注工事、受注品等に対する前受金をいう。）は、流動資産に属する
　ものとされている。

d 前払費用であって、1年内に費用となるべきものは、流動負債に属するもの
　とされている。

（注）貸借対照表等とは、貸借対照表及び連結貸借対照表をいう。

①1個　　②2個　　③3個　　④4個

■問3　　　　　　　　　　　（令和5年問題49）　　☑ ☑ ☑

財務諸表等の用語、様式及び作成方法に関する規則に規定する損益計算書に
関する次の①〜④の記述のうち、その内容が適切なものを1つだけ選び、解答
欄にその番号をマークしなさい。

① 売上高から売上原価を控除した額（売上原価が売上高をこえる場合は、売上
　原価から売上高を控除した額）は、営業利益金額又は営業損失金額として表
　示しなければならない。

② 売上総利益金額から販売費及び一般管理費の合計額を控除した額（販売費及
　び一般管理費の合計額が売上総利益金額をこえる場合は、販売費及び一般
　管理費の合計額から売上総利益金額を控除した額）を経常利益金額もしくは
　経常損失金額として表示し、又は売上総損失金額に販売費及び一般管理費
　の合計額を加えた額を経常損失金額として表示しなければならない。

③ 営業利益金額又は営業損失金額に、営業外収益の金額を加減し、次に営業
　外費用の金額を加減した額を、営業外利益金額又は営業外損失金額として
　表示しなければならない。

④ 経常利益金額又は経常損失金額に特別利益の金額を加減し、次に特別損失
　の金額を加減した額を、税引前当期純利益金額又は税引前当期純損失金額
　として表示しなければならない。

■問4 （令和5年問題50） ✓ ✓ ✓

財務諸表等の用語、様式及び作成方法に関する規則に規定するキャッシュ・フロー計算書に関する次の①～④の記述のうち、その内容が<u>適切でない</u>ものを1つだけ選び、解答欄にその番号をマークしなさい。

① 売上債権、棚卸資産、仕入債務により生じた資産及び負債の増加額又は減少額は、営業活動によるキャッシュ・フローの区分に掲記される。
② 社債の発行による収入、社債の償還による支出、株式の発行による収入は、投資活動によるキャッシュ・フローの区分に掲記される。
③ 有形固定資産の取得による支出、有形固定資産の売却による収入は、投資活動によるキャッシュ・フローの区分に掲記される。
④ 長期借入れによる収入、長期借入金の返済による支出は、財務活動によるキャッシュ・フローの区分に掲記される。

解　説

■問1　　　　　　　　　　　　「4-3 企業会計の考え方（企業会計原則）」参照

「単一性の原則」とは、株主総会提出のため、信用目的のため、租税目的のため等種々の目的のために異なる形式の財務諸表を作成する必要がある場合、それらの内容は、信頼しうる会計記録に基づいて作成されたものであって、政策の考慮のために事実の真実な表示をゆがめてはならない原則をいいます。よって、①は、「異なる形式の財務諸表を作成してはならない」としている点が誤りです。

企業会計原則の一般原則には、「総資本区分の原則」や「正確性の原則」というものはありません。よって、②や④は、誤りです。

③は、設問の通りであり、正しい記述です。

【解答　③】

■問2　　　　　　　　　　　　　　　　　　　「4-4 財務諸表」参照

aは、設問の通りであり、正しい記述です。

負債の部は、流動負債、固定負債に区分して表示しなければなりません。よって、bは、繰延負債を含んでいる点が誤りです。

前受金は、流動負債に属します。また、前払費用であって1年内に費用となるべきものは、流動資産に属します。よって、cおよびdは誤りです。

以上により、適切なものはaのみであり、その個数は1個です。

【解答　①】

■問3

「4-4財務諸表」参照

本問は、「財務諸表等の用語、様式及び作成方法に関する規則」の内容を知らなくても、「損益計算書の利益区分」を理解していれば解答できる問題です。

売上高から売上原価を控除した額（売上原価が売上高をこえる場合は、売上原価から売上高を控除した額）は、「売上総利益金額」または「売上総損失金額」として表示しなければなりません。よって、①は誤りです。

売上総利益金額から販売費および一般管理費の合計額を控除した額（販売費および一般管理費の合計額が売上総利益金額をこえる場合は、販売費および一般管理費の合計額から売上総利益金額を控除した額）を「営業利益金額」もしくは「営業損失金額」として表示し、または売上総損失金額に販売費および一般管理費の合計額を加えた額を「営業損失金額」として表示しなければなりません。よって、②は誤りです。

営業利益金額または営業損失金額に、営業外収益の金額を加減し、次に営業外費用の金額を加減した額を、「経常利益金額」または「経常損失金額」として表示しなければなりません。よって、③は誤りです。

④は、設問の通りであり、正しい記述です。

【解答　④】

■問4

「4-4財務諸表」参照

①、③、④は、設問の通りであり、正しい記述です。

社債の発行による収入、社債の償還による支出、株式の発行による収入は、「財務活動」によるキャッシュ・フローの区分に掲記されます。よって、②は誤りです。

【解答　②】

解答　　問1　③　　問2　①　　問3　④　　問4　②

さくいん

■参考文献およびURL

- 日本貸金業協会「貸金業務取扱主任者専用サイト」
  https://www.j-fsa.or.jp/chief/index.php
- 日本貸金業協会「貸金業法について」
  https://www.j-fsa.or.jp/association/money_lending/law/index.php
- 総務省統計局「家計調査」
  https://www.stat.go.jp/data/kakei/index.htm
- 国税庁「税目別情報」
  https://www.nta.go.jp/taxes/shiraberu/zeimokubetsu/index.htm

■著者のサイトについて

　試験や法改正の最新情報、予想問題につきましては、「貸金業務取扱主任者資格試験の攻略サイト」（著者のサイト）をご覧ください。

　本書に収録されていない過去問題の解説は、当サイトで無料公開しています。サイトでの解説には本書の参照ページを掲載していますので、過去問題を解いてわからない部分があれば直ちに本書で確認できます。

> **https://貸金業務取扱主任者.com**

DEKIDAS-WEBについて

本書の読者の方の購入特典として、DEKIDAS-WEBを利用できます。DEKIDAS-WEBは、スマートフォンやパソコンからアクセスできる、問題演習用のWebアプリです。

DEKIDAS-WEBでは、各年度別に過去問題を解いたり、試験の分野別に試験問題を解いたりできます。また、弱点の分析や、誤答や未解答の問題だけを演習することもできます。

DEKIDAS-WEBには、令和2年度から令和5年度までの貸金業務取扱主任者試験の本試験問題（過去問題）が収録されています。解答はDEKIDAS-WEBで表示できますが、解説については表示されません。あらかじめご了承ください。

●ご利用方法

スマートフォン・タブレットで利用する場合は、右のQRコードを読み取り、エントリーページにアクセスしてください。

パソコンなどQRコードを読み取れない場合は、以下のページから登録してください。

https://entry.dekidas.com/?verification_code=KG24ktba94hAipmn

なお、ログインの際にメールアドレスが必要になります。

DEK**I**DAS-WEB

認証コード	KG24ktba94hAipmn
メールアドレス	

＊ パスワードを忘れてしまった場合に利用します。受け取れないメールアドレスを指定されますと、アカウントの復旧が難しくなってしまいます。

認証

●有効期限

本書読者特典のDEKIDAS-WEBは、2027年3月18日まで利用できます。

●演習の注意点

1 問題選択モード

　各年度別の本試験問題（過去問題）を選択するモードです。

● 「出題時期選択」

　「令和2年度」、「令和3年度」、「令和4年度」、「令和5年度」から選択してください。複数年度選択することも可能です。

● 「ジャンルの選択」

　書籍の章立てと同じ名称でジャンルを分けています。

　「貸金業法および関係法令」、「貸付けに関する法令と実務」、「資金需要者等の保護」、「財務および会計」から解きたいジャンルを選択してください。

　ジャンルを選択することにより、学習したジャンルのみの演習も可能になります。たとえば、2章の「貸付けに関する法令と実務」の学習を終えたので、このジャンルだけの問題演習をするという使い方ができます。

　「試験開始」ボタンを押すと演習がはじまります。

2 「一問一答モード」と「模擬試験モード」

　「一問一答モード」は、全ジャンルの全問題からランダムに試験問題が出題されるモードです。未回答の問題、不正解の問題が優先され、出題されます。

　一問一答モードで出題される問題は、試験問題の1問分です。試験問題の各選択肢を分解して、○×問題にするなど、問題の加工はしていませんので、あらかじめご了承ください。

　「模擬試験モード」は、収録されている全問題からランダムに試験問題を50問選び、模擬問題を作るモードです。試験時間を実際の試験時間より短く設定することもできます。時間内に解けるように練習しましょう。

3 合格基準について

　合格基準は、年度によって異なりますが、正答率が60%〜70%です。過去問題は80%以上正解できるようになるまで繰り返し行いましょう。

■著者略歴

田村　誠（たむら まこと）

法務博士（専門職）。弘前大学在学中に行政書士事務所を開業し、大手公務員受験指導校での講師活動を経て、現在は、ファイナンシャル・プランナーとしての活動（主に相続・不動産）、法律系資格取得専門の受験指導を行う。試験問題の徹底した分析に基づく合理的な指導には定評がある。得意な分野は金融法務。

資格：貸金業務取扱主任者、賃貸不動産経営管理士、行政書士、宅地建物取引士、法学検定、
　　　銀行業務検定（法務）、金融業務能力検定（法務）、個人情報保護法検定、住宅ローン
　　　アドバイザー、ファイナンシャル・プランナーなど多数。
著書：「マンガ 宅建士入門」、西東社、「受験用 よくわかる宅地建物取引主任者」、西東社、
　　　「図解 宅地建物取引主任者」、西東社、「賃貸不動産経営管理士テキスト＋問題集」、
　　　技術評論社

カバーデザイン　　　　●デザイン集合〔ゼブラ〕＋坂井哲也
カバーイラスト　　　　●山口 マナビ
本文イラスト　　　　　●ゆずりは さとし
本文レイアウト・DTP●藤田 順
編集　　　　　　　　　●佐藤 民子

かしきんぎょうむとりあつかいしゅにんしゃ ごうかくきょうほん
貸金業務取扱主任者 合格教本
かいていだい　　はん
改訂第9版

2009年12月25日　初　版　第1刷発行
2024年 5月11日　第9版　第1刷発行
2024年 9月 4日　第9版　第2刷発行

著　者　　　田村 誠（たむらまこと）
発行者　　　片岡 巌
発行所　　　株式会社技術評論社
　　　　　　東京都新宿区市谷左内町21-13
　　　　　　電話　03-3513-6150 販売促進部
　　　　　　　　　03-3513-6166 書籍編集部
印刷／製本　昭和情報プロセス株式会社

定価はカバーに表示してあります。

ISBN978-4-297-14116-5　C3036
Printed in Japan

■お問い合わせについて
　本書に関するご質問は、FAXか書面でお願いします。電話での直接のお問い合わせにはお答えできませんので、あらかじめご了承ください。また、下記のWebサイトでも質問用のフォームを用意しておりますので、ご利用ください。
　ご質問の際には、書名と該当ページ、返信先を明記してください。e-mailをお使いになられる方は、メールアドレスの併記をお願いします。
　お送りいただいた質問は、場合によっては回答にお時間をいただくこともございます。なお、ご質問は本書に書いてあるもののみとさせていただきます。試験に関するご質問は試験実施団体にお問い合わせください。
■お問い合わせ先
〒162-0846
東京都新宿区市谷左内町21-13
株式会社技術評論社　書籍編集部
「貸金業務取扱主任者 合格教本 改訂第9版」係
FAX：03-3513-6183
Web：https://gihyo.jp/book